혼자 일하는 즐거움*

혼자 일하는 즐거움

초판 1쇄 발행 | 2016년 8월 8일
초판 3쇄 발행 | 2016년 9월 1일

지은이 | 이동우
발행인 | 윤새봄
본부장 | 김정현
편집인·책임 편집 | 성기훈
마케팅 | 권영선
편집 진행 | 장지윤
제작 | 류정옥
디자인 | design co*kkiri
교정·교열 | 신윤덕

임프린트 | ⓦ ALFRED
주소 | 서울시 마포구 독막로 10 성지빌딩 4층 웅진씽크빅 알프레드
주문전화 | 02-3670-1173, 1595
팩스 | 02-3143-5508
문의전화 | 031-956-7486(편집) 031-956-7500(영업)
이메일 | kingalfred@naver.com
홈페이지 | www.wjbooks.co.kr
페이스북 | www.facebook.com/wjbook
트위터 | twtkr.olleh.com/wjbooks
발행처 | ㈜웅진씽크빅
출판신고 | 1980년 3월 29일 제406-2007-00046호
ⓒ 이동우 2016(저작권자와 맺은 특약에 따라 검인을 생략합니다.)
ISBN 978-89-01-21313-2 03320

원하는 시간에
원하는 장소에서
마음 편하게

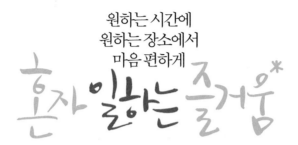

혼자 일하는 즐거움*

| 이동우 지음 |

ALFRED

나는 왜 혼자 일하기로 결심했는가

내가 사회에 첫발을 들인 건 IMF 외환 위기가 한창이던 1999년이 었다. 그때도 취업 시장은 좋지 않았다. 명문대를 나온 사람도 원하는 회사에 들어가지 못하는 경우가 허다했다. 나는 한국경제신문사에서 일을 시작했다. 통칭해서 한국경제신문사에서 직장 생활을 했다고 말하지만, 입사할 때는 한경플레이스먼트였고 2개월 후에는 한국경 제신문 출판국 기업정보팀이었으며 다시 6개월쯤 지나서는 한경디 스코라는 명칭으로 바뀌었다. 한 건물 안에서 도대체 몇 번이나 명함 이 바뀌었는지 모른다. 당시에는 계열사 분리와 지분 투자 문제 그리 고 해당 업무 추진에 대한 해법들이 계속 변경되었다. 지금에야 충분 히 이해하지만, 사회 초년생이던 당시의 내게는 혼란스럽기만 하던 시기였다. 그래도 이런 과정을 거치며 배운 것이 많았다. 그 와중에 일본경제신문사와 일본 디스코 본사의 일을 배우러 파견을 나간 적 도 있으니, 지금 돌이켜 보면 그 건물에서 첫 직장 생활을 시작한 것 은 내게 행운이었다.

그 뒤로 몇 개의 회사를 전전했다. 벤처 붐이 한창일 때는 테헤란로 에 있는 SI 업체에서 일을 했고, 그다음 컨설팅 회사에서는 나도 해외 MBA를 갈 수 있지 않을까 하는 꿈을 꾸기도 했다. 그러다 마지막 직장은 한국일보 백상경제연구원이었다. 청와대가 내려다보이는 전망 좋은 사무실이었지만 2004년 9월 그만두었다.

직장을 그만두고 설립한 것이 북세미나닷컴이었다. 아직까지 이 회사를 기억하는 사람들이 있다는 것이 놀랍고 감사하다. 당시 나는 할 줄 아는 게 없었다. 대신 궁금한 게 있었다. '책을 쓴 사람들은 그 책을 왜 썼을까?'였다. 그 이유를 알고 싶었다. 그래서 북세미나닷컴을 만든 뒤 저자들을 초청해 강연을 하는 사업을 기획했다. 북세미나를 하려니 공간과 청중이 필요했다. 공간은 초창기에는 토즈의 김윤환 사장 덕분에 무료로 대여할 수 있었고 나중에는 조선일보사와 교보문고에서 진행하기도 했다. 청중 역시 무료로 참가할 수 있도록 개방했다. 안철수, 백지연, 이면우, 김미경, 박경철 등이 참석하면서 시작한 북세미나는 299회까지 진행했다. 세미나에 참가한 독자들도 누적으로 보면 5만 명은 되었다. 나름 성공한 것이다.

이 사업을 시작하겠다고 하자 당시 비즈니스북스 홍영태 대표는 "이런 강연 사업을 하는 사람이 지난 20년 동안 수십 명이 있었지만, 모두 실패했다"라며 따끔한 조언을 해 주었다. 또 북세미나닷컴이 한창일 때 《부자들의 개인 도서관》의 저자이자 현재 미래에셋 은퇴연구소 부소장인 이상건 상무는 "세상이 너를 이뻐하는 건 네가 북세미나라는 막노동을 잘하기 때문이다"라고 말해 주기도 했다. 머리가 좋고 스마트해서 사업을 잘하는 게 아니라 그냥 부지런하기 때문이라는 의미였다.

성공은 잠깐이었다. 저자를 초청해 강연 사업을 하겠다는 온라인 카페와 회사가 우후죽순처럼 늘었다. 내가 하는 북세미나 사업은 출판사나 저자들에게 돈을 청구하지 않았지만, 경쟁자들이 참여하다 보니 이 사업을 더 이상 지속해야 할 이유가 없었다. 북세미나 사업을 그만둘 때가 되었다고 판단했다. 이런저런 고민 끝에 새로운 미디어 콘텐츠를 만들어야겠다는 생각이 들었다. 사업을 다시 시작하고 회사의 규모를 키웠다. 영상 촬영팀, 제작팀, 기획팀을 두었다. 회사 인원이 15명으로 늘어났다.

자전거 바퀴를 돌리듯 한번 돌리기 시작한 회사는 쉽게 멈출 수가 없었다. '조금 지나면 나아질 것'이라는 생각은 더 많은 투자를 불렀고, 그만큼 손실은 더 커졌다. 그 와중에 내가 개인적으로 선택한 일은 대학원을 다니면서 공부를 하고 책을 쓰자는 것이었다. 뭐가 어찌 되든 내 실력을 키워야 한다는 생각이 앞섰다. 지금 돌이켜 보면 그때 그런 일을 하지 않고 회사 일에 더욱 매진했으면 어땠을까 하는 생각이 든다. 그러나 후회해 봐야 무슨 소용이 있겠는가.

15명 정도 되는 직원과 함께 일하면서 깨달은 것 중 하나는 우리나라에는 이런 규모의 회사가 별로 없다는 점이었다. 그것은 그 인원이 들어갈 수 있는 사무실을 구하러 다녀 보면 안다. 수요가 없으니 공급이 없다. 대부분 오피스텔은 많아야 5명을 채우기 힘들다. 그 이상의 인원이 들어갈 오피스텔은 거의 없다고 봐야 한다. 반면 환경이 좋은 대형 건물에는 더 많은 인원이 들어가야 한다. 큰 공간을 임대해 널찍하게 쓸 수도 있겠지만, 돈이 남아도는 상황이 아니라면 쉽지 않은 일이다.

아무튼 내가 채용한 최대 인원은 15명이었다. 그리고 그때부터 하향 곡선이었다. 사업 경영자로서는 실패한 것이다. 물론 아직도 변명

거리는 늘어놓을 수 있다. IDC 서버를 임대해 준 한 대기업 계열사 담당 영업 사원이 뇌물을 과도하게 요구해 다른 곳으로 서버를 이전하는 등 고전한 적도 있고, 애플리케이션 개발 업체가 개발만 하고 운영은 나 몰라라 도망가 버린 적도 있으며, 어떤 개발 회사는 개발을 거의 끝낸 뒤 부도가 났다면서 연락을 끊은 경우도 있다. 또 한 대형 마트 본사와 손잡고 각 지역 문화 센터 수강생들을 대상으로 서비스를 시작하려 했지만, 대형 마트 규제법인 SSM 사태가 터지면서 모든 계획이 수포로 돌아간 적도 있다.

여러 일을 겪고 난 뒤 회사의 규모를 줄이기로 했다. 이것도 내가 선택했다기보다는 상황이 그렇게 됐다. 아프지만, 직원들을 내보내야 했다. 마지막 직원을 그만두게 한 건 2013년 1월이었다. 그리고 모든 사무 집기를 버리기 시작했다. 깨끗하게 버렸다. 회의실 탁자와 수천 권의 책을 꽂았던 책장, 20개가 넘는 책상과 의자, 컴퓨터들까지. 그 후 내게 남은 건 컴퓨터 한 대와 수십 권의 책뿐이었다.

2013년 7월 비 오는 어느 날, 나는 그 몇 가지를 들고 혼자 일할 수 있는 사무실로 옮겼다. 인생을 그만둘 것이 아니라면 혼자 할 수 있는 일과 그 방법을 찾아야 했다. 그리고 지금까지 나는 혼자 일하고 있다.

혼자 일하는 것이 늘 유쾌하거나 좋은 것만은 아니다. 혼자 일하면 좋은 점도 있지만 당연히 힘든 순간도 있다. 그럴 때는 반대의 상황을 생각해 본다. 직원들과 부대끼며 스트레스를 받는 것보다는 훨씬 낫지 않느냐고 자위하는 것이다.

좋은 직장에 다니는 사람들은 '여기는 전쟁터고 나가면 지옥이다'라고 말할지도 모르겠다. 하지만 그건 관점의 차이다. 그들이 지옥이라고 부르는 이 정글도 나름 꽤 괜찮다. 정글에서 숨 쉬고 살아남는 방법을 배운다면 말이다. 가끔 술을 마시며 울기도 하고 '나는 전쟁터에서 걸어 나왔다'고 스스로를 위로하며 정글에서 살아남는 방법을 깨우쳐 왔다. 그리고 지금은 이 정글에서 숨을 쉬고 있다.

'웰컴 투 정글'이라고 말하지는 않겠다. 하지만 혼자 일한다는 것에 두려움이 있다면 이 책을 통해 그런 두려움이 조금이나마 줄어들었으면 한다. 그 누구의 말대로 나는 그렇게 스마트한 인간이 못 된다. 남들 앞에서 강의하고 책을 쓴다고 해서 잘났다고 생각해 본 적도 없다. 유명 대학을 나온 것도 아니고 해외 유학파도 아니다. 또 사업을 10년 이상 해 왔지만 냉철한 판단을 내리지도 못한다. 이리저리 끌려다니다 결정을 미루고 곤경에 처한 적도 한두 번이 아니다. 그저 이 시대를 열심히 살고 싶은 사람일 뿐이다.

삶의 모습은 다양하다. 어떤 사람은 남들이 부러워하는 글로벌 회사에 들어가 멋진 인생을 시작할 수도 있다. 설령 좋은 집안에서 태어난 덕택이라도 그가 이룬 현실은 인정해야 한다. 어떤 사람은 대기업에서 직장 생활을 시작해 차곡차곡 승진을 해 나갈 수도 있다. 또 벤처 기업에서 직장 생활을 시작하거나 창업을 통해 새로운 꿈을 꾸는 사람도 있다. 공무원 시험 준비를 하거나 아직 직장을 구하지 못한 사람도 있다. 그 모든 모습이 각자에게는 소중한 삶이다.

나는 그 모든 삶의 모습은 혼자 만들어 내는 것이라고 생각한다. 좋은 직장에 다니는 사람은 회사 안에서 보호받고 있기 때문에 혼자 일한다는 것을 느끼지 못할 수도 있다. 하지만 지금 어떤 삶을 살든 언젠가 혼자라는 사실을 느낄 때가 올 것이다. 그때 아무런 준비가 되어 있지 않다면 나처럼 긴 시행착오를 겪어야 할지도 모른다.

　나와 같은 생각을 하는 사람들은 또 있을 것이다. 그중에는 나보다 앞서 이 길을 걷는 사람도 있다. 앞서간 선배들이 뒤에 가는 후배들을 위해 작은 이정표라도 해 두었다면 나는 좀 덜 헤맸을지 모른다. 그런데 아무 표식이 없었다. 그만큼 시행착오는 더 힘들고 아팠다. 나는 이 책에 몇 가지 이정표를 세워 두고자 한다. 이 길을 가야 하나 말아야 하나 고민하고 있다면 책장을 더 넘겨 봐도 좋을 것이다. 뜻밖의 좋은 길을 발견할 수도 있을 것이다.

　이 책을 쓰기로 마음먹은 순간 모든 것을 솔직하게 털어놓기로 결심했다. 나는 혼자 일하고 있지만 애초부터 작정하고 이 길을 걸었던 것은 아니다. 길을 따라가다 보니 여기까지 오게 되었을 뿐이다. 내가 혼자 일하는 방법을 완벽하게 터득한 것도 아니다. 그럼에도 이 책을 쓰는 이유는 누군가 나와 비슷한 생각을 하고 나와 비슷한 상황에 놓여 고민하고 있을지 모른다는 생각에서다. 나도 이 길의 끝에 무엇이 있을지 아직 모른다. 아마도 내 인생이 마무리될 때까지 찾지 못할 수도 있다. 하지만 때로 결과보다는 과정이 중요하다는 사실을 말하고 싶을 때가 있지 않은가.

　독자 입장에서는 혼자 일하는 것이 힘들지 않을까 걱정이 앞설 수도 있다. 그런 걱정은 하지 말자. 나처럼 부족한 사람도 해냈으니 말이다. 그럼 이제 내 이야기를 시작할 때가 된 듯하다.

이동우

Contents

Part 3 | 10년 동안 사장으로:
사장이었을 때는 미처 몰랐던 것들

Part 4 | 오늘도 가슴속에 사표를 품고 사는 사람들에게: 무엇을 어떻게 준비할 것인가

Part 5 |
내가 혼자 일하며 깨달은 언제나 통하는 인생의 기술 9

Part 1

혼자 일할 준비가 된 사람은 흔들리지 않는다

천직은 자신의 내면을 들여다보고
열정을 발견하는 것으로 찾을 수 있는 게 아니다.
천직은 바깥을 살피고,
삶이 우리에게 무엇을 요구하는지를
묻는 과정에서 찾을 수 있다.
자신이 본질적으로 끌리는 일들이
어떤 문제를 다루는지 스스로에게 물어야 한다.

−데이비드 브룩스 《인간의 품격》

큰 꿈이 없어도 인생은 어차피 굴러간다

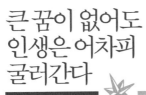

Chapter 1

대부분의 사람들이 꿈의 직업 찾기에
실패하는 것은 직업에 대한 정보 부족이 아니라
자기 자신에 대한 정보 부족 때문이다.
— 딕 볼레스

　당신의 꿈이 무엇인지 진지하게 생각해 본 적이 있는가? 당신의 모습을 떠올려 보고 그에 맞는 이상적인 직장 혹은 직업을 생각해 본 적이 있는가? 혹시라도 그런 이상적인 미래를 확신했다면, 당신은 그 생각대로 인생을 살고 있는가?

　솔직히 나는 그렇게 진지하게 고민해 본 적이 없다. 고민할 시간이 없었다. 늘 바쁘기만 했다. 늦은 밤 어두운 방에서 내 삶에 대해 진지하게 고민해 보는 것이 나의 로망이다. 그러나 그럴 시간이 없었다. 밤에 불을 끄고 30초 이상을 생각해 본 적이 없다. 나는 30초면 잠든다. 다시 눈을 뜨면 또 하루가 시작된다. 그렇게 하루하루가 바쁘게 지나간다. 또 다른 이유도 있다. 나는 늘 열심히 살았다. 대학 졸업 후 취업해서 직장에 다니다 사업을 시작했다. 직장을 옮길 때도 금요일에 퇴사하면 주말 쉬고 월요일에 다시 새로운 회사로 출근했다. 한가하게 여행을 다닌 적도 없다. 사업을 시작하면 좀 여유가 있을 줄 알았는데 사실 그것도 아니었다. 사업을 시작한 뒤로는 주말에도 쉬어 본 기억이 별로 없다. 돌이켜 보니 늘 부족한 점을 채우려 애쓰며 살아온 것 같다. 나는 내 자신이 남들보다 부족하다고 생각했다. 그래서인지 늘 책을 가까이하며 살았다. 책을 읽어야 남들보다 앞서지는 못해도 적어도 뒤쫓아 갈 수는 있을 거라고 생각했다. 그러다 보니 책과 관련된 일을 하게 됐고, 지금은 책도 쓰고 강의도 하고 있다.

간혹 나를 부러워하는 사람들이 있다. 그들 대부분 현재 직장 생활을 10년 이상 해 왔고, 그래서 무슨 일이든 새로운 돌파구가 필요한 사람들이다. 40대 중반인 나는 내 사업을 시작한 지 13년이 되었고, 그 와중에 책도 일곱 권을 냈으며, 기업에서 강의도 하고 있으니 나름 성공한 삶 아니겠느냐고 한다. 글쎄, 아직 잘 모르겠다. 그냥 아직은 이 길을 걷고 있을 뿐이다.

어떤 성공학 강사들은 직장을 그만두고 '평생 직업'을 찾으라고 부추기는 강의를 오프라인과 공중파 방송에서 한다. 그중 몇몇은 나도 잘 알고 있는 사람들이다. 그들의 강의 요지는 자신을 진심으로 사랑하고 아끼라는 것이다. 그리고 본인이 정말 원하는 일을 찾아 '평생 직업'으로 삼으라고 한다. 이런 강의를 들으면 가슴이 뛴다. 하지만 현실로 돌아와 자신이 원하는 일을 찾아 꿈을 이루기란 쉽지 않다.

많은 사람이 지금은 능력주의 시대 혹은 물질주의 시대라는 것에 공감한다. 많이 가진 사람이 성공하고 더 많은 능력을 가져야 성공할 수 있다고 믿는다. 어떤 측면에서는 틀린 말이 아니다. 세간의 화제가 되는 인물들은 대부분 엄청난 능력을 가지고 있기 때문이다. 좋은 집안에서 태어나 유학을 다녀오고 좋은 직장을 구하고 좋은 차를 몰고 다니니까 말이다. 사회적으로 성공했다고 인정받는 사람들은 대부분 여기에 해당된다고 생각한다. 젊은 층에서는 그런 사람들을 '금수저를 물고 나온 사람들'이라고 표현하기도 한다. 가진 자는 더 성공할 수 있고, 덜 가진 자는 주저앉게 된다고 믿는다. 더 이상 개천에서 용 나는 일도 없고, 이미 계급 간 장벽이 너무 단단해져서 가난한 집안에서 태어난 사람이 부자가 되거나 성공하는 것은 불가능하다고 여긴다. 젊은 세대들의 이런 이야기를 들으면 마음이 아프다.

내가 이야기하려는 포인트는 누가 얼마나 성공했는지, 성공하려면 어떻게 해야 하는지에 대한 것이 아니다. 그 반대편 이야기다. 나는 성공학에 대해 이야기하고 싶지 않다. 또 혼자 일하면 대박 날 것이라는 말도 하고 싶지 않다. 수많은 자기 계발서에서 능력을 연마하라고 촉구하고, 미디어에서는 개인의 성공 신화를 조명하며 당신도 할 수 있다고 부추기고 있지만, 나는 그렇게 하고 싶지 않다.

나는 개인에게 주어진 목표는 없다고 생각한다. 주어진 꿈, 이상, 포부, 비전은 존재하지 않는다. 만약 우리에게 목표가 있다면 그것은 분명 살아가면서 겪은 사건 혹은 자신이 극복하고자 하는 그 무엇에서 비롯됐을 것이다.

이마누엘 칸트는 '인간이라는 뒤틀린 목재에서 곧은 것이라고는 그 어떤 것도 만들 수 없다'라는 말을 남겼다. 인간은 부족한 원재료이자 약한 존재라는 의미다. 스스로의 약점을 깨달아 이를 극복하고 보완하는 과정을 거쳐야 한다는 말이다.

현재 나는 기업들을 위해 책을 리뷰하는 일을 하고 있다. 30여 개 기업의 구성원들에게 경제 경영, 자기 계발, 인문학 책을 소개한다. 또 내가 만든 동영상들이 기업체 교육 과정에 사용되고 있다. 대단한 일은 아니지만, 누군가는 해야 할 일이고 또 누군가는 내가 하는 일로 도움을 얻는다. 그러나 내가 이런 일을 목표 삼아 지금껏 노력해 온 것은 아니다. 솔직히 내가 하고자 했던 일 중에는 이런 일이 없었다. 그냥 운이 좋았다. 여러 가지 일을 하다 보니 이렇게 되었다. 물론 내가 책을 여러 권 썼기 때문에 책을 리뷰하는 것이 조금은 수월할 수도 있다. 나를 타고난 작가라고 생각할 수도 있겠지만 실상은 그렇지 않다.

13년 전 회사를 만들 때 나는 그야말로 아무것도 몰랐다. 책을 낸 저자들이 왜 그 책을 냈는지가 궁금했고, 저자들을 초청해 공개 강연회를 열고 싶었을 뿐이다. 그동안 수백 명의 저자를 만나고 300회 정도의 북세미나를 열었다. 한마디로 무림의 고수들을 모두 만난 셈이다. 그렇게 몇 년이 흘렀고, 나는 부쩍 커 버렸다. 수백 명의 저자를 만나 이야기를 듣다 보니 엄청난 지식이 쌓였다. 그런데 그것을 짧은 가방끈으로 해석을 하려니 머리가 터질 지경이었다. 스스로 공부하고 정리를 해야 할 때가 된 것이다. 그래서 찾은 곳이 연세대 대학원이었다. 그때가 2008년. 물론 주변에서는 반대의 목소리가 높았다. 일도 바쁜데 대학원을 어떻게 다니겠느냐는 잔소리들이었다. 하지만 돌이켜 보니 공부하기를 잘했다. 그때 공부한 덕에 자료를 찾고 해석하는 방법들을 깨달았으니 말이다.

책을 쓰는 것은 배움의 과정을 거치면서 하게 된 일이다. 출판업계 지인들은 내가 저자가 될 것이라고는 생각도 못했다. 그들에게 나는 강연회 사회자일 뿐이었다. 그런데 갑자기 사회자가 주인공이 되겠다고 하니 속으로 웃었을지도 모른다. 그렇게 몇 년이 흐르고 몇 권의 책을 냈다. 그리고 2013년 말 《디스턴스》라는 책을 쓰게 되었다. 이 책은 나에게 큰 의미가 있다. 모든 것을 잃고 혼자 남아 쓴 것이기 때문이다. 하지만 책을 낼 출판사를 찾기가 힘들었다. 이때 출판사 엘도라도 편집장과 연락이 닿았다.

"혹시 이런 원고라면 어느 출판사에서 낼 수 있을까?"

"이 원고 그냥 제가 낼게요."

편집장과의 인연은 그렇게 시작되었다. 나중에 알고 보니 그는 엘도라도 대표를 설득하기 위해 원고를 블라인드 테스트했다고 한다. 출판사 대표가 나를 잘 알고 있으니 '설마 이동우가 책을 쓰겠어?'라는 생각을 사전에 차단하고자 했던 것이다. 결국 《디스턴스》는 그 출판사에서 나왔다.

처음부터 완성된 인생은 없다. 아무것도 모르던 내가 회사를 만들고, 철저하게 망가져 보고, 결국 다시 책을 리뷰하고 책으로 말할 수 있게 된 것은 포기하지 않고 하루하루를 소중히 여기며 살아온 덕분이다. 자기가 가고 싶은 길을 가면 된다는 말이다.

내가 좋아하는 선배가 있다. 그는 나와는 전혀 다른 삶을 살았다. 고등학교부터 대학원까지 미국에서 공부했다. 이른바 우리가 말하는 해외 MBA 출신이다. 그는 영어, 중국어, 일본어 그리고 무엇보다 한국어를 잘한다. 한국말 사투리가 너무 심해서 네 언어 중 한국어를 가장 못하는 게 아닐까 싶기도 하다. 아무튼 그는 MBA를 졸업한 뒤 경영학과 학생들이 꿈에 그린다는 뉴욕의 가장 유명한 투자 은행에 취업을 했다. 그러나 직장생활은 끔찍했다. 주당 평균 근무 시간이 120시간이었다. 하루는 24시간이고 일주일이면 168시간인데, 그중 120시간을 일했다고 한다. 주말도, 크리스마스도, 연말도 없었다. 녹초가 된 그는 3년만에 한국으로 돌아왔다. 그때가 2003년. 선배가 나와 함께 일한 것은 모 컨설팅 회사에서였다. 선배는 정말 일을 잘했다. 아침에 만든 제안서를 오후에 일어, 중국어로 번역해 메일로 보내는 모습을 보면 정말 기가 찼다. 하지만 그는 늘 자신의 삶에 불만이었다. 진정 원하는 삶은 은행원도 컨설팅 회사원도 아니라는 것이었다. 결국 그는 회사를 그만두고 서울대 석박사 통합 과정을 마친 후 젊은 층 혹은 시니어급 인재들에게 상담해 주는 일을 하고 있다.

세상에 완벽한 일은 없다. 완벽한 인생도 없다. 완벽을 꿈꾼다면 생각을 조금 수정할 필요가 있다. 데이비드 브룩스는 《인간의 품격》이라는 책에서 인간의 내면은 아담I 과 아담II로 구분할 수 있다고 했다. 첫 번째 아담은 세상을 정복하고 자신의 목표를 성취하는 것이 인생의 목표라고 생각한다. 그래서 그의 좌우명은 성공이다. 두 번째 아담은 세상을 섬기라는 소명에 순응하며 거룩한 목적을 위해 세속적인 성공을 포기할 줄 안다. 앞으로 나아가기보다는 자신의 뿌리를 찾고자 하며, 겸손하고, 자긍심이 강하다. 이 두 본성은 우리 안에 있지만, 어떤 본성을 따르느냐에 따라 다른 세상이 열린다는 말이다. 당신은 어느 쪽 아담인가? 세상을 멋지게 정복하는 아담인가, 아니면 세상에 순응하는 아담인가?

프로이트의 제자였지만 그의 철학을 반대했던 카를 융은 인간이란 원래 부족한 것을 채워 가는 존재라고 말했다. 사람들은 대부분 완벽한 삶의 목표를 그려 놓지 않는다. 괜찮다. 어쩌면 그게 정상일지도 모른다. 하루하루 노력하는 삶이 가장 멋진 삶이다. 그러나 이상과 꿈을 이미 정해 놓았다면 당신은 나보다 그리고 앞서 말한 선배보다 훨씬 더 멋진 인생을 살 수 있을 것이다. 그 꿈을 꼭 이루기를 바란다. 그리고 후배들을 위해 이정표를 남겨 두면 좋겠다.

결론은 당신이 커다란 목표와 이상을 세우지 않았다고 해도 혼자일하는 데 부족함이 없다는 것이다. 적어도 그것이 걸림돌이 되지는 않는다는 말이다. 중요한 것은 무슨 일을 하느냐보다 일을 어떻게 하고 왜 하느냐다. 우리는 직장에서 나쁜 습관 하나를 배웠다. 왜 이 일을 해야 하는지에 대한 의문을 제기하지 않는 것이다. 하지만 당신이 혼자 일하기 위해서는 이 질문을 수백 번 던져야 한다. 답이 찾아지지 않으면 답이 나올 때까지 던져야 한다.

많은 사람이 어떤 일을 해야 할지 고민한다. 단언컨대 일은 분명 지금 당신이 하고 있는 일의 연장선에 있을 것이다. 새로운 아이템, 새로운 아이디어를 찾을 필요가 없다. 지금 하고 있는 일, 바로 그것이다. 그리고 그 일이 사회가 움직이는 데 꼭 필요하다는 생각이 들면 그 일을 할 수 있는 사람은 바로 당신이다. 만약 그 일을 당신이 좋아한다면 더할 나위 없이 좋다.

혼자 일하는 즐거움:
원하는 시간에,
원하는 장소에서,
원하는 만큼 일한다

Chapter 2

돈이 다 무슨 소용인가?
아침에 일어나고 밤에 잠자리에 들며
그 사이에 하고 싶은 일을 한다면
그 사람은 성공한 것이다.
− 밥 딜런

    나는 업무적으로 혹은 개인적으로 벤처 기업에서 일하는 사람을 많이 만나 봤다. 회사를 세운 기업가, 동업자, 구성원 등과 이야기를 나누어 봤지만 벤처venture라는 말 그대로 모험 정신을 갖고 있는 사람은 그리 많지 않았다.

    벤처 기업을 만든 창업가들의 비즈니스 모델은 아이템을 성공시키는 것보다 투자를 받는 데 더 주력하는 것처럼 보이는 경우가 많았다. 실제로 그렇다고 솔직하게 이야기하는 사람도 더러 있었다. 직원들도 마찬가지다. 일이 좋다는 사람도 많지만 경제적인 면을 완전히 무시할 수는 없다. 연봉이 많지 않으면 1~2년은 버틸 수 있을지 모르나 돈의 유혹을 뿌리치기가 쉽지 않다. 또 자신이 실력 있는 사람이라고 생각할 경우 벤처 기업에 오래 머무르지 않는다.

    '직원은 회사에서 쫓겨나지 않을 만큼만 일하고, 회사는 직원이 나

가지 않을 만큼만 월급을 준다.'

회사와 직원 간의 연봉을 둘러싼 줄다리기 게임을 비유하는 말이다. 예전에 직장 생활을 하면서 선배들에게 들은 말인데, 시간이 많이 지난 지금도 현실을 그대로 반영하는 것 같다.

혼자 일하는 사람에게도 물론 보상은 중요하다. 하지만 혼자 일하는 것의 가장 큰 즐거움은 무엇보다 일하는 과정에 있다. 남들과 다르게 자신만의 리듬으로 살 수 있다는 것은 큰 즐거움이다.

나는 매일 아침 6시면 회사에 도착해 이메일을 체크하거나 이런저런 업무를 본다. 그런데 글을 써야 한다거나 무언가 집중해야 할 일이 있을 때는 회사 옆 카페를 찾는다. 내가 카페에 머무르는 동안 많은 직장인이 바쁜 걸음으로 커피나 샌드위치를 사 간다. 그러다 9시가 넘으면 직장인들 발걸음이 끊긴다. 보통 회사 출근 시간이 9시니까 그때부터는 사무실에서 자리를 지켜야 하기 때문이다. 하지만 나는 다르다. 시간에 구애받지 않고 카페에 앉아 일할 수 있다. 집중력이 따라 준다면 하루 종일이라도 카페에서 일할 수 있다. 점심시간도 마찬가지다. 직장인들은 정해진 시간에 점심 식사를 해야 하지만 나는 그럴 필요가 없다. 내가 원하는 시간에 여유 있게 먹는다.

그렇다. 나는 직장인들과 다른 삶을 산다. 아침 일찍 출근하지만 그것도 내 선택일 뿐이다. 직장인들이 사무실을 지켜야 할 때 나는 효율성과 집중력을 지킨다. 내가 일하고 싶은 장소는 내가 선택한다. 카페, 도서관, 사무실 등 그 어느 곳이든 내가 원하는 곳에서 일할 수 있다. 직장인들이 회식을 할 때 나는 일찍 퇴근해 집에서 책을 읽거나 동영상을 편집한다. 놀고 싶을 때는 영화를 보고 피곤할 때는 일찍 잠자리에 든다.

  물론 내가 포기해야 하는 것들도 있다. 나는 혼자 일하고 나서부터 여행을 가 본 적이 없다. 매주 동영상 콘텐츠를 만들어야 하기 때문에 쉽사리 자리를 비우지 못하기 때문이다. 그래도 나는 하루하루가 늘 즐겁고 감사할 뿐이다.

혼자 일할 때의 가장 큰 즐거움

                        내가 이렇게 꾸준히 지속하는 힘이 무엇인지 묻는 사람들이 더러 있다. 오랫동안 같은 일상을 살면서도 지겨워하거나 게으름을 피우지 않고 하루하루 최선을 다하는 것이 신기한 모양이다. 최근에 밝혀진 연구 결과에 따르면, 꾸준히 노력하는 사람들이라고 해서 투지, 끈기, 의지 등 정신적인 힘이 남다른 것은 아니라고 한다. 그렇다면 꾸준히 노력하는 사람들은 도대체 무슨 힘으로 움직일까? 그것은 바로 자신이 노력한 것에 대한 성과, 성공할 수 있다는 믿음, 주변 사람들의 칭찬과 격려다.

  나는 매주 10분짜리 동영상 콘텐츠를 한 편씩 만든다. 다른 회사라면 여러 사람이 협력해서 만들겠지만 나는 혼자 만든다. 솔직히 혼자 만드는 게 쉽지는 않다. 나도 사람인데 쉬고 싶고 놀고 싶은 마음이 왜 없겠는가. 그럼에도 불구하고 꾸준히 노력하는 것은 동영상을 완성했을 때의 기쁨 때문이다. 동영상을 완성하고 나면 기분이 굉장히 좋다. 다음 날이면 다시 새로운 콘텐츠를 만들기 위해 책을 읽어야 하지만 동영상을 완성한 날만큼은 그 기쁨을 충분히 즐긴다.

나는 혼자 일하기 시작한 지 벌써 3년이 지났다. 매주 한 편씩 동영상 콘텐츠를 만들었다. 완성된 동영상 콘텐츠가 백 편이 넘으면서, 그러니까 시간으로 보면 2년 정도가 지나면서 성과가 눈에 띄게 달라지기 시작했다. 처음에는 SK그룹 17개 계열사에 콘텐츠를 공급했는데, 그 무렵부터 다른 대기업들에서도 요청이 들어왔다. 이제는 대형 은행까지 고객으로 참여하고 있다. 언론사와 제휴를 맺었고, 거의 모든 온라인 교육 프로그램 운영사에 콘텐츠를 공급하고 있다.

직접적인 성과를 따지게 된 것도 이때부터다. 수많은 기업에 교육 프로그램으로 제공하게 되면서 매출이 늘어났다. 덕분에 내가 운영하는 회사는 물론 제휴사들도 성장 가도를 달리게 되었다. 게다가 나는 혼자 일한다. 내가 만약 예전처럼 15명의 직원을 거느리고 있다면, 매출이 늘어도 아주 많이 늘어야 한다. 웬만한 매출로는 여유를 부릴 수 없다. 직원들의 인건비를 비롯한 고정비가 만만치 않기 때문이다. 하지만 지금 나는 혼자 일하기 때문에 매출이 일어났을 때의 혜택을 오롯이 나 혼자 누릴 수 있다.

그러나 간과해서는 안 될 측면이 있다. 혼자 일하는 것의 즐거움은 오로지 매출과 성과를 목표로 해서는 얻을 수 없다는 점이다. 나는 사업을 시작한 뒤 커다란 실패를 겪어 봤다. 사업을 시작할 때는 누구나 풍운의 꿈을 꾼다. 나도 그랬다. 그래서 더 크게 실패했는지도 모른다. 문제는 바로 이 지점에 있다. 큰돈을 벌거나 유명해지겠다고 다짐하고 열심히 노력하더라도 그것이 결코 쉬운 일은 아니라는 점이다.

물론 불가능한 일은 아니다. 부족한 나도 이뤄 냈으니 당신은 아마더 잘할 수 있을 것이다. 하지만 그러려면 큰 욕심을 부리지 말고 시간과 노력을 투자해야 한다. 이런 시간이 적어도 1~2년은 필요하다. 그동안은 남들처럼 회사에 몸담고 있는 것이 아니기 때문에 불안할 수 있지만, 그 또한 즐거움이라고 생각하면 된다. 그리고 그 시간 동안 남들과 다른 방법으로 자신을 갈고닦을 필요가 있다. 남들과 다른 방법과 선택이 필요하다는 말이다. 그런 뒤에 걸어온 길을 돌아보면 남들은 도저히 따라올 수 없는 완성된 당신이 보일 것이다. 걸어온 과정도, 돌아보는 그 순간도 당신에게는 커다란 기쁨일 것이다.

어차피
회사에서도
혼자다 👆

Chapter 3

내가 앉아 있는 곳만 생각하면
전부인 것처럼 보여도, 조금만 벗어나 보면
아주 작은 부분의 일부임을 알게 된다.
– 《미생》

　나는 당신에게 창업만이 이 어려운 시대를 살아갈 방법이라고 이야기하고 싶은 생각이 없다. 시간이 흐른 뒤 당신에게도 언젠가는 창업할 순간이 찾아올 수 있고, 그때가 되면 용기 있는 결정을 내릴 것이라고 생각한다. 창업은 당신이 가지고 있는 여러 가지 선택지 중 하나일 것이고 나름대로 올바른 선택을 내리면 된다.

　대신, 나는 당신에게 평생 지니고 있어야 할 무기 하나를 알려 주고자 한다. 바로 '혼자 일하는 것'이다. 이 책을 통해 우리가 어떤 세상에 살고 있는지, 우리가 소속된 사회와 조직은 어떻게 흘러가고 있는지, 또 우리는 그 안에서 어떻게 대처해야 하는지에 대해서 이야기할 것이다. 그것을 좋게 포장하고 그래도 멋진 세상이라고 이야기하고 싶은 마음은 전혀 없다. 대책 없는 희망을 전달하는 것보다는 내가 느낀 그대로를 말하고 싶다. 진심은 통한다고 믿기 때문이다.

혼자 일하는 것도 마찬가지다. 혼자 일하는 방법을 터득한다고 해서 문제들이 말끔히 해결되는 것은 아니다. 오히려 그 반대다. 수많은 문제와 대면해야 한다. 혼자 일한다는 것은 우리가 직면해야 하는 수많은 문제와 맞서 싸우는 방법이기 때문이다. 피하는 것은 방법이 아니다. 나도 피해 볼 방법이 없을까 고민했지만, 아직 찾지 못했다.

그렇다면 혼자 일하는 것의 개념적 정의는 무엇일까? 거창하게 개념적 정의를 내리기보다는 두 가지로 구분해서 생각하고 싶다. 첫 번째, 회사 안에서 혼자 일하는 것이다. 역설적으로 들릴 것이다. 회사는 혼자 있는 곳이 아닌데 혼자 일한다고 하니까 말이다. 비즈니스 세계가 그렇듯이 회사는 기본적으로 냉정하다. 특히 요즘처럼 경제가 어렵고 인재가 넘쳐 난다고 생각하는 시기에는 회사 구성원은 늘 부속품으로 인식되게 마련이다.

우리는 회사라는 조직 안에 들어가기 위해 갖은 노력을 다한다. 그리고 들어가는 순간 그곳의 룰을 따라야 한다. 자유로움보다는 구속과 통제를 먼저 만난다. 정해진 규율을 수긍하고 성실하게 따라야 한다. 그래서 개별적인 행동은 허용되지 못할 것이라고 생각한다. 역설은 이제부터다. 냉정하게 보면 회사 안에서도 우리는 늘 혼자 움직여야 한다. 몇 시에 출근할 것인지, 점심에는 누구와 식사를 할 것인지, 누구에게 이메일을 보낼 것인지, 회의 시간에 어떤 이야기를 해야 하는지 늘 혼자 결정해야 한다. 아무도 가르쳐 주지 않는다. 이렇게 사소한 일뿐 아니라 거대한 결정에서도 우리는 늘 혼자여야 한다. 그 누군가 우리의 결정을 대신 해 주고 책임져 주는 경우는 없다. 당신이 회사에서 추진하는 큰 프로젝트의 책임자라면 그 책임을 당당히 떠

안아야 한다. 혹시라도 그 프로젝트로 인해 큰 손실이 났다면 그 또한 책임져야 한다. 결국 우리는 회사에 속해 있지만 그 안에서 어떻게 행동할지는 전적으로 스스로 판단해야 한다. 회사는 하나의 플랫폼이지 당신이 의존해야 할 상대는 아니라는 말이다. 회사 안에서 혼자 일한다는 것은 여러 명이 같이 있지만 혼자 일하는 방법을 터득하고 다른 구성원들과 협력하는 방법을 찾는 것 그리고 그 안에서 인정을 받는 것이다.

두 번째, 회사 밖에서 혼자 일하는 것이다. 직장 생활을 하는 대부분의 사람들 목표는 '사장님'이 되는 것 아닐까? 당신에게 그런 순간이 찾아온다면 나는 과감히 혼자 일할 것을 권한다. 혼자 일하지만 혼자 일하지 않는 것처럼 보이고, 규모가 큰 사업체는 아니지만 규모 있게 일할 수 있는 방법, 바로 혼자 일하는 것이다. 나는 그렇게 일하고 있다. 혼자 일하는 것은 맞지만, 나는 수많은 사람과 일하고 있고 그들은 내가 만들어 놓은 복합적인 일의 프로세스와 일을 하고 있다. 혼자 일하지만 실제로는 여러 회사 사람들과 일한다는 말이다.

그런데 회사 밖에서 혼자 일하는 것에는 한 가지 문제가 있다. 회사에서 나와 혼자 일하는 것은 연습을 할 수가 없다는 점이다. 한 번의 실수로도 재기할 수 없는 벼랑으로 떨어질 수 있다는 말이다.

'안에서 새는 바가지는 밖에서도 샌다'는 속담을 떠올리면 쉽게 이해할 수 있을 것이다. 그러니까 회사 밖으로 나와 멋지게 일하고 싶다면 회사 안에서부터 혼자 일하는 것을 연습해야 한다. 회사에 기대지 말고 스스로 모든 일을 해야 한다.

문제는 회사라는 테두리의 관념이다. 결론부터 말하자면, 회사라는 테두리는 그다지 중요하지 않다. 회사 안에는 회사라는 테두리가 있지만, 사회에 나오면 사회라는 테두리가 있다. 사회라고 해서 게임의 규칙이 없는 것은 아니기 때문이다. 따라서 회사 밖에서 홀로서기를 하고 싶다면 회사 안에서부터 연습을 해야 한다.

회사 밖에서 일하는 사람 vs 회사 안에서 일하는 사람

회사라는 테두리를 둘러싼 극단적인 두 가지 사례를 이야기해 보자. 바로 영업 사원과 CEO다. 영업 사원들은 혼자 일하는 데 매우 익숙한 사람들이다. 그들은 항상 회사로부터 영업 목표 달성에 대한 강한 압박을 받는다. 실적이 있어야 월급을 주는 경우도 많다. 그래서 그들이 일을 해야 하는 곳은 사무실이 아니라 사무실 밖, 정글이다. 상품이나 서비스를 정글에 살고 있는 수많은 기업이나 개인 고객에게 판매해야 하는 것이다. 그래서 영업 사원들에게는 두 가지 특징이 있다. 첫째, 생존력이 강하다. 실적이 좋은 영업 사원들은 경제 위기가 와도 경쟁사로 스카우트되는 경우가 많다. 실제로 1990년대 후반 IMF 시기에 사무직에 근무하는 사람들은 정리 해고를 당하고 실직 상황에 놓였지만, 영업 실적이 좋은 외근직들은 대부분 새로운 직장을 찾아갔다. 또 주변 영업 사원들이 어렵지 않게 회사를 옮겨 다니는 것을 볼 수 있을 것이다. 늘 정글에서 살기 때문에 그들의 능력은 다른 회사에서도 관찰하고 있다는 증거다. 둘째, 무엇을 팔아도 잘 판다. 이것은 영업 사원들의 큰 특징이다. 신기하게도 보험 영업을 잘하는 사람은 자동차도 잘 판다. 그 무엇이든 고객한테 판매하는 것에는 자신이 있는 것이다. 그래서 영업 사원들은 회사라는 테두리를 그리 중요하게 생각하지 않는다. 회사 안에 있든지 밖에 있든지 상관없다.

반면 대기업의 CEO들은 영업 사원과는 다르다. 한마디로 회사라는 테두리를 가장 크게 의식하는 사람들이다. 대기업 CEO는 오너가 아니기 때문에 주주 총회와 이사회 의결로 선임된 능력자인 경우가 많다. 이들에게도 몇 가지 특징이 있다. 첫째, 이들의 가장 큰 목표는 주주 가치 극대화 그리고 이윤 창출이다. 주주 가치 극대화를 추구하는 것은 1980년대 레이거노믹스의 시장 자유주의가 도입되면서 시작된 일이다. 이때부터 CEO들은 주주와 같은 배를 타기 시작했고 비용 절감과 이윤 창출이라는 슬로건을 내세우기 시작했다. 시장 전체가 이런 분위기로 움직이기 때문에 이들을 나무랄 수는 없다. 하지만 신규 사업을 추진하거나 새로운 도약을 하려고 할 때마다 이들은 늘 뒤를 걱정한다. '무엇 하나라도 잘못되면 어떻게 하지?' 하는 걱정이 늘 남는 것이다. 따라서 새로운 일을 추진하기보다는 자신의 임기 동안 편안한 전략을 추구하고 비용을 절감할 수 있는 갖은 방법을 찾아내는 것이 일반적이다. 둘째, 이들은 창의적이지 못하고 새로운 아이디어를 판별할 수 있는 시각도 가지고 있지 못하다. 이는 그가 CEO가 되기 전 창의적인 아이디어와 강력한 추진력으로 성공한 슈퍼스타였더라도 마찬가지다. 이들은 이미 경영자가 되어 버렸기 때문에 관리자의 눈으로 모든 것을 판단한다. 그리고 여기에는 위험 회피 성향이 크게 자리하고 있다. 새로운 것을 추진하고 위험을 부담하기보다는 안전주의를 택하는 것이다. 이렇듯 CEO들은 조직의 테두리를 가장 크게 염려하는 사람들이다.

만약 당신이라면 회사 안에서나 밖에서나 성공할 수 있는 영업 사원 같은 인재가 되고 싶은가, 아니면 회사라는 조직만 걱정하다가 민폐만 끼치는 CEO가 되고 싶은가? 대답하기 힘들다면 조금 더 생각해 보자.

'혼자 일한다'는 것에서 한 가지 해결해야 할 문제가 있다. 혼자 일하는 것이라고 하면 왠지 이 시대에 맞지 않는 철학이라고 생각할지도 모르겠다. 적어도 세상은 한쪽에서는 치열한 경쟁을 이야기하더라도 또 한쪽에서는 협력과 상생을 이야기하고 있는데, 혼자 일한다는 말의 뉘앙스는 자칫 '나 혼자만 잘 먹고 잘 살면 되는 것 아니냐'는 의미로 전달될 수도 있기 때문이다. 만약 그렇게 생각했다면 오해다. 내가 정글에서 혼자 일하면서 느끼는 것은 '선수는 선수들과 일한다'는 것이다. 프로급 선수들은 아마추어들과 일하지 않는다. 이들은 학력이나 배경 따위의 기준으로 사람을 판단하지 않는다. 오로지 실력이다. 조금 까칠하더라도 실력이 있으면 인정해 준다. 당신도 알겠지만, 각 산업과 비즈니스에는 시간이 지나면서 선수들이 자연스럽게 떠오르게 되어 있다. 그들이 경쟁에서 살아남았기 때문이기도 하지만, 나름대로 업계에서 진심이 통했다는 것이고, 그들의 능력이 인정받기 때문이다. 그리고 그들은 주로 혼자 일하는 경우가 많다. 하지만 여기에는 앞에서 말한 역설이 숨어 있다. 혼자 일하지만 수많은 사람 혹은 기업과 연결되어 있다는 점이다. 혼자 일하지만 실제로는 혼자 일하지 않는다는 말이다.

누군가 절실히
필요한 순간
우리는 혼자가 된다

Chapter 4

아이디어를 발전시키는 데
100명 단위의 회사를 가질 필요는 없다.
— 래리 페이지

　내가 혼자 일한다고 말하면 사람들은 대부분 놀라움을 감추지 못한다. 또 놀라움과 함께 전해 오는 '썩소'에서 그들이 나에게 갖는 안쓰러움도 살짝 느껴진다. 그들은 혼자 일하는 나를 불쌍하다고 여기는 것 같다. 그러면 나는 표정 관리를 해야 한다. 혼자 일하는 게 얼마나 좋은지 그들은 절대 모르기 때문이다.

　그들의 놀라움은 두 가지 측면이 반영된 것이다. 첫 번째는 많은 업무를 어떻게 혼자 할 수 있느냐는 것이다. 나는 프리랜서가 아니라 회사를 혼자 운영한다. 프리랜서는 누군가 시키는 일, 즉 아웃소싱 일을 하면 된다. 물론 여기에는 품질에 대한 보증이 필요하다. 그래야만 프리랜서라는 직업을 유지할 수 있기 때문이다. 그러나 회사는 다르다. 회사를 운영하는 데 필요한 제반 업무, 즉 상품의 기획, 제작, 마케팅, 제휴, 관리 그리고 재무 회계까지 해결해야 한다. 이 모든 일을 나 혼자 해낸다는 것이 신기할지도 모르겠다. 두 번째는 혼자 일하면 외롭지 않느냐는 것이다. 커다란 조직의 구성원으로 일하면 왕따가 아닌 이상 하루 종일 바쁘게 움직여야 한다. 바쁘다 보니 외롭다는 생각은 아예 하지도 못한다. 게다가 조직에서 소통은 의무적이고 필수적이다. 그러니까 그렇게 함께할 수 있는 구성원 없이 혼자 일하는 사람은 외롭지 않느냐 하는 것이다. 그런데 과연 그럴까?

이제 내가 질문할 차례. 원래 일이라는 것은 혼자 해야 하는 것 아닌가? 아무리 큰 조직에 있더라도 결국 성과는 혼자 만들어야 하는 것 아닌가? 혼자 기획서를 만들어야 하고 혼자 영업을 다녀야 하고 자신이 달성하겠다고 한 목표를 혼자 이뤄 내야 하는 것 아닌가? 물론 부하 직원이 만든 성과를 가로채는 상사는 예외로 해 두자. 그런 경우를 제외한다면 보통 기업에서는 혼자 일을 해야 한다.

대기업에서는 매년 부서의 목표가 정해지고 부서원 혹은 팀원들은 부서의 목표에 따라 각자의 목표를 정해야 한다. 각자가 정한다고는 하지만 솔직히 자유로운 의사 결정이라고는 할 수 없다. 목표를 낮게 잡으면 '회사가 놀이터냐' 혹은 '회사가 대학 동아리냐' 하는 볼멘소리가 날아오기 때문이다. 그리고 연말이 되면 그 목표를 달성했는지를 두고 '신경전'을 벌여야 한다. 목표 달성을 했다면 문제가 없지만, 그러지 못했을 경우 우리나라 경제 성장률이 작년보다 저조했고 따라서 관련 업계가 이러저러하다는 변명을 늘어놓아야 한다.

개인의 목표 설정과 평가를 전체적으로 보면 그야말로 처절한 줄다리기라고 할 수 있다. 먼저 목표를 정할 때를 살펴보자. 개인들은 회사가 요구하는 목표를 받아들일 생각이 없다. 가능하면 어떻게 해서든 목표치를 낮추려고 한다. 그래야 조금이라도 달성 가능성이 높아지기 때문이다. 반면 회사 입장에서는 어떻게 해서든 목표를 높게 잡아 두려고 한다. 그래야 회사가 조금 더 성장할 것이라고 여긴다. 여기서 회사란 각 본부 및 본부장급도 포함이다. 그들은 이런 시기만 되면 직원들의 입장을 대변하지 않고 무조건 회사의 입장을 대변하고 나선다. 그래야 대개 계약직인 임원, 즉 본부장들도 계약이 연장될 것 아닌가.

목표를 설정하는 과정도 문제다. 목표 설정은 과학적이고 합리적인 과정으로 이루어지지 않는다. 작년에 10퍼센트 달성했다면 올해는 무조건 그 이상 달성해야 한다. 또 지난 10년간 꾸준히 성장했다면 그 패턴에 맞춰 성장해야 한다. 한마디로 단순 무식하다. 시장 동향이나 업계 동향은 안중에도 없고, 그냥 하라면 해야 한다.

좋다. 목표는 그렇다고 치자. 연말이 되면 반대의 상황이 벌어진다. 먼저 목표를 달성한 경우다. 이때는 조금, 아주 조금 보상이 이뤄진다. 그런데 회사가 잘 모르는 게 있다. 부서의 실무자들은 해당 연도의 목표를 달성하고 나면 그 후의 매출과 성과는 차년도로 넘기곤 한다. 이런 행동에는 두 가지 이유가 있다. 첫째, 어차피 줄다리기해서 만든 목표이고 더 이상 돈을 벌어 줘 봤자 자신에게는 이익이 없기 때문이다. 둘째, 해당 연도에 목표치 이상으로 성과를 달성해 놓으면 다음 연도에는 회사가 더 높은 성과를 요구하기 때문이다. 결국 목표를 달성했을 경우 직원들이 그렇게 행동하는 것은 전적으로 회사의 잘못 때문이다.

반면 목표를 달성하지 못했을 경우에는 다른 문제가 불거진다. 이때부터 칼은 회사가 쥔다. 회사는 연봉을 삭감하거나 보너스를 대폭 줄이기도 한다. 따라서 목표를 이미 달성한 직원들이 매출을 차년도로 넘긴다고 해도 서운해할 일은 아니다. 서운해한다면 사장이나 임원인 당신이 아직 게임의 규칙을 모른다는 말이다. 그런 아마추어적 태도는 바람직하지 않다.

이런 목표 달성과 평가 부분은 그야말로 회사에서 벌어지는 하나의 작은 일에 불과하다. 그리고 이 모든 과정은 혼자 감당해야 한다. 사람들 속에 숨어 있으니 집단으로 움직이는 것처럼 보일지 모르겠지만, 절체절명의 순간 당신은 혼자라는 사실을 절감해야 한다. 극단적인 비유겠지만, 똥 묻은 옷을 입고 지하철 퇴근길에 오르면 어떤 일이 벌어질까. 아마도 당신은 21세기 홍해의 기적을 보게 될 것이다. 회사도 마찬가지다. 직원이 많은 것 같지만, 어느 순간은 혼자 남아야 한다. 더욱이 당신이 뭔가 잘못이라도 했을 경우에는 더욱 그렇다.

세계적인 회사에서는 인간적으로 일할 수 있을까?

혹시 '좋은 회사는 좀 다를 것이다'라는 막연한 생각을 하고 있을지 모르겠다. 이럴 때 쓰는 멋진 말이 있다. '착각은 자유'다. 아마존의 경우를 보자. 대개 사람들은 지구상에서 고객을 가장 잘 아는 회사는 아마존이라고 여긴다. 1994년 창업, 1997년 주식 공개 이후 마켓플레이스, 아마존 프라임, 아마존웹서비스AWS 등 매 순간 쉬지 않고 새로운 역사를 써가는 세계 최대 기업이 아마존닷컴이다. 온라인 서점으로 시작해 종합 쇼핑몰로 발돋움하며 '책'이라는 실물 콘텐츠를 넘어 전자책, 영화, 앱, 게임 등 모든 콘텐츠를 판매하고, 이를 위해 자체 콘텐츠를 제작하기도 했다. 한편 본연의 비즈니스인 도서 판매 분야에서는 줄어드는 독서 인구를 한탄하는 대신 킨들을 제작해 사람들의 독서 습관을 바꿔 놓고, 무명작가들에게 직접 출판의 길을 마련해 주기도 했다. 그뿐인가. 로보틱스 등의 물류 혁신을 이뤄 내 북미 대륙에서 당일 배송을 넘어 주문을 예측해 선배송한 후 고객에게 구매 추천하는 수준에까지 이르렀다. 그리고 이 모든 비즈니스를 운영하며 쌓아 온 데이터베이스 운영 기술을 토대로 클라우드 컴퓨팅 서비스 분야에 진출해 또 한 번 세계 1위에 올랐다. 이 정도면 충분히 훌륭하고 좋은 회사다.

그렇다면 아마존은 직원들에게는 어떤 회사일까? 두 가지를 살펴보자. 첫 번째, 아마존에는 '경력 선택 프로그램'이라는 것이 있다. 아마존은 항공기 정비나 간호학 등 회사 업무와 관련 없는 분야라도 직원들이 원하면 교육을 받을 수 있도록 수업료의 95퍼센트를 선지급하는 프로그램을 운영한다. 이 프로그램의 목표는 구성원의 직업 선택권을 보장해 주는 것이다. 물류 센터에 근무하는 대다수 직원들에게는 아마존이 좋은 직장일 것이다. 하지만 일부 직원들에게 아마존은 새로운 기술 역량을 요구하는 다른 직업으로 가기 위한 디딤돌에 불과할지도 모른다. 아마존은 이런 직원들에게 교육 훈련 기회를 제공함으로써 그들을 지원하고자 한다.

아마존에 있는 두 번째 프로그램은 이른바 '자진 퇴사 장려금Pay to Quit'이다. 사실 이는 재포스에서 신입 사원들을 대상으로 만든 제도다. 그런데 재포스가 아마존에 인수되고 나서 아마존에서도 도입한 제도라고 알려져 있다. 이 제도는 매우 단순하다. 1년에 한 번 직원들에게 회사를 그만두면 돈을 주겠다고 제안을 하는 것이다. 2000달러에서 시작해 매년 1000달러씩 올리고 최대 5000달러까지 올린다. 회사 측에서는 직원들이 이 제안을 거절하고 회사를 더 다니게 할 생각이라고 말한다. 그리고 진정한 목적은 직원들이 스스로 원하는 것에 대해 생각할 기회를 주는 것이라고 한다.

그렇다면 아마존의 민낯은 어떨까? 아마존의 직원 채용 철학을 생각해 볼 필요가 있다. 아마존의 CEO 제프 베조스는 쉬운 경영자가 결코 아니다. 우선, 직원 채용에 대한 기준이 매우 높다. 학력 수준이 높은 것이 아니다. 그는 직원들이 장시간 열심히 또 현명하게 일할 수 있어야 한다고 생각한다. 앞서 이야기한 대로 아마존에는 직원들을 위한 좋은 프로그램들이 있지만, 그는 전 세계에서 가장 악명 높은 경영자 중 단연코 1위다.

아마존의 또 다른 사례를 살펴보자. 제프 베조스는 회의를 앞둔 고위 중역들에게 6페이지 길이로 메모를 작성하게 한다. 이에는 두 가지 규칙이 있다. 첫째, 컴퓨터가 아닌 손으로 직접 작성해야 하고 반드시 회의 참석하기 전에 작성해야 한다. 둘째, 새로운 상품이나 전략에 대해 적을 경우 누구나 이해할 수 있는 쉬운 언어로 적어야 한다.

그런데 이것이 끝이 아니다. 회의 전 경건한 시간을 갖는다. 적어온 메모를 수정할 수 있는 시간인 셈이다. 고위 임원들이 참석한 이회의실의 분위기를 상상할 수 있겠는가. 침묵과 무거움, 그 자체일 것이다. 이런 상황에서 누군가와 협력한다는 건 상상할 수 없는 일이다.

직원들이 점심으로 **무엇을** 먹었는지까지 알고 있는 **구글**

그렇다면 구
글은 어떨까? 현재 구글은 40여 개국의 5만 명 가까운 종업원을 거느
리고 500억 달러 규모의 회사로 성장했다. 구글은 인터넷 검색과 검
색 광고에서 비디오와 그 밖의 디지털 마케팅으로 사업을 다각화했
고, PC 중심에서 모바일 중심으로 전환하는 데 성공했으며, 하드웨어
장치를 이상적으로 결합하는 제품을 생산하기도 했다. 심지어 무인
자동차를 만들고 있으며, 룬Loon 프로젝트를 통해 전 지구에 거대한
풍선들을 띄워 인터넷이 닿지 않는 아마존과 같은 오지에도 인터넷
을 공급하겠다고 한다. 또 차세대 검색 엔진을 만들면서 음성 인식과
세상의 모든 지식을 통합하는 일을 추진하고 있다.

하지만 2003년 구글은 작은 회사에 불과했다. 당시 구글에 역사적
인 사건이 하나 발생한다. 바로 마이크로소프트가 100억 달러를 검색
엔진에 투자하면서 구글의 지위를 빼앗으려 한 것이다. 그런데 재미
있는 것은 구글은 마이크로소프트의 공격에도 불구하고 당시 그 무
엇도 하지 않았다. 어쩌면 하지 못했다는 것이 정확할 것이다. 그들
은 마이크로소프트의 대응에 맞서는 계획을 세웠지만, 거기에는 재
정 계획이나 수익원 창출 계획이 없고, 사용자나 광고주, 협력 업체가
무엇을 원하는지 또는 그들이 세분화된 시장에서 어떻게 변할 것인
지에 대한 시장 조사도 없었다. 구글 광고 제품을 어떻게 팔 것인지에
대한 논의나 유통 경로 전략도 없었다. 이는 구글의 기업 문화 때문이
었다. 구글의 기업 문화는 기술 혁신을 가장 중요하게 생각한다. 실제
로 애드워즈, 구글 뉴스, 크롬, 지식 그래프, 유튜브의 혁신은 모두 기

술을 집중적으로 개발해 얻은 결과물이다. 이렇게 보면 구글은 매우 이상적인 회사다.

구글을 방문해 본 사람들이라면 그들의 사무 공간이 매우 혁신적이라고 생각할 가능성이 높다. 구글은 직원들이 일하는 시간 중 80퍼센트는 열심히 일하고 나머지 20퍼센트는 관심이 있는 분야에서 놀고, 즐기고, 연구해도 된다는 규정을 가지고 있다. 열심히 일하는 직원들에게 즐거움을 주는 전통은 1960년대의 실리콘밸리로 거슬러 올라간다. 당시 빌 휼렛과 데이비드 패커드는 산타크루스 산에 몇 백 에이커의 땅을 사서 리틀 베이진 주립 공원을 만들었다. 구글의 편의 시설에 대한 발상은 스탠퍼드 대의 기숙사 방에서 시작한 초창기로 거슬러 올라간다. 대학생처럼 세계 수준의 문화를 누리고, 운동도 할 수 있으며, 학술적인 시설을 갖춘 곳에서 늘 공부에 최선을 다하는 환경을 염두에 둔 것이라고 한다. 그들은 업무에 몰입하는 방법이 있다면 그에 대한 투자는 낭비라고 여기지 않는다. 그들이 사무실에 투자하는 이유는 직원들이 집이 아닌 회사에서 일하기를 기대하기 때문이라고 한다.

이와 같은 구글에 피랩PiLab : People & Innovation Lab, 즉 '사람과 혁신 연구소'라는 것이 존재한다는 사실을 알고 있는가? 피랩은 6개월마다 구글 전 직원을 대상으로 심리 도식적 프로필을 작성한다. 이를 통해 각 직원의 가치관, 취미, 취향 등을 파악해 개개인에게 맞는 생활 방식과 적합한 작업 환경 정보를 제공하는 것이다. 구글은 전 세계에서 IT와 클라우드 기술 그리고 인공 지능이 가장 발달한 회사다. 이제는 너무나 거대해져 회사라고 말하기가 이상할 정도다. 아무튼 구글은 자기들이 가진 모든 기술을 총동원해 직원들을 감시한다. 한 구성원이 어떤 것을 좋아하는지, 어떤 복지를 좋아하는지, 회사에 복지 프로그램을 하나 추가할 때 각 부서의 성과는 어떻게 달라지는지, 창의력은 어떻게 달라지는지 등을 분석한다.

물론 아마존과 구글은 좋은 회사다. 이에 대해 반대 의견을 제시한다는 것 자체가 난센스다. 하지만 관리 측면에서 본다면 구글의 목표는 이익을 창출하는 것이고, 전 세계를 제패하는 것이며, 이제는 인간의 창의력까지 넘보고 있다. 구글의 모토는 '사악해지지 말자'라는 것이다. 또 늘 때가 되면 구글은 독점 시장의 지배자가 아니라고 변명을 늘어놓는다. 하지만 전 세계 검색 시장의 68퍼센트는 구글의 몫이다. 이 지구라는 행성에서 말이다. 그런 회사가 과연 직원들에게 좋기만 할까? 여기는 과연 천국일까?

기술이 발달하고 경영이 고도화되면서 기업들은 이제 직원들이 자유롭게 활동할 수 있도록 배려한다. 이것도 일종의 글로벌 기업들의 트렌드일 것이다. 하지만 자유롭게 둔다는 것은 보이지 않는 감시망이 있다는 말과 다르지 않다. 결국 우리는 어느 곳에서든 혼자 일할 수밖에 없는 구조 아래 놓여 있다. 아직도 깨닫지 못했다면, 회사에서 큰 사고 한번 쳐 봐라. 당신 편에 서서 누가 동참해 줄까. 너무 빤한 이야기다.

구글은 도대체 무엇을 하고 있는가?

1998년 9월 7일, 구글의 두 창업자는 사업자 등록을 마친 것을 기념해 버거킹에서 조촐한 축하 파티를 열었다. 그로부터 20년이 채 지나지 않아 구글은 전 세계 사람들의 일상에 깊숙이 파고들었다. 이렇게 짧은 기간에 이렇게 엄청난 파괴력을 지닌 회사는 구글 말고 인류 역사에 존재하지 않는다.

그래서일까? 우리는 구글에 대해 부정적인 감정을 갖고 있는 경우가 많다. 한마디로 구글의 위상이 더 커질까 두려운 것이다. 이는 과거 전 세계 석유 공급을 통제한 스탠더드 오일이나 미국 시장을 장악한 AT&T, 또 제2차 세계 대전 당시 독가스와 폭발물을 제공한 독일의 이게 파르벤 같은 회사들의 무자비한 권력을 기억하고 있기 때문인지도 모른다.

구글에는 '열 배의 철학'이라는 것이 있다. 대부분의 기업은 10퍼센트만 성장해도 만족하지만 구글은 열 배 더 훌륭한 제품과 서비스를 만들라고 독려한다는 말이다. 이것은 이미 구글의 세계관이자 비전이며 경영 접근 방식인 동시에 행동 가이드라인이 되었다. 공동 창업자 래리 페이지를 비롯한 구글의 많은 리더가 새로운 프로젝트를 개발할 때 강조하는 구글의 핵심 가치이기도 하다.

구글은 열 배의 철학으로 몇 가지 거대한 프로젝트를 추진하고 있다. 첫 번째는 저개발 국가를 포함해 지구 전역에 LTE급 속도의 인터넷망을 공급하기 위한 프로젝트 '룬'을 추진하는 것이다. 이 프로젝트는 지상 20킬로미터 성층권 상공에서 1초에 50메가바이트 데이터를 전송할 수 있는 거대한 풍선 수만 개를 세계 곳곳의 하늘에 띄우는 일이다. 풍선 프로젝트가 안 될 경우를 대비해 우주 공간에서 지구로 데이터를 보내는 무선 전파와 레이저 기술도 연구하고 있다.

두 번째는 생명 연장 프로젝트와 관련이 있다. 실리콘밸리 억만장자들은 기술을 이용해 불멸의 삶을 꿈꾼다. 구글은 적혈구 숫자를 감지하는 나노 모델 프로젝트와 혈당을 측정할 수 있는 콘택트렌즈를 만들고 있다.

세 번째는 드론과 양자 컴퓨터다. 구글은 전 세계 운송 시스템에 혁명을 불러일으킬 드론을 이용한 공중 배달 시스템을 설계 중이고, 양자 인공 지능 연구소를 만들어 양자 컴퓨터를 연구하고 있다. 구글이 인수한 디 웨이브는 2011년 양자 프로세스 시스템을 완성했다고 전해지는데, 일각에서는 양자 컴퓨터는 아직 불가능한 것이라고 주장하기도 한다.

네 번째는 검색 엔진을 둘러싼 변화다. 한마디로 구글의 검색 엔진은 시작에 불과하다고 봐야 한다. 인간의 삶을 추적하기 위해 세상의 모든 것을 파악하고 연결하는 검색의 진화 단계에 들어섰고, 이를 통해 인간과 소통하려고 한다. 여기에는 반드시 언어 인지 기능이 필요한데, 이를 위해 구글은 2014년 딥마인드를 인수하고 본격적인 인공 지능 시장에 들어섰다. 우리가 알고 있는 알파고는 이렇게 만들어진 인공 지능이다. 즉 인간의 신경망 구조를 갖춘 소프트웨어 기계를 통해 학습이 가능한 딥 러닝을 만든 것이다. 구글을 또 다른 세계로 인도한 안내자이기도 한 딥 러닝은 컴퓨터가 사물을 인식하는 영상 처리 기능을 강화한 것인데, 구글은 이 영상 처리 기술을 바탕으로 무인 자동차를 무한대로 발전시키고 있는 중이다.

또한 구글은 휴대 전화를 번역기로 활용하는 단계에 진입했고, 디지털 지도와 안드로이드를 더 발전시켜 전 세계 시장을 장악하려고 한다. 구글은 은행업은 하지 않겠다고 선언했지만, 그것은 아직 모를 일이다. 구글이 전 세계에서 가장 보안이 철저한 회사라는 점을 감안한다면 불가능한 일도 아니다. 같은 맥락에서 구글은 공유 경제를 시작하려고도 한다. 구글이 그 무엇을 하든 우리는 두려움 반, 설렘 반이다.

자신이 알던
모든 원칙이 무너졌다는
마케팅 대가의 고백

Chapter 5

설명서는 이제 제품이
망가졌을 때나 필요한 것이다.
– 일론 머스크

미국에 재포스라는 기업이 있다. 1999년에 설립된 재포스는 경쟁이 가장 치열한 분야의 사업을 시작했다. 바로 온라인 신발 매장이었다. 언뜻 봐도 이 사업은 쉬운 일이 아니다. 상품의 최저가 경쟁을 치러야 하고, 온라인 매장이라서 고객들이 신발을 직접 신어 보고 구매하는 것이 아니기 때문에 수많은 반품 문의가 있다. 하지만 재포스는 사람들의 예상을 깨고 큰 성공을 이뤘다. 아마존이 탐낼 정도였다. 아마존은 IT와 클라우드 기술 그리고 자본력을 쏟아부어도 재포스를 쫓아가지 못한다는 사실을 인정했다. 결국 아마존은 재포스를 인수하기로 결정했다. 재포스와 경쟁하기보다는 재포스의 장점을 아마존의 것으로 만들려고 한 것이다. 앞서 설명한 아마존의 기업 문화 역시 재포스로부터 유입된 것이다. 그만큼 재포스의 위력은 대단했다.

도대체 무엇이 그렇게 특별했을까? 인력과 자본으로도 쫓아가지 못한 재포스의 장점은 도대체 무엇이었을까? 그 해답은 재포스에는 매뉴얼이 없다는 사실에서 찾을 수 있다. 정확하게 말하면 재포스는 고객 서비스로 유명했는데, 고객의 전화에 응대하는 매뉴얼도 없고 고객을 응대하는 시간에도 제한이 없었다. 그럼에도 불구하고 재포스는 전 세계에서 가장 순도 높은 고객 서비스를 제공한다고 인정받고 있다. 없는 것이 장점이라는 것이 아이러니하지만 사실이다.

재포스는 지금까지 경영학자들과 혁신가들이 이야기한 경영 방법으로는 해석이 안 되는 회사다. 지금까지 200년 이상 경영계는 효율성과 전문성 그리고 비용 절감을 주장해 왔다. 거대 기업을 만들기 위해서는 비용 절감이 필수 사항이다. 그중에서 특히 콜센터는 대규모 자금을 줄일 수 있는 부문이다. 그래서 콜센터를 해외에 두어 값싼 노동력으로 운영하기도 했다. 하지만 재포스는 모든 경영학에서 보잘것없다고 하는 콜센터를 가지고 독보적인 서비스를 만들어 냈으니 도무지 해석이 안 되는 것이다.

보통 콜센터에는 많은 인력이 필요한데, 경영진들은 그들에게 특별한 능력이 필요하지 않다고 여긴다. 고객 응대 매뉴얼을 만들어 고등교육을 받은 사람을 잘 훈련시키면 어느 나라 혹은 어느 지역에 있더라도 고객 응대가 가능하다고 생각한다. 그래서 많은 회사가 콜센터를 해외로 옮겨 보다 싼 가격의 인력으로 대체했다. 여기에는 그동안 인류가 쌓아 온 IT 기술이 한몫을 했다. 해외로 옮기더라도 VoIP Voice over Internet Protocol를 이용한 인터넷 전화로 고객 응대 비용을 최저 단가로 유지할 수 있었다. 경영자들에게 IT 기술과 매니지먼트 기술은 중요하지만 콜센터 직원은 부속품의 하나에 지나지 않은 것이다.

조금이나마 인간적인 해법을 찾고자 한 회사가 없었던 것은 아니다. 뱅크오브아메리카는 콜센터 직원들의 상담 횟수를 늘리고 정신노동에 대한 스트레스를 줄이기 위해 공간 배치를 계속 바꾸면서 테스트했다. 재택근무를 했을 경우 효율성이 좋은지 아닌지를 판단하기 위해 온갖 실험을 실시했고, 사무실에서 정수기 위치를 바꾸면 커뮤니케이션이 더 나아지는지를 확인하기도 했다. 물론 뱅크오브아메리카가 이런 시도를 한 것도 효율성을 높이기 위한 전략 중 하나였다는 점은 부정할 수 없다.

모든 매뉴얼이 사라지고 있다는 증거

어떤 사례를 검토하더라도 재포스가 남들이 보기에 이상한 선택을 내린 것은 맞다. 문제는 지금 이런 추세가 작은 흐름으로 계속 이어지고 있다는 점이다. 이와 관련해 적어도 몇 가지 움직임을 이야기할 수 있다. 하버드 대 경영 대학원에는 클레이텐 M. 크리스텐센이라는 전설적인 경영학자가 있다. 2005년 파괴적 혁신을 들고 나와 전 세계에서 가장 유명한 혁신가로 알려진 인물이기도 하다. 그는 지난 수십 년간 전 세계 혁신의 중심에 서 있었지만, 최근 지난 수십 년 동안 경영학자들이 내놓은 전략은 이렇다 할 만한 도움이 되지 못했다고 고백하기도 했다.

비슷한 시기에 셰필드 대 카말 버디 교수는 지난 22년 동안 308개 회사의 생산성을 연구한 결과를 발표했다. 그는 기업들이 좋아하는 경영학적 도구들, 즉 전사적 품질 경영, 적시 생산 방식과 같은 경영 도구들은 생산성 향상 효과를 유발하지 않으며 이미 밝혀진 경영 도구들이 지속적이고 안정적으로 생산성을 개선한다는 증거가 없다는 결론을 내렸다. 그 결과 요즘 기업 경영계에서는 자유를 많이 주는 기업이 성공한다는 조심스러운 원칙이 나돌고 있다. 이런 회사들은 보통 개인의 자유를 바탕으로 운영되는데, 직원은 회사에서 존엄성을 가진 존재로 대우받고 회사가 나아갈 방향에 자기 목소리를 반영할 수 있다는 것이다. 한마디로 매뉴얼이 없고 자유롭게 운영하는 회사가 잘나간다는 뜻이다.

반면 스탠퍼드 대에는 이타마르 시몬슨이라는 마케팅 분야의 전설적인 교수가 있다. 그는 지난 30여 년간 수많은 제자를 배출하면서 마케팅 분야의 독보적인 대가로 인정받은 교수다. 그런 그가 2015년 《절대 가치》라는 책을 출간하면서 지난 수십 년 동안 자신이 가르쳐온 모든 마케팅 원칙이 틀렸음을 인정했다. 소비자들이 달라졌기 때문에 지금까지 마케팅과 관련한 기업들의 모든 매뉴얼은 의미가 없다는 것이다. 특히 기업들이 그동안 브랜드의 가치를 소중하게 여겨 광고비에 많은 자금을 투자했으나 브랜드의 영향력은 점점 감소하고 있다는 점도 인정했다. 한마디로 이전 소비자들은 상품을 선택할 때 브랜드, 가격, 과거의 사용 경험 등에 따라 의사 결정을 내렸지만, 오늘의 소비자들은 마케터들이 제시하는 '상대 가치'가 아닌 '절대 가치'에 의존해 상품을 선택한다는 것이다. 이것이 이 책의 시작이자 핵심이다. 절대 가치란 상품의 보편적 가치가 아니라 소비자가 제품을 사용할 때 경험하게 되는 품질 또는 가치다.

시몬슨 교수는 지금까지 기업들이 선호해 온 판매 조직의 운영 방법이나 만족도 측정 방식 그리고 마케터의 역할과 마케팅 규칙을 모두 바꿔야 한다고 주장하고 있다. 그야말로 마케팅의 모든 원칙과 매뉴얼이 붕괴된 것이다.

리더십도 마찬가지다. 리더는 원래 비전 제시자여야 한다는 것이 일반적인 생각이었다. 지난 수십 년 동안 리더는 스스로 혁신가가 되어 회사의 비전을 제시하고 이를 실현하도록 구성원을 이끌어야 했다. 그것이 바로 리더가 존재하는 이유였다. 물론 리더들의 이런 행동은 꽤 오랫동안 효과적이었다. 대다수의 리더들이 구체적인 목표, 세부 계획, 진행 보고서, 위계 구조, 절차, 정책 등을 통제하면 어느 정도 성과를 낼 수 있는 환경이었다. 하지만 요즘 리더십은 처한 상황이 다르다. 모든 것이 불확실한 상황에서 기존의 방법들이 효과를 발휘하지 못하고 있다. 게다가 리더들이 할 줄 아는 일은 기존 매뉴얼을 따르는 것인데, 혁신을 추진할 때도 이 체계에 의존하려 한다는 것은 큰 패인이 아닐 수 없다. 직장 생활을 해 본 사람들이라면 리더가 세운 세부 계획이나 확실한 목적이 자유를 침해하고, 엄격한 위계질서나 시스템과 구조, 전문 지식, 경험 등이 사고와 상상력을 방해한다는 사실을 알고 있을 것이다. 매뉴얼이 없는 자유로운 환경이 만들어져야 하는데, 조직의 리더들은 그렇게 할 줄 모른다.

주변 어디를 봐도 매뉴얼이 없는 세상으로 바뀌고 있다. '매뉴얼이 없는 것이 매뉴얼'이라 이야기해도 괜찮을 듯싶다. 그렇다면 매뉴얼이 없는 시대에는 무엇을 어떻게 해야 할까? 그리고 무엇이 중요할까? 단 하나다. 당신의 직관과 판단이다. 아무것도 정해지지 않은 백지 상태라면 당신의 생각이 곧 길이 된다. 그리고 그 길을 가야 한다.

마케팅의 모든 원칙이 무너졌다

기업의 마케팅 환경에서는 불변의 진리로 통하는 것들이 있다. 오죽하면《마케팅 불변의 법칙》이라는 책이 존재하겠는가. 마케팅을 둘러싼 불변의 진리들은 다음과 같다.

첫째, 오늘날 기업의 브랜드는 과거 어느 때보다 중요하다.

둘째, 브랜드에 대한 고객 충성도 향상은 마케팅의 최대 관심사이자 최우선 과제다.

셋째, 모든 고객은 비합리적이다.

넷째, 고객은 선택할 것이 너무 많으면 어떤 것을 골라야 할지 잘 모른다.

다섯째, 포지셔닝은 마케팅에서 가장 중요하다.

하지만 이런 마케팅 불변의 법칙이 변하고 있다. 아니, 이미 변해 버렸다. 다양한 소통 채널을 통해 제품의 품질을 완벽히 파악하게 된 소비자는 자신에게 진짜 가치가 있는 제품만 구입한다. 그 결과 브랜드의 영향력이 빠르게 감소하고 있다. 소비자들이 정보를 쉽게 얻을 수 있는 상황에서 과거 경험이 선택 행위에 큰 역할을 하지 못하는 것이다. 다시 말해 소비자들이 같은 브랜드의 다른 상품에 대한 좋은 경험이 있다 하더라도 새로운 구매 결정은 상품의 실제 성능을 기준으로 매번 다르게 내린다는 의미다. 소비자들이 새로운 정보 환경 덕분에 절대 가치에 의존해 더 현명한 선택을 할 수 있게 된 것이다.

20세기 기업들은 소비자들이 상품이나 서비스를 구매할 때 인지, 이해, 선호, 형성, 구매 등의 단계를 거친다고 판단했다. 그래서 상대적 비교를 통한 가치를 전달하는 데 초점을 맞췄으며, 소비자들도 상대 평가에 상당 부분 의존해 왔다.

하지만 소비자들의 의사 결정 스타일이 바뀌고 있다. 소비자들은 스마트폰으로 상품과 서비스에 대한 수많은 정보를 분석하고 있으며, 이를 통해 구매 행위를 하기 전 이미 의사 결정을 내린 상태다. 따라서 기업들이 투자하는 광고에 대한 영향력이 크게 줄어들고 있다. 그 결과 브랜드의 인지도, 품질, 충성도마저 동반 하락 중이다. 소비자들에게는 브랜드가 가진 가치보다 믿을 수 있는 전문가 혹은 이미 상품이나 서비스를 사용해 본 사용자들의 정보가 우선인 것이다.

결국 기업이 바뀌어야 한다. 판매 조직의 운영 방법이 바뀌어야 하고, 소비자 만족도를 측정하는 방법 그리고 브랜드와 각 상품 및 서비스의 포지셔닝 전략도 바뀌어야 한다. 시장 조사 전략 및 시장 세분화 전략 역시 바뀌어야 한다. 오늘날의 시장 세분화는 예측이 불가능하다는 점을 인정해야만 한다.

이는 무겁고 거창한 기존의 사업 계획서를 작성하지 말라고 강조하는 잭 웰치의 주장, 그리고 경영 전문가들의 최근 경영 방법론과 다르지 않다. 또《포천》 500대 기업 중 사업을 시작할 때 시장 조사를 한 기업이 단 12퍼센트였다는 조사 결과와도 맥을 같이한다. 우리가 알고 있던 모든 원칙이 무너지고 있는 것이다.

세상이 빠르게
돌아갈수록
혼자 일하는 사람이
유리하다

Chapter 6

경쟁자만 바라본다면, 경쟁자가
새로운 것을 할 때까지 기다려야 한다.
고객에 집중해야 앞서 나갈 수 있다.
– 제프 베조스

　나는 무서운 비즈니스의 현실에 대해 이야기하기 시작했다. 현대 산업 사회에서 우리는 조직을 이루고 일을 하고 있지만 결국은 혼자 일해야만 하는 게 현실이다. 뿐만 아니라 구글과 같은 전체 비즈니스의 판도를 바꾸는 기업이 등장하면서 개개인은 한없이 작아질 수밖에 없는 현실을 받아들여야 한다. 결국 남들이 예상할 수 없는 생존 전략과 전술을 가진 기업과 개인만이 성공할 수 있게 되었다. 재포스는 이런 사례 중 하나였는데, 이런 사례는 당분간 이어질 전망이다.

　냉혹한 비즈니스 현실을 이해하고 적당히 타협하거나 현실에 적응할 수 있는 방법을 찾으라는 이야기는 결코 아니다. 나는 당신이 그렇게 하기를 원하지 않는다. 나는 당신이 이 세상과 적당히 타협해서 당신이 하고 싶지 않은 일을 억지로 하지 않기를 바란다.

　나는 현재 혼자 일하고 있다. 이것은 지금까지 전통적인 비즈니스의 형태들이 선택해 온 방법이 아니다. 산업에는 사람이 필요하고, 그들이 모인 조직이 필요하며, 그들을 관리할 수 있는 관리 체계가 있어야 했다. 한마디로 모든 부분에 매뉴얼이 존재하는 세상이었다. 이런 세상에서 혼자 일한다는 사람은 '이단아'로 보일 것이다. 물론 그것은 전통적인 사고방식을 갖고 있는 사람들의 생각이다.

생각을 뒤집어 보면 이야기의 결론은 달라질 수 있다. 나는 기존 매뉴얼을 따르지 않기 때문에 여러 가지 힘든 점이 있지만 무언가를 이뤄 냈을 때의 성취감은 오히려 수십 배나 크다. 어쩌면 그 이상일 수도 있다. 예컨대 내가 하고 있는 콘텐츠 사업에서 연간 10억 원의 매출이 발생한다면 나의 영업 이익률은 90퍼센트를 넘는다. 비즈니스를 해 본 사람이라면 혹은 회사에서 당기 순이익이나 영업 이익률이라는 단어를 한 번쯤 들어 본 사람이라면 이 숫자의 의미를 짐작할 수 있을 것이다. 사실 대기업들의 영업 이익률은 터무니없이 낮다. 시스템을 개발하는 회사의 경우 영업 이익률을 3퍼센트로 유지하기 위해서는 엄청난 노력이 필요하다. 국내 1위 서점도 영업 이익률이 1퍼센트를 넘지 못한다. 서점 사이트에서 뮤지컬 티켓, 심지어 화장품까지 판매하는 것은 이익률을 조금이라도 높이기 위해서다.

대기업들의 영업 이익률이 낮은 이유는 순전히 큰 조직 규모와 장치 산업으로 인한 막대한 고정 비용 때문이다. 조직을 움직이기 위해서는 큰 건물과 시스템이 필요한데, 이는 비용을 잡아먹는 거대한 괴물이다. 반면 나는 혼자 일하기 때문에 그런 투자가 필요하지 않다. 나는 사무실이 있지만, 군이 사무실이 필요하지도 않다. 필요한 경우 몇 시간씩 회의실을 빌리면 되고 카페에서 회의를 해도 된다. 그 무엇도 흠이 되지 않는다.

내가 무서운 비즈니스의 현실 그리고 산업 사회의 구조에 대해 이야기한 이유는 비즈니스를 하고 싶다면 적어도 비즈니스를 둘러싼 게임의 규칙은 알고 있어야 하기 때문이다. 게임의 규칙이란 게임에 참여하는 모든 사람이 암묵적으로 인정하는 규칙이다. 농구나 축구 같은 스포츠 경기에 참여할 때도 반드시 알고 있어야 하는 규칙이 있듯이 비즈니스에도 그런 규칙이 존재한다. 이를 파악하지 못하면 게임에서 어떤 행동을 해야 하는지 알 수 없다. 물론 서비스와 상품만 좋으면 될 것이라고 생각하기 쉽다. 물론 맞는 이야기다. 하지만 좋은 상품과 서비스가 항상 성공한다는 법칙은 세상 어디에도 존재하지 않는다. 그렇게 믿고 있다면 당신은 여전히 순진하거나 아직 어린 것이다.

비즈니스의 현실과 게임의 규칙에 대해 알고 있다면 그때부터는 그 모든 것을 무시해야 한다. 누군가 참신한 아이디어를 내놓으면 사람들은 늘 현실에서는 불가능하다고 말한다. 물론 그가 그것을 해 봤을 수도 있다. 하지만 그때와 상황이 같을까? 혹은 그가 제대로 하지 못해 실패하지 않았을까? 도대체 '불가능하다'는 논리는 어디에 근거를 두고 만들어진 것일까?

비즈니스 현실에서 우리는 계획을 세우고 전략을 만드는 일에 엄청난 시간을 투자한다. 하지만 냉정하게 보면 이제는 사업 계획이라는 말 자체가 성립되지 않는다. 적어도 사업 계획을 만들고 그것이 통용되던 시대는 이제 지나갔다. 우선, 너무 빠르게 움직인다. 그리고 우리가 생각하지 못한 경쟁자가 늘 새로운 방식으로 갑자기 등장한다. 구글도 이런 회사에 해당된다. 구글은 창업된 지 20년이 채 안 되지만 전 세계 모든 사람에게 영향을 미치고 있다. 이런 회사는 일찍이 존재하지 않았다.

따라서 사업 계획에 포함되어 있는 시장 조건과 경쟁사 및 고객과 경기 분석에 대한 가변성의 한계를 우리가 짐작한다는 것은 불가능하다. 오히려 점쟁이를 부르는 편이 나을지도 모른다. 게다가 사업 계획을 세우면 그 계획에 맞도록 질질 끌려 다녀야 한다. 사업 계획의 존재 이유를 우리가 스스로 만들어 줘야 한다는 말이다. 이 또한 얼마나 쓸모없는 일인가.

세상에 없던 방식으로 성공한 비즈니스들

불과 몇 년 전에 등장한 두 가지 비즈니스에 대해 이야기를 해 보자. 이런 일들이 가능하다는 것이 충격적이지만, 적어도 우리에게는 이 충격이 오히려 희망의 이정표가 될 수도 있지 않을까 싶다.

에릭 미기콥스키는 캐나다 워털루 대 공대생이었다. 그는 네덜란드의 델프트 공과 대학에서 산업 디자인을 공부하기 위해 1년간 네덜란드에 머문 적이 있는데, 그때 네덜란드 사람들이 자전거를 타고 다니는 것을 목격했다. 그리고 그도 자전거를 타고 다녔다. 미기콥스키는 자전거를 타면서 문자도 확인할 수 있는 시계를 만들고 싶었다. 그래서 자신이 모은 돈과 부모님께 받은 1만 5000달러를 투자해 인펄스라는 시제품을 만들었다. 인펄스는 디자인도 세련되고 기능도 훌륭

했지만, 단지 블랙베리에서만 사용된다는 단점이 있었다.

미기콥스키는 이 시제품을 가지고 미국으로 건너갔다. 미국에서 그는 아이폰과 안드로이드에서도 사용할 수 있는 제품을 만들고 싶었다. 하지만 자금이 없었다. 그래서 그가 선택한 것은 킥스타터를 이용해 20만 달러를 투자 받는 것. 그런데 사람들이 50만 달러를 투자했고, 덕분에 페블워치가 탄생하게 되었다. 한 대학생이 자신만의 방식으로 새로운 비즈니스를 만들어 낸 것이다.

두 번째 사례는 조금 다르다. 전통적인 비즈니스 구조를 바꾼 사례이기 때문이다. 우리는 보통 제조업은 거대한 기업들만 할 수 있다고 생각한다. 산업의 구조를 보면 그렇게 틀린 말은 아니다. 예컨대 자동차를 만드는 일은 거대한 생산 시설과 조직을 갖추어야만 가능하다고 생각한다. 어찌 보면 이런 생각은 당연하다.

로컬모터스라는 기업을 살펴보자. 엄밀히 말하면 로컬모터스는 기업은 아니고 단지 자동차를 좋아하는 커뮤니티에 불과하다. 그러나 그들은 그저 친목 도모만 하는 것이 아니라 자신들이 원하는 자동차를 만들었다. 즉 비즈니스 세계에서 로컬모터스는 오픈 소스 자동차 생산 기업인 것이다. 그들이 이런 과정을 통해 만든 자동차가 바로 2009년형 랠리 파이터다.

랠리 파이터를 만드는 데는 그리 많은 인원이 필요하지 않았다. 거대한 생산 시설도 필요하지 않았다. 공모를 통해 디자인 작업을 하고 마이크로팩토리라고 이름 붙인 공간에 모여 자동차를 만들었다. 한 가지 특이한 점은 자동차를 소유하고 싶은 회원은 반드시 마이크로팩토리에 와서 제조 공정에 참여해야 한다는 것이다. 그들은 이런 과정을 통해 거대 기업만이 만들 수 있는 자동차를 백 배나 적은 자본으로 다섯 배나 빠르게 만들었다.

로컬모터스에 대한 이야기는 여기서 끝이 아니다. 제너럴일렉트릭은 가전제품 제조 공정을 로컬모터스 방식대로 하면 훨씬 빠르게 만들 수 있을 것이라 판단하고 현재 가전제품 두 가지를 마이크로팩토리에서 생산하고 있다. 일각에서는 미국 제조업의 미래를 바꾸는 일이 될 것이라고 예견하기도 한다.

이처럼 우리가 생각하지 못한 부분에서 우리가 생각하지 못한 방식으로 일을 해 나가는 사람들은 분명 존재한다. 그들은 분명 이단아라고 불렸을 것이다. 이미 존재하던 세상의 규칙과는 다른 방식으로 행동했기 때문이다. 하지만 이런 이야기의 결말이 늘 그렇듯 그들은 멋지게 성공했고 세상을 바꾸는 또 하나의 이정표를 만들었다. 그런 사람이 당신이면 안 되는 것인가? 혹시 안 된다고 생각한다면 그 이유는 과연 무엇인가? 도전하기 두렵기 때문에? 혹은 불확실한 미래에 대해 모르기 때문에?

내 자리를 대체할 수 있는
사람 100만 명,
무엇이 나를
특별하게 만드는가?

Chapter 7

과거의 선택을 최고의 선택으로
만드는 것은 앞으로의 당신입니다
— 이노우에 히로유키

'당신이 하는 일은 100만 명이 할 수 있다. 당신이 그들보다 특별한
이유는 무엇인가?'

캘리포니아 실리콘밸리 101번 고속도로의 커다란 광고판에 쓰여
있는 문구다. 아마도 실리콘밸리를 먼 거리에서 출퇴근하는 사람들
은 매일 이 문구를 볼 것이다. 당신이 만약 고속도로에서 이런 광고판
을 보면 어떤 생각을 할까? 대개는 아무 생각 없이 그냥 지나칠지도
모른다. 하지만 광고 문구의 속뜻을 살펴보고 나면 솔직해져야 한다.
나는 이 문구가 말하는 현실에서 자유로울 수 있는 사람은 그리 많지
않을 것이라고 생각한다. 아마도 극소수일 것이다.

대기업에서 일하는 사람들은 대부분 보편적이고 근대적인 인간을
만들어야 한다는 근대 교육 철학의 영향을 받은 사람들이다. 고등 교
육을 받았고, 사회 문화를 이해할 줄 알며, 인간의 존엄성을 이해하

고, 수준 높은 이성과 지성을 가진 존재들이다. 대기업들은 이런 인재를 선호한다. 반대로 말하면, 그렇게 교육 받은 사람은 얼마든지 있고 언제든 대체 가능하다는 의미다. 소비재를 생산하는 거대한 기업에서 제조, 기획, 마케팅, 디자인 등 대부분의 직무를 담당하는 사람은 지구라는 행성에 수백만 명이 존재한다. 농담이 아니다. 동사무소에서 서류를 발급해 주거나 구청을 지키고 있는 수많은 공무원, 패스트푸드 매장에서 햄버거를 '조립'하는 사람들, 대기업에서 칸막이 하나씩을 차지하고 있는 사람들, 혹은 하이엔드 컨설팅 회사에서 근무하는 사람들마저 얼마든지 대체 가능하다. 예컨대 경영학을 전공하고 영어, 일어, 중국어를 할 줄 아는 사람이 전 세계에 몇 만 명이나 될까? 매년 구글에 입사 지원서를 넣는 지원자는 200만 명에 달한다. 그중에서 우리가 알 만한 대학을 나와 2개 국어 이상을 할 줄 아는 사람은 과연 얼마나 될까? 얼마 전 피아니스트 조성진 씨가 쇼팽 콩쿠르에서 우승을 해서 화제가 된 적이 있다. 그런데 전 세계에서 피아노를 연주할 수 있는 사람이 2000만 명이라는 것은 알고 있는가? 그가 대단한 것은 2000만 명 중 한 사람이 되었기 때문이다.

그럼에도 불구하고 어떤 사람들은 '내가 그만두면 회사는 망할 거야'라는 생각으로 회사를 그만두는 경우가 있다. 그래서 그 회사가 망하던가? 그런 일은 일어나지 않는다. 왜냐하면 그 자리는 이미 누군가로 대체되었기 때문이다. 사장들은 누군가 그만두면 그 자리를 누구로 대체할지를 고민하며 산다. 그들은 별로 하는 일이 없는 것 같지만 틈만 나면 그런 고민들을 한다. 결국 회사에서 한몫하는 사람들은 자신이 대체 가능한 존재라는 사실을 모르는 것이다. 또는 알고는 있더라도 얄팍한 생각을 할 수도 있다. 가령 기업들이 자신의 존재를 대체하기 위해 자신과 같은 존재를 찾아야 하기 때문에 어렵다고 생각할 수도 있다. 이런 생각도 틀렸다. 우리는 여행을 가기 전 다른 나라 도시에서 맛집을 찾아낼 수 있는 능력을 가지고 있다. 하물며 기업들이 나를 대체할 만한 존재를 찾지 못할까? 그럴 가능성은 극히 희박하다. 이미 IT 기술과 검색 능력은 우리가 상상을 초월할 정도로 발달했다. 그 기술이 우리를 대체할 인재를 찾는 데 사용된다는 점을 모른다면 당신은 아직 어리거나 순진한 것이다.

실리콘밸리 101번 고속도로의 광고판 문구가 전하는 메시지는 우리가 그렇게 특별한 존재가 아니라는 것이다. 자신이 남들과 다른 장점을 갖고 있다면 그 장점이 무엇인지, 100만 명이 할 수 있는 일을 나는 어떻게 특별하고 잘 해낼 수 있는지를 설명하라는 것이다.

능력보다 훨씬 큰 것을 바라는 유토피아 증후군

'유토피아 증후군'이라는 것이 있다. 자신이 원하는 정도의 성공이 불가능하다는 사실을 스스로 인정하지 않거나 혹은 인정하지 못하고 집요하게 높은 이상만을 추구하는 증상을 의미한다. 자신의 능력은 평균치 미달인데 헛바람만 들어가 있는 것이다. 또는 자신의 능력이 평균치 이상일 수도 있다. 그러나 자신과 같은 사람이 많다는 사실을 모른다. '유토피아 증후군'은 병적인 증상을 일컫는 말이지만 의료계에서 심각한 질병으로 여기는 것은 아니다. 다만 그렇게 허황된 이상을 좇는 사람이 많다는 것을 의미한다. 보통 고등 교육을 받은 사람들이 여기에 해당된다.

내가 근무하는 곳 옆 사무실에도 특이한 친구가 한 사람 있다. 카페에서 자주 마주치는데, 그가 통화하는 것을 들어 보면 자기는 실리콘 밸리에서 스타트업을 해야 하는 사람인데 이곳에서 일하고 있다면서 구시렁거린다. 그래서 언젠가 그의 정체를 알고 있는 사람에게 그가 혹시 대단한 인물인지 물었다. 그는 그저 대학을 졸업한 알바생일 뿐이었다. 그에게도 유토피아 증후군이 있는 것이다.

기업들은 최근 인재와 관련해 어떤 점을 깨닫고 있을까? 특이한 현상이 하나 있다. 바로 '혁신'에 관한 것이다. 지금까지 혁신은 천재한 사람이 만들어 내는 것이라고 여겼다. 그런데 이에 대한 기업 철학이 송두리째 무너지고 있다. 예컨대 과거 삼성에서도 이건희 회장은 1명이 10만 명을 먹여 살린다고 말했고, 애플의 스티브 잡스는 한사람의 천재적인 아이디어가 세상을 어떻게 바꾸는지를 여실히 보여준 사례였다. 하지만 이런 흐름이 크게 바뀌고 있다. 창의적 아이디어는 천재 한 사람이 만드는 것이 아니라 많은 사람의 아이디어가 더해져 완성된다는 것이 일반화되고 있다. 혁신에서 진정한 문제는 새로운 아이디어를 내는 것이 아니라 그 아이디어를 어떻게 보완해 새롭게 만들지에 대한 프로세스이며, 실제 아이디어를 내는 것보다 아이디어를 판단하는 일이 더 어렵다는 쪽으로 시각이 바뀌고 있다.

지식은 보통 네트워크 효과 이론으로 이동하게 되어 있으니 아마도 이런 의견들이 보편적인 정설이 되려면 몇 년은 더 필요할 것이다. 많은 사람이 이와 같은 사실을 인정하게 된다면 사람들은 '인재'에 대한 생각을 달리할 수도 있을 것이다. 지금까지는 많이 배우고 많은 능력을 갖고 있는 사람, 즉 좋은 대학을 나오고 좋은 직장에서 커리어를 잘 쌓은 사람, 2개 국어 이상을 할 줄 알고 많은 사람에게 호감을 줄 수 있는 이른바 '잘 자란' 인재들이 정답이었지만, 앞으로는 그렇지 않을 수도 있다는 말이다.

나는 그렇게 뛰어난 인재가 아니다. 내가 가진 능력은 누구라도 갖고 있는 것이다. 전 세계적으로 100만 명 이상이 나보다 내가 하는 일을 더 잘할 수 있다. 그래서 나는 늘 '남들과 다르기 위해서는 무엇을 해야 할까'를 고민한다. 고민한다고 답이 나오는 것은 아니지만, 내가 가진 것을 하나라도 개선하려고 노력한다.

그동안 비즈니스계에서는 최초이거나, 유일하거나, 더 빠르거나, 더 낫거나, 더 저렴해야 했다. 그 과정에서 치열한 경쟁을 해야 했고 싸움에서 밀려난 기업은 퇴출되고 말았다. 1930년대에 90년이던 기업의 평균 수명이 2012년에는 15년으로 줄어든 점도 이와 같은 경쟁의 압력을 말해 주는 것이다.

이 같은 경쟁은 인간에게도 그대로 적용된다. 세상은 당신에게 최초이거나, 유일하거나, 더 빠르거나, 더 낫거나, 더 저렴하기를 원한다. 운 좋게 그 기준에 맞아떨어졌다 해도 그것이 영원하지는 않다. 최초이거나 유일하더라도 누군가 나타날 것이다. 더 빠르거나 더 낫더라도 100미터 달리기 기록이 깨지듯이 누군가 그 기록을 깰 것이다. 더 저렴하더라도 누군가 더 싸게 일할 것이다.

중요한 것은 '당신'이라는 본질이다. 충분한 가능성을 가진, 더 노력해 나은 존재가 될 수 있는 당신 말이다. 나는 그 능력은 스펙을 쌓아 만들 수 있는 것이 아니라고 생각한다. 단언컨대 이는 틀린 생각이 아니다.

　내 이야기를 잠깐 해 보자. 나보다 글을 더 잘 쓰는 사람은 많다. 나보다 더 좋은 대학을 나와 2개 국어 이상을 할 수 있는 사람도 많다. MBA를 졸업하고 해외 석학들을 만나 세상의 나아갈 방향에 대해 토론할 수 있는 사람도 많다. 나는 그들의 능력보다 한참 뒤진다. 내가 하는 일은 그들이 읽어야 할 경제 경영서를 골라 리뷰를 하고 동영상으로 만들어 제공하는 것이다. 내가 만든 동영상을 보는 사람은 10만여 명이다. 그들 대부분 나보다 나은 학력과 능력을 가졌을 것이다. 그럼에도 불구하고 내가 이 일을 할 수 있는 이유는 무엇일까? 그저 남들보다 부지런하기 때문이다. 나는 늘 새벽 4시 30분에 일어나 일을 시작한다. 책을 보고 사람들을 만나고 동영상을 제작한다. 저녁이 되면 일찍 퇴근해 또 책을 본다. 술자리를 찾으면 많을 것이다. 하지만 그런저런 술자리에 참석하다 보면 내 일을 하지 못한다. 그렇게 주변을 차단하고 노력해야만 이 일을 할 수 있다. 남들보다 똑똑해서가 아니다. 그래서 나는 당신에게 자신 있게 물을 수 있다. 100만 명이 할 수 있는 일을 하는 당신이 그들과 다른 특별한 점은 무엇인가?

노벨상을 받은 평범한 중소기업 연구원에게 배우는 교훈

Chapter 8

사업에서 성공하려면 훈련과
절도, 고된 노력이 필요하다.
이런 것들에 지레 겁먹지만 않으면
성공의 기회는 오늘도 그 어느 때 못지않다.
- 데이비드 록펠러

우리가 미디어를 통해 접하는 성공한 사람들은 대부분 좋은 학력을 가지고 있다. 그래서 많은 사람이 성공하기 위해서는 좋은 학력과 인맥을 가져야 한다고 생각한다.

기업들 역시 똑똑한 인재를 채용해야만 경쟁에서 우위를 점할 수 있다고 믿는다. 하지만 기업들의 속마음을 들여다보면 두 가지 생각이 공존한다. 첫째, 기업들은 비즈니스의 성공은 어떤 인적 자원을 확보하느냐에 따라 달라진다고 믿는다. 우수한 인재를 확보해야 경쟁에서 이길 수 있다고 생각한다. 그래서 그들은 최고의 두뇌를 찾는 데 큰 목표를 둔다. 특히 공부 잘해서 우수한 성적을 거둔 글로벌 인재를 찾는다. 대기업에는 해외 지사에서 은밀히 활동하는 브레인 스카우터들이 있다. 그들은 현재 유명 대학을 다니면서 우수한 성적을 보이는 인재들을 직접 찾는다. 대개 각 분야의 석사와 박사 그리고 경영학

: 65

석사로 알려진 MBA들이다. 경쟁사보다 빨리 좋은 인재를 찾아 모셔 오는 것이 그들의 가장 큰 임무다. 과거에는 개천에서 난 용들도 있었 지만, 요즘에는 거의 '잘 자란' 사람들이 이 자리를 차지한다. 둘째, 기업은 인재 선발에 대한 나름의 기준이 필요했는데 수치로 알 수 있 는 가장 좋은 방법이 학교 성적이었다. 한마디로 누구나 인정할 수 있 는 보편적인 기준인 학력과 성적이 인재 판단에 가장 쉽게 활용할 수 있는 기준이었다.

하지만 이 두 가지 생각이 잘못되었다는 것이 속속 드러나고 있다. 우선 똑똑한 사람들이 성공할 수 있고 비즈니스에서 탁월한 성과를 낸다는 측면에 대해 살펴보자. 결론부터 말하자면, 세상이 원하는 기 준에 맞춰 살아온 똑똑한 인재들이 성공하고 그들이 비즈니스에서 더 큰 성과를 거두고 있다는 증거는 없다. 사람들은 과학적 연구를 통 해 개인의 업무 수행 능력을 예측할 수 있기를 바랐지만, 인간의 잠재 력을 설명할 수 있는 과학 이론은 아직 발견되지 않았다.

1980년대까지 과학자들은 언어 및 수학 능력을 측정하는 도구에 불과한 IQ로 인간의 잠재력을 측정할 수 있다고 여겼다. 정부와 기업 들은 공립 학교의 수학과 언어 교육에 엄청난 돈을 쏟아부으며 미술 과 음악 과목을 폐지했다. 그때부터 기업의 인사팀들은 IQ를 기준으 로 하는 테스트를 고안해 냈으며 영업 사원부터 사장에 이르기까지 모든 직원을 지능이라는 한 가지 잣대로 평가하고 고용했다. 문제는 그들의 생각이 잘못되었다는 점이다. 연구 결과 IQ가 직업적 성공을 예측하는 적중도는 20~25퍼센트에 불과하다는 것이 밝혀졌다. 이는 당신 경력의 75퍼센트는 지능이나 훈련과는 아무런 관련이 없다는 뜻이다.

IQ에 대한 신뢰도가 떨어지자 자신과 타인의 감성을 이해하고 공감하는 능력을 가진 자가 더 성공할 수 있다는 주장을 펴낸 학자가 있었다. 바로 하워드 가드너였다. 그는 감성을 이해하는 능력이야말로 인간의 잠재력을 예측하는 유용한 지표라고 주장했다. 이것이 바로 감성 지능, EQ였다. 그리고 EQ는 지난 20년 동안 비즈니스 세계에서 성공의 열쇠로 여겨져 왔다. 아직까지도 일부 학계와 재계에서는 IQ와 EQ 중 어느 것이 더 중요한지를 논의하고 있다. 흥미로운 것은 여기에 하나의 지능이 더 등장했다는 점이다. 이것 역시 하워드 가드너가 주장한 지능인데, 타인을 이해하고 배려하는 능력이 비즈니스의 성공 요인이라는 것이다. 바로 사회 지능, SQ였다.

사실 인류는 지금까지 인간을 파악할 수 있는 여러 가지 측정 도구를 만들고 있지만, 그 어느 것도 제대로 된 역할을 하지 못하고 있다. 이는 이미 오래전부터 심리학계에서도 인정한 것이고, 최근까지 도출된 결론도 마찬가지다. 예컨대 19세기에 태어난 인지 심리학자 루이스 매디슨 터먼은 인류가 선택 교배를 통해 개량될 수 있다고 믿는 우생학자였다. 그는 본인이 인식하는 사람의 능력에 따라 개인을 분류했다. 그가 만든 가장 유명한 분류 시스템은 스탠퍼드-비네 지능 검사인데, 이 검사는 백치부터 천재에 이르는 등급 범위를 설정하고 어린아이를 평가하는 것이었다. 터먼은 자신의 방법이 매우 정확하다고 확신했는데, 열등한 아이들은 격리해야 하고 특히 성인이 되어서는 후손을 남기지 못하도록 해야 한다는 극단적인 입장을 취하기도 했다.

하지만 결론은 우리가 생각한 그대로였다. 터먼은 천재들을 분류해서 관찰했지만 지적 능력과 성취가 완전한 상관관계를 갖는다고 보기 어렵다는 사실을 발견했다. 천재로 분류되지 못한 아이들로 구성된 집단이 훗날 더 높은 성취를 이루어 냈다는 사실까지 밝혀졌다.

펜실베이니아 대 와튼 스쿨의 애덤 그랜트 교수는 최근《오리지널스》라는 책에 다음과 같이 언급하기도 했다.

'어릴 적에 천재 소리를 듣던 신동들이 어른이 되어 세상을 바꾸는 일은 드물다. 심리학자들이 역사상 가장 뛰어나고 영향력이 컸던 인물들을 연구한 결과 어린 시절 특별히 재능이 있던 사람은 거의 없었다. 그리고 신동 집단의 일생을 추적해 보면 경제 사정이 비슷한 집안에서 자란 평범한 아이들보다 뛰어난 삶을 살지도 않았다.'

기업들이 인재를 선발할 때 쉬운 평가 기준으로 학력과 성적을 이용하는 것에 대해 생각해 보자. 우선 인정할 수밖에 없는 것은 그것이 가장 쉬운 방법이라는 점이다. 실제로 이력서를 검토해 본 사람이라면 이력서를 읽고 판단한다는 것이 얼마나 어려운 일인지 잘 알 것이다. 취업 시즌이 되면 웬만한 중견 기업에도 수백 장의 이력서가 쌓인다. 대기업이라면 단위가 달라진다. 수만 혹은 수십만 개의 이력서가 들어온다. 모 그룹에서는 이력서를 사업 단위별로 나누어 검토하려고 애쓰기도 한다. 하지만 실제 그 업무를 맡고 있는 직원들과 이야기를 해 보면 이력서를 읽고 제대로 판단하는 사람은 별로 없다는 데 모두 공감한다. 따라서 기업들이 1차적으로 학력과 성적을 기준으로 삼는 것을 이해하지 못하는 바는 아니다.

그러나 이런 관행은 크게 잘못되었다. 그들이 우수한 인재를 선발하는 기준을 학력과 성적으로 정하면서 소위 스펙이라는 것이 만들어졌다. 그로 인해 학생들은 스펙 쌓기 위주로 공부를 하게 되었다. 이제 입사 지원자들은 비슷한 스펙과 성향을 갖게 되었고, 기업은 비슷비슷한 인재들만 받아들일 수밖에 없는 상황이다.

평범한 중소기업 연구원은 어떻게 노벨상을 받았을까?

기업들은 최근 똑똑한 인재가 성공하는 것이 아니라는 사실 그리고 우수한 인재를 선발한다고 해서 비즈니스 경쟁에서 우위를 점할 수 있는 것은 아니라는 사실을 서서히 깨닫기 시작했다. 특히 최첨단 글로벌 기업들이 앞다투어 이와 관련한 연구 결과를 발표하고 있다.

물론 개인의 실제 사례도 있다. 바로 나카무라 슈지다. 우리가 지금 거리에서 볼 수 있는 대형 스크린은 대부분 LED로 만들어진 것이다. 필라멘트에 열을 발생시켜 빛을 얻는 백열전구와 달리, LED는 반도체에 전류가 흐르면 직접 빛을 발생시키므로 전력을 절약할 수 있어 모든 산업에서 응용이 가능하다. LED는 1962년에 처음 개발되었지만, 여기에는 적지 않은 문제가 있었다. 백색광을 만들어 내려면 빛의 3원색인 적색, 녹색, 청색 LED가 필요한데, 1980년대까지 적색과 녹색 LED는 개발되어 있었으나 청색 LED 개발은 성공하지 못했다. 청색이 없으니 백색광도 만들어 낼 수 없었다. 세계적인 연구소와 대기업에서 27년간이나 연구해 왔으나 모두 실패해 20세기 안에는 청색 LED를 만들 수 없다는 것이 학계와 업계의 통설로 되어 있었다.

그런데 이때 갑자기 놀라운 일이 벌어졌다. 일본의 지방 대학 전자 공학과를 졸업하고 니치아화학이라는 작은 회사 연구원으로 입사한 나카무라 슈지가 4년 만에 혼자서 청색 LED를 개발해 낸 것이다. 1993년, 그의 나이 서른아홉이었다. 전 세계 관련 학계와 산업계는 그야말로 충격에 빠졌다. 전 세계 최고의 두뇌들이 수십 년간 연구했음에도 불구하고 개발하지 못했던 것을 일본의 지방 대학을 나온 나카무라 슈지가, 그것도 혼자 개발했기 때문이다. 덕분에 청색 LED는 산업화에 성공했고, 우리도 그 혜택을 누리고 있다. 그 공로로 나카무라 슈지는 2014년 노벨 물리학상을 수상했다.

똑똑한 사람들이 반드시 성공하는 것은 아니라고 이야기하면 대부분 '그럼 공부하지 말라는 이야기냐?' 혹은 '그런 쓸데없는 소리는 자라나는 아이들에게는 하지 마라'는 반응을 보인다. 아직까지도 많은 사람이 이를 인정하고 싶지 않은 것 같다. 혹은 유명한 심리학자들의 이야기는 단지 학설일 뿐이고 학벌이 좋지 않은데도 성공한 사람은 극소수이기 때문에 그것을 일반화해서는 안 된다는 해석이 밑바탕에 자리하고 있는 듯하다.

나는 똑똑한 사람들만 성공한다고는 생각하지 않는다. 물론 성공의 기회 혹은 그 근처에 도달할 수 있는 방법은 똑똑한 사람, 즉 세상이 말하는 학벌과 학력이 좋은 사람들이 가져갈 가능성이 높은 것은 사실이다. 하지만 가능성이 높다고 해서 항상 그가 이기는 것은 아니다. 길고 짧은 건 대 봐야 아는 것이다.

혼자 일하지
않았더라면
몰랐을 것들

Chapter 9

자극과 반응 사이에는 빈 공간이 있다.
그 공간에 우리의 반응을 선택하는 자유와 힘이 있다.
그 반응에 우리의 성장과 행복이 달려 있다.
— 스티븐 코비

인간은 무엇이든 직접 겪은 뒤에야 깨닫게 되는 동물인지도 모른다. 내 손에 있던 것을 잃어버리지 않으면 그 소중함을 절대 모르는 아둔한 존재 아닐까. 나 역시 마찬가지다. 혼자 일하지 않았더라면 절대 깨닫지 못했을 일이 적지 않았다. 혼자 일하는 당신에게 이정표가 되었으면 하는 바람으로 몇 가지를 알려 주고자 한다.

첫 번째, 나는 내 스트레스 저항 지수가 그렇게 높은 줄 몰랐다. 인간은 자기에게 어떤 능력이 있는지 잘 모른다. 스스로를 잘 알 거라는 생각도 오산이다. 따라서 잠재성, 능력, 성격 등 자신을 형성하는 그 모든 것은 어쩌면 다시 해석되어야 할지도 모른다. 내 스트레스 저항 지수가 그토록 높다는 사실을 깨닫고 나는 신대륙을 발견한 기분이었다. 스트레스 저항 지수는 스트레스를 받는 상황에서 버티는 능력이라고 이해하면 된다.

영화 〈데드풀〉 주인공은 마블 캐릭터 중 가장 성격 나쁜 액션 히어로다. 영화 줄거리는 암에 걸린 주인공이 어떤 혈청을 몸에 주사한 채 여러 가지 테스트를 거치면서 슈퍼 히어로가 된다는 내용이다. 스트레스 상황에서 숨어 있던 자신의 능력을 되찾게 되는 영화 주인공을 보면서 나는 우리도 다르지 않다고 생각했다. 극한 상황에 놓이면 우리도 슈퍼 히어로가 될 수 있지 않을까? 혼자 일하다 보면 그럴 가능성도 충분하다.

두 번째는 많은 사람이 혼자 일하고 싶어 한다는 사실이다. 요즘 혼자 밥 먹고, 혼자 술 마시고, 혼자 영화를 보는 사람들에 대한 기사가 자주 등장한다. 그러나 아직 혼자 일하는 사람들에 대한 이야기는 별로 없다. 내가 혼자 일한다고 이야기하면 사람들은 부러움의 시선을 보낸다. 아마 그들 역시 나처럼 조직에서 혹은 사람들에게 상처를 받아 그럴 것이다. 이것도 내가 혼자 일하지 않았더라면 몰랐을 일이다. 그들이 자기 속내를 쉽게 보이지 않았을 테니 말이다.

세 번째는 외로움에 관해서다. 사람들은 보통 혼자 일하면 외로울 거라고 생각한다. 하지만 꼭 그렇지는 않다. 직원을 채용하면 좋은 점도 있지만, 그들 앞에서 사장 노릇을 하는 것이 부담스러울 때가 많다. 혼자 일하면 이런 쓸데없는 에너지를 쓰지 않아도 된다. 뿐만 아니라 직원이 없으면 후련하다. 나 혼자 무언가를 해야 한다는 외로움이나 절박함보다 비로소 자유인이 되었다는 해방감이라고나 할까. 뭔가 중세 시대 사람처럼 거추장스러운 옷을 입고 가발을 쓴 무게감을 덜어 낸 듯한 기분이다. 이런 기분은 혼자 남아 보지 않은 사람은 절대 모를 것이다.

네 번째는 내 관점으로 본다면 혼자 일할 수 있는 최적의 환경들이 갖춰지고 있다는 것이다. 이 또한 여러 구성원을 거느리고 있다면 알아차리지 못했을 것이다. 우선 하드웨어 분야는 엄청나게 변했다. 한 예로 2012년의 컴퓨터 처리 속도는 1983년의 컴퓨터 처리 속도보다 4만 3000배나 빠르다. 물론 여기에는 하드웨어와 소프트웨어 속도가 함께 계산되어 있지만, 우리가 체감하는 속도도 불과 몇 년 전 컴퓨터와 비교가 되지 않는다. 앞으로도 컴퓨터는 무한대로 빨라지고 가벼워질 것이다.

소프트웨어 수준도 가공할 만한 위력을 갖추었다. 예전에는 하드웨어를 구입해서 웹 서버와 DB 서버를 구축했지만, 지금은 아주 쉽고 간단하며 아주 저렴하게 처리할 수 있다. 또 오픈 소스들이 넘쳐 나고 있다. 특히 로봇 운영 시스템인 ROS와 IBM의 왓슨도 오픈 소스로 공개되었기 때문에 기술과 아이디어만 있으면 누구나 사업을 할 수 있다. 개인들이 업무에 사용하는 스마트 도구들도 마찬가지다. 어디에 있든 우리는 수많은 데이터를 검색하고 새로운 결과물을 만들어 전 지구인과 공유할 수 있다.

다섯 번째는 일단 결정하면 엄청 빠르게 대응할 수 있다는 것이다. 내 몸과 마음만 움직이면 된다. 하지만 조직은 다르다. 조직은 크면 클수록 둔하고 멍청해진다. 많은 사람이 존재하지만 그들의 장점을 모두 살린 집단 지성은 아직 불가능한 상황이다.

여섯 번째, 혼자 일하면서 나는 자유의 즐거움을 찾았다. 이것도 내가 혼자 일하지 않았다면 절대 몰랐을 일이다. 혼자 일하면 일단 절대적인 업무량은 많아진다. 하지만 업무량이 많다는 이유로 혼자 일하는 것을 폄하해서는 안 된다. 반대의 경우를 생각해 보자. 조직에는 일도 많고 사람도 많다. 그런데 여기에는 반전이 있다. 일로 인한 스트레스는 견뎌 낼 수 있지만 사람으로 인한 스트레스는 좀처럼 참기가 어렵다. 사람이 싫어지면 극복도 무시도 쉽지 않다. 회사를 그만두는 경우 중 상당 부분은 아마도 일이 싫어서가 아니라 사람이 싫어서이지 않을까?

맞다. 혼자 일하게 되면 업무량은 절대적으로 많다. 그와는 반대로 절대적인 자유가 존재한다. 카페에서 일하고 싶을 때는 노트북 하나 들고 나가면 된다. 여행을 가고 싶다면 훌쩍 떠나면 된다. 사회와 약속한 일만 제때 해놓을 수 있다면 말이다.

마지막 일곱 번째는 타이밍이다. 나는 혼자 일하면서 타이밍을 배웠다. 예전에는 늘 조급하고 불안했다. 일이란 원래 시작하더라도 뜸을 들이는 시간이 필요하고 급하게 마무리하지 않아도 되는 경우가 더 많다. 느리게 진행한다고 문제 될 일은 그다지 많지 않다. 그러나 또 항상 느리다고 좋은 것만도 아니다. 빠를 때는 누구보다 빨라야 한다.

혼자 일하면서 배운 것은 이런 타이밍이다. 일을 하다 보면 쉬어 가야 할 때가 있다. 가만히 기다리고 있어야 할 때도 있다. 그냥 기다리는 것이다. 아무것도 하지 않고 기다려야 한다. 냄비에 물을 끓일 때 눈으로 아무리 보고 있어 봤자 물은 더 빨리 끓지 않는다. 마찬가지다. 기다려야 할 때가 있다. 노력한다고 해서 모든 일이 잘되는 것은 아니다. 혼자 일하면 그렇게 마음을 내려놓을 수 있다.

5년 동안 직원으로:

회사를 다닐 때

알았더라면

Part 2

좋았을

것들

당신이 어디에서 출발했는지 모른다면,
어느 지점을 향하는 것인지 알 길이 없다.

−앨프리드 챈들러 주니어

언제나 그렇듯이
일보다는 사람이
더 어렵다

Chapter 1

떠난다는 것은 포기하는 것이 아니다.
계속 움직이는 것이다. 직장이든 습관이든
버리고 떠난다는 것은 꿈을 실현할 수 있는 쪽으로
계속 움직이기 위한 방향 전환이다.
— 롤프 포츠

　　서울에는 구로디지털단지라는 국가 산업 공단 시설이 자리하고 있
다. 일반인들도 많이 알고 있는 파주출판단지와 더불어 구로디지털
단지도 국가 산업 공단에 해당된다. 구로디지털단지는 1960년대에
국가 산업 단지로 지정되었는데, 섬유·봉제 산업 위주의 업체들이 모
여 있다가 현재는 대부분 IT 기업들이 자리하고 있다. 2000년 12월에
는 공식 명칭도 서울디지털산업단지라고 바뀌었다.

　　구로디지털단지는 IT 회사와 지식 산업을 표방하는 회사가 많기 때
문에 나도 미팅이나 회의를 하기 위해 자주 방문하는 지역이다. 크고
작은 기업 1만 2000여 개가 모여 있어서 기업 서비스를 제공하는 회
사들에게는 여러 가지 측면에서 매력적인 곳이다.

　　벌써 몇 해 전 일이다. 그 지역에 이미 터를 잡고 굴지의 교육 서비
스를 제공하는 회사의 대표 두 사람 그리고 그 지역 경영 협의회 사무

국 직원과 함께 점심 식사를 하게 되었다. 나의 목적은 구로디지털단지에 입주해 있는 기업들에게 우리 회사를 알리고 기회가 허락된다면 콘텐츠를 공급할 수 있는 교두보를 만드는 것이었다. 그러나 그때 내가 들은 이야기는 아직도 생생할 만큼 충격적이었다.

"여기 사장님들요? 교육에는 관심 없어요. 혹시 우민 정책이라고 알아요? 직원이 똑똑해지면 그만두잖아요. 그래서 사장님들은 매주 골프를 치고 최고 경영자 과정을 다니고 해도 직원들에게는 책 한 권 사 주지 않아요."

도대체 이 이야기를 어떻게 해석해야 할까? 우선, 그 지역에 있는 사장님들은 교육에 관심이 없다는 것이었다. 물론 이는 적어도 세 가지 측면에서 이해를 해야 한다. 첫 번째는 협의회와 교육 업체 대표들이 이야기한 것이니 정확한 의견 수렴 절차를 거치지 않은 답변일 수 있다. 일부분의 의견을 일반화할 수 없다는 말이다. 실제 그 기업들 중에는 교육에 관심을 가진 경영자가 있을 수 있고, 그들의 의견이 반영되지 못한 것이거나 그 기업의 존재 자체를 모를 수도 있다. 게다가 교육에 관심이 없다는 사장들의 비율이 어쩌면 구로디지털단지가 아니라 대한민국 전체 평균과 비슷할 수도 있다. 두 번째는 몇 년 전 이야기니 지금은 많이 바뀌었을 수도 있다. 2010년 정도였으니 6년이면 많은 것이 바뀌었을 것이다. 시대가 변하면서 예전과는 다른 교육 철학을 가졌을 수도 있다. 나는 그렇게라도 생각하고 싶다. 세 번째는 사안의 본질과는 조금 다른데, 이미 그 지역에 터를 잡은 교육 서비스 관련 회사들이 나에게 텃세를 부린 것일 수도 있다. 이미 그 지역의 사장들은 교육에 관심이 없으니 나와 같은 외부인들은 관심 끊으라는 의미인데, 내가 상황 판단을 제대로 못했을 수도 있는 것이다.

이번에는 전혀 다른 곳으로 시선을 돌려 보자. 미국 캘리포니아에 있는 애플이다. 스티브 잡스가 애플에서 쫓겨났다가 픽사의 성공으로 크게 유명세를 치르며 복귀했을 때의 일이다. 애플로 돌아온 그는 엄청난 속도로 혁신을 시작했다. 대기업화한 모든 것을 없애 버리고 효율적인 대응과 능력주의를 정착시켰다. 이때 스티브 잡스는 엄청난 악명을 얻었다.

바로 '스티브당했다'였다. 영어 단어로는 'steaved'다. 당시 애플에서 유행한 이 말은 '정리 해고를 당했다'라는 뜻이다. 뉘앙스로 본다면 '그 XX에게 당했어' 정도가 될 것이다. 잡스가 만들고 싶던 애플은 직원들이 대충 일하면서 하루하루를 의미 없이 보내는 곳이 아니라 열정적으로 일하면서도 정확하고 빠르게 일하는 회사였다. 게다가 잡스는 자기 자신과 맞지 않으면 무조건 해고시키기도 했다. 그가 만들고 싶은 회사는 지상 최대의 스타트업 그리고 우주에 흔적을 남기는 기업이었기 때문이다. 물론 그런 잡스를 이해하지 못해 그만둔 직원도 꽤 있을 것이다.

서울의 구로디지털단지와 캘리포니아의 애플은 지구 반대편에 위치해 있다. 구로디지털단지 사례가 만약 사실이라면 정서적인 면에서도 반대일지 모른다. 물론 잡스의 행동이 올바른 것이었다고는 말하지 못하겠다. 진정으로 열심히 일하는 사람들 혹은 자기와 맞지 않는 직원들을 해고하는 행동은 논란거리가 된다. 그럼에도 불구하고 스티브 잡스와 구로디지털단지 사장들에 대한 평판은 그야말로 반대다. 만약 당신이라면 어떤 곳에서 일하고 싶은가?

자신의 뜻과는 다르게 회사를 그만둔다는 측면에는 적어도 세 가지 이유가 존재한다. 사람으로 인한 갈등, 불황 그리고 산업 구조적인 측면이다. 우선, 사람으로 인한 갈등은 어느 곳에나 존재한다. 인쿠르트 조사 결과에 따르면 우리나라 직장인의 93퍼센트는 직장 동료 때문에 스트레스를 받은 적이 있다고 한다. 말이 잘 안 통하는 동료가 26퍼센트, 남의 험담을 하는 동료가 20퍼센트, 분노 조절을 못하는 동료가 15퍼센트 그리고 게으름을 피우는 동료가 14퍼센트를 차지한다. 굳이 조사 결과를 들먹이지 않더라도 사람 때문에 직장 생활이 힘들다는 것은 자명한 일이다. 일이 힘든 것은 참을 수 있지만, 사람 때문에 힘든 것은 참을 수 없다. 그리고 이것은 사람들이 회사를 그만두는 가장 큰 이유이기도 하다.

두 번째, 불황은 경기 순환론에 기초를 둔 생각이다. 불황이 있으면 호황이 존재하게 마련이다. 불황이 깊어서 힘들 때도 있지만 호황기에는 기업도 같이 성장한다. 아무튼 불황은 실업을 부른다. 다른 말로 순환 실업이라고도 한다. 순환 실업은 좋은 시절이 있으면 나쁜 시절도 있다는 뜻이니, 좋은 경기를 타는 산업으로 옮겨 가도 된다는 의미가 포함돼 있다.

세 번째는 산업 구조적 변화다. 순환 실업은 일자리를 구했다 잃었다를 되풀이한다는 의미지만, 구조적 실업은 개인의 기술과 시장이 맞지 않기 때문에 발생하는 것이다. 산업 자체가 구조적으로 바뀌는 것이다. 예컨대 인공 지능은 산업을 구조적으로 바꾸는 변화에 해당된다. 인간의 정신적 능력에는 한계가 있다. 인간이 아무리 똑똑해도 인공 지능을 넘어서기는 힘들다. 따라서 인공 지능과 자동화는 생산

성과 속도를 넘어 재설계 과정에서 대혼란을 불러일으킨다. 미국 노동통계국은 사무직, 생산직을 가리지 않고 전체 직업의 47퍼센트가 자동화될 가능성이 높다고 예측하고 있다. 사실 이 변화는 이미 시작되었다고 봐야 한다.

내가 회사를 때려치운 이유

회사를 그만두어야 하는 상황은 이보다 더 많을 것이다. 나도 회사에서 해고당한 적이 있다. 해고당했다기보다는 스스로 그만둔 셈이다. 직원이 200명 정도 되는 회사의 교육사업본부 기획팀장이던 나는 몇 개월 동안 준비해 새로운 프로그램을 론칭한 적이 있다. 그런데 그 프로젝트의 수익성이 별로 좋지 않았다. 그 후 사장은 틈만 나면 나를 불렀다. 그리고 내가 사장실에 들어가면 난리가 벌어졌다. 늘 그랬다. 가끔은 의자를 발로 걷어차고 서류를 집어 던지면서 있는 대로 화를 냈다. 사장실 밖에서 드라마 한 장면처럼 숨죽인 채 그 소리를 들은 직원도 많았을 것이다. 그로부터 몇 개월 후 나는 회사를 그만두었다. 비난을 받은 그 프로젝트는 나중에 꽤 괜찮은 수익을 올렸다고 한다.

실직은 누구에게나 뼈아픈 일이다. 하루를 일당으로 살아가고 한 달을 월급으로 살아야 하는 사람들의 심정을 나는 너무 잘 안다. 대학에 다닐 때는 학비를 벌기 위해 방학 때마다 막노동판에서 막일을 하도 했다. 성수동 아이템풀 영업 본부에서 인천 지역으로 배송을 가서 책 수백 권을 등에 지고 3~4층씩 걸어 올라가면서 '이러다 죽겠구나' 하는 생각도 여러 번 했다. 그리고 IMF 시기에 취직을 했는데, 직장 생활도 마찬가지였다. 당장 실직을 하면 월급 없이 어떻게 살아야 하나 하는 먹먹함을 아직도 생생히 기억하고 있다.

지금 이 시대를 사는 사람들 모두 마찬가지일 것이다. 세상은 급변하고 있고 순환 실업인지 구조적 실업인지는 모르지만, 어쨌든 거대한 파도가 몰아닥칠 것 같을 때는 두렵기까지 하다. 기억해야 할 것은 당신에게만 그런 상황이 닥치는 것은 아니라는 점이다. 그러니 위로받을 생각은 접어 두는 것이 좋다. 《아프니까 청춘이다》라는 책이 나왔을 때 몇몇 중년과 이야기를 나눈 적이 있다. 그들은 '중년은 더 아프다. 커 보면 안다'고 푸념했다. 지금은 모든 세대가 힘들고 어렵다는 말이다.

생각의 방향을 좀 바꾸자. 어차피 겪을 일이라면 좀 더 적극적으로 생각할 필요가 있다. 피하지 못할 일이라면 스스로 선택하는 것도 하나의 방법이다. 실업은 당신이 혼자 일할 수밖에 없는 상황을 만든다. 당신이 선택하든 선택하지 않든 그 상황은 언젠가 벌어지게 된다.

스티브 잡스의 애플과 팀 쿡의 애플, 무엇이 다른가

애플의 공식적인 창업일은 1976년 만우절이다. 혁신의 주인공이던 스티브 잡스가 쫓겨났다가 1997년 복귀하면서 애플은 다시 살아나기 시작했다. 이때부터 잡스는 엄청난 속도로 혁신을 단행했다. 대기업화한 모든 것을 없애고 효율적인 대응과 능력주의를 정착시켰다. 그러다 2003년 10월 잡스는 췌장암 진단을 받았다. 그는 자신의 업무 스타일대로 대중에게 이 사실을 알리지 않았고, 애플마저도 비밀주의 노선으로 일관했다. 잡스가 없는 애플은 상상할 수도 없었던 것이다. 잡스는 2011년 8월 CEO에서 물러났고, 그해 11월 사망했다.

잡스의 뒤를 이은 애플의 최고 경영자는 팀 쿡이다. 그는 여전히 비밀스럽다. 팀 쿡은 컴팩에서 근무할 때 수주 기반 생산 방식 및 공급망 관리 책임을 맡았는데, 애플의 생산 관리가 엉망일 때 입사해서 잡스가 하지 못한 일을 하면서 인정을 받기도 했다. 특히 팀 쿡이 합류한 지 18개월 만에 애플은 재고를 1일분으로 줄일 수 있었는데 그가 얼마나 치밀하게 관리했는지를 짐작할 수 있는 대목이다.

팀 쿡이 이끌고 있는 애플은 사상 최대의 매출을 올리고는 있지만 여전히 불안한 상태다. 그가 CEO로 취임하면서 가장 먼저 한 일은 에디 큐를 인터넷 서비스 담당 수석 부사장으로 승진시킨 것인데, 이는 잡스가 죽을 때까지 승인하지 않은 일이었다. 또 비영리 단체에 기부하는 자선 프로그램을 시작해 회사 분위기를 유연하게 만들었다. 하지만 모두 팀 쿡 체제를 불안해하고 있다. 왜냐하면 팀 쿡에게는 제품 개발 본능이 없기 때문이다. 그는 조직과 효율을 중시하는 CEO다. 비용과 이윤을 엄밀히 따지는 유형이라서 팀 쿡은 대차 대조표의 대가라고도 불린다. 그가 CEO로 부임하면서 MBA 출신을 대거 기용한 일 역시 그의 성향을 대변하는 것이다.

이와 같은 그의 성향은 애플의 성과와도 연결된다. 애플이 자체 제작한 지도 서비스를 오픈했지만 사용자들의 불만을 샀다. 과거 잡스가 경영할 때 소비자들은 애플 제품을 구매하면서 신비로운 무언가를 느꼈지만 팀 쿡 체제에서는 그런 느낌이 사라지고 있다. 경쟁사들이 두께와 무게, 해상도로 경쟁할 때 애플은 사용자 경험에 기준을 두었는데, 이제 애플은 경쟁사와 비슷한 전략 구도를 취하고 있는 것이다.

팀 쿡은 스티브 잡스와 너무나 다른 경영자다. 잡스가 이상주의자라면, 쿡은 실용주의자다. 반면 쿡은 잡스와 같은 혁신을 이루지 못하지만, 조직 관리 능력은 갖고 있다. 위험을 감수하는 유형이 아니고 안정을 추구한다는 말이다. 하지만 이는 양날의 칼이다. 팀 쿡은 산업 공학을 전공해 자원을 효율적으로 다루는데, 특히 아시아 지역의 생산 관리는 가혹할 정도라고 평가받기도 한다.

결국 애플은 제품 개발 본능이 사라져 과거의 신화를 이어 가지 못하고 있고, 사용자들의 불만을 사고 있으며, 협력 업체들과의 협력 체제에 문제가 생기고 있다. 또 중국 시장에서 애플에 대한 반대 운동과 미국에서 애플을 견제하는 움직임이 일면서 애플이 앞으로 어떤 태도를 취할지 모두 주목하고 있다.

회사를 나온 뒤
비로소 알게 된 것들

Chapter 2

삶을 송두리째 잃지 않기 위해
얼마간의 삶을 바치는 것은 당연하다.
— 알베르 카뮈

사람은 시간이 지나야만 알게 되는 것들이 있는데 나 역시 그랬다. 회사를 그만두고 나서야 비로소 깨달은 것들이 있었다.

나는 특별한 일이 있는 날 아침이면 카페를 찾는다. 아침마다 같은 카페에, 그것도 같은 시간에 앉아 있으면 꼭 그 시간에만 나타나는 고정 고객들이 있다. 아이를 데리고 와서 빵으로 아침을 대신하는 맞벌이 부부도 있고, 수다를 떠는 주변 회사 직원들도 있다. 또 매일 같은 빵만 시키는 사람도 있고, 늘 책을 보는 사람도 있다. 마치 데자뷔 같다. 데자뷔는 프랑스어인데, 다시 본다는 의미를 갖고 있다.

회사는 매일 이런 일상들의 반복, 즉 매일 데자뷔가 일어난다. 반복적인 일상은 재미없고 따분할 수 있지만 거꾸로 생각해 보면 같은 조직 안에 있는 사람들의 이런 행동들을 볼 수 있는 좋은 기회이기도 하다. 또 매일 같은 일이 일어나는 것 같지만, 우리는 매일 조금씩 성장하고 있다. 다만 모를 뿐이다. 회사에서는 적어도 이런 즐거움이 있는데, 사실 그 안에 있으면 그게 좋은지 잘 모른다.

회사에서 함께 일하던 사람들과 조금 더 가까웠더라면 하는 아쉬움도 남는다. 나는 사람들과 친밀하게 지내는 성격이 아니고 술자리도 그다지 좋아하지 않아 어울리는 걸 즐기지 못했다. 돌이켜 보니 사람들과 좀 더 어울렸어도 좋았을 것 같다. 회사를 떠나 정글에 들어오면 술 한잔 마실 시간도 사람도 없다. 가끔은 삼겹살에 소주 한잔하면서 직장 상사 뒷이야기를 나눌 때가 그립기도 하다.

내가 사람들과 잘 어울리지 않은 또 다른 이유는 회사를 그만두면 다시는 보고 싶지 않은 사람들도 있었기 때문이다. 회사에 있는 사람들을 모두 마음에 들어 할 이유는 없다. 게다가 회사를 그만두어야겠다고 마음먹는 순간 모든 사람이 나와는 관계없어 보인다.

그런데 참 신기하게도 친하게 지내던 사람들은 서로 연락처가 자주 바뀌는 바람에 연락이 끊긴 경우가 많은데, 꼭 관계가 좋지 않던 상사나 꼴불견이던 동료들은 다시 만나곤 했다. 회사 생활이라는 게 그렇다. 회사를 그만둘 때는 다시는 안 볼 것처럼 앙숙이 되어 헤어지지만, 다시 만나게 된다는 사실. 세상은 좁고 그래서 '웬수'는 꼭 만나게 된다는 사실은 명심해야 한다.

또 한 가지 아쉬운 점은 회사에서 조금 더 과감하게 행동했어야 한다는 것이다. 이건 큰 후회로 남는다. 나는 학교 다닐 때부터 큰 사고를 치지 못했다. 감기에 걸려도 학교를 가야 한다는 일념으로 열심히 등교해서 졸업할 때는 개근상을 받곤 했다. 당신도 알겠지만, 개근상은 사회생활에서 아무런 의미도 없다. 그런데 우리는 왜 그토록 열심히 학교를 다녔을까?

회사에서도 마찬가지였다. 특별히 휴가를 가 본 적이 없다. 한때는 3개월 동안 집에 가지 않고 일하다가 회사 옆 사우나에서 잠을 잤다. 도대체 왜 그랬나 싶다. 왜 그렇게 착하게 살았을까? 땡땡이도 좀 치고 취중에 상사한테 대들어도 보고 그래야 했다. 하지 말라는 사업도 해 보면서 성공도 해 보고 실패도 맛봐야 했다. 특히 회사에서 신규 사업을 벌일 때 적극적으로 뛰어 봐야 했다. 이런 일들이 모두 아쉬움으로 남는다.

회사를 그만두고 내 일을 시작하기 위해 조금 더 치밀하게 준비하지 못한 것도 아쉬움으로 남는다. 그냥 갑자기 회사를 그만두었다. 한마디로 욱하는 마음도 있었다. 회사를 그만두고 제대로 일을 해야겠다고 계획을 세운 것이 아니라, 그냥 내가 직접 하자는 생각이 앞섰다. 돌아보니 그건 명백한 실수였다.

마지막으로 아쉬움이 남는 일은 망하는 회사에 끝까지 남아 있지 못한 것이다. 내가 직장 생활을 시작한 것은 IMF 시절이었다. 몇 년 동안 수많은 회사가 없어지고 생겨나기를 반복했다. 사람들은 대개 회사에 망하는 기운이 감돌면 일찍 탈출해 버린다. 하지만 망하는 회사에 남아 있다 보면 오히려 배우는 것이 많다. 마지막 순간으로 치달을 때 사람들이 어떻게 변하는지, 어떤 말과 행동을 하는지, 회사에서는 어떤 일들이 벌어지는지를 보면 그야말로 막장 드라마 한 편이다. 영화 〈타이타닉〉에서 배가 침몰할 때까지 클래식 4중주를 연주하던 아름다운 장면은 잊어야 한다. 그야말로 인간의 천태만상과 민낯을 그대로 볼 수 있다.

회사를 떠나기 전에
생각해 봐야 할 것들

Chapter 3

추구할 수 있는 용기가 있다면
우리의 모든 꿈은 이뤄질 수 있다.
- 월트 디즈니

지금은 물질주의와 능력주의 시대다. 무엇이든 많이 가져야 하고 남들보다 더 많은 능력이 있어야 한다고 생각한다. 모든 산업이 급속도로 성장하면서 관료제가 바탕이 되던 성장 사회에서는 인간의 능력이 정보 처리력에서 시작된다고 생각했다. 정보 처리력은 남들보다 빠르게 정답을 맞히는 능력, 즉 정해진 정답만을 찾는 능력이었다. 대개 이런 정보 처리력은 눈에 보이는 점수로 만들어진다. 그러니까 남들과 비교할 수 있었다.

능력을 비교할 수 있다는 것은 능력이 사람을 손쉽게 평가할 수 있는 기준점으로 활용할 수 있다는 말이 된다. 제삼자는 객관적인 입장에서 비교하고, 개개인도 자신들의 모습을 상대방과 비교하기 시작했다. 문제는 사람들이 자신이 갖지 못한 것을 참지 못한다는 점이다. 최근 공유 경제 시스템이 새로운 비즈니스로 주목받고 있다. 그런데 그 이면에는 생존을 위한 처절함도 있지만 남들보다 더 많이 갖고 더 많은 것을 누리기 위한 욕심도 존재한다.

도대체 어떻게 사는 것이 정답일까? 데이비드 브룩스는 개인에게 주어진 자아의 완성은 없다고 말했다. 흔히 사람들은 각자 부여 받은 소중함을 발견하고 키워야 한다고 말하지만, 이는 환상일 뿐이라는 것이다. 중요한 것은 각자에게 주어진 소명을 다하는 것이라고 했다. 솔직히 나는 아직 이 부분에 대한 철학을 굳히지는 못했다. 때론 이런 생각, 때론 저런 생각을 하다가 문득 '나는 참 아무 생각 없이 살고 있구나'라고 중얼거릴 때도 있다. 이 책을 읽는 당신도 마찬가지 아닐까? 그렇다면 가장 중요하고도 시급한 문제라고 생각되는 것, 바로 회사에 남느냐, 회사를 떠나느냐에 대한 문제부터 이야기해 보자. 성공에 이르는 길은 크게 두 가지, 즉 '회사에서 성공하느냐' 아니면 '회사를 떠나 새로운 회사를 만들어 성공하느냐' 아닐까?

사람들은 대개 가장 쉬운 길은 회사 안에서 성공하는 것이라고 한다. 이런 주장을 하는 사람들은 흔히 회사 밖에 있는 사람들을 무시하는 경향이 있다. 큰 회사에서 승승장구하는 사람들은 글로벌 세상에서 인정받은 사람이지만 그렇지 못한 사람들은 비주류라고 생각한다.

하지만 반대의 경우도 있다. 이와 관련해 몇 가지를 이야기할 수 있다. 첫 번째, 회사는 유연하게 움직이지 못한다. 자기 계발적인 측면을 생각해 보자. 개인에게 자기 계발은 쉽다. 일찍 일어나 운동하고 틈나면 책을 읽고 어학 공부를 하면 눈에 보이는 능력부터 달라질 수 있다. 여기에 정신 건강을 강화하는 프로그램들을 더하면 어느 틈엔가 우리는 달라진 모습을 확인할 수 있다. 반면 회사의 역량 계발은 다르다. 회사는 웬만해서는 움직이지 않는다. 일단 여러 사람이 모여 있으니 의견도 제각각이다. 이런 걸 해 보자고 하면 반대편에서는 그런 걸 왜 하느냐며 볼멘소리를 하는 경우가 다반사다. 의견이 같은 사람들이 모여 점심 식사를 할 때도 식당과 메뉴 정하기가 얼마나 어려운지 다들 경험했을 것이다. 그럴 때 누군가 나서서 결정을 하면 뒤에 가서 구시렁거린다. 이래도 싫고 저래도 싫은 것이다. 따라서 회사 전체의 능력을 키운다는 것은 먼 나라 이야기일 뿐이다.

경영학에서는 조직의 이런 특성 때문에 시스템적 사고방식을 요구했고, 의사 결정을 위한 커뮤니케이션과 문서화된 절차를 중요하게 생각했다. 그리고 각 직급별로 핵심 역량을 정의하고 거기에 맞는 교육을 시켜 왔다.

두 번째, 회사가 아무리 안전하고 좋다지만 여기에는 한계가 있다. 당신이 금수저를 입에 물고 나온 것이 아닌 이상 회사에서의 생활은 언젠가 끝을 맺을 것이다. 한국 전쟁을 겪은 우리 사회 어른들의 자화상이 세간의 이목을 받은 적이 있다. 한국 전쟁을 겪은 세대는 우리나라에서도 위대한 세대로 통한다. 전쟁을 겪으면서 큰 고통을 받았고, 1960~1970년대 경제 발전을 이뤄 냈으며, 민주화 투쟁으로 인한 피를 흘려야 했다. 하지만 사회에서 그들은 지금 그저 기성세대로 통한다. 열심히 일했지만 남은 것은 아파트 한 채와 자동차 한 대 그리고 퇴직 연금과 쓸쓸한 노후뿐이다.

그 아래에 위치한 40대도 만만치 않다. 그들의 이야기는 10년을 거슬러 올라가 시작해야 한다. 정확히 2005년이다. 당시 우리나라 30대 인구는 850만 명이었다. 31~35세의 인구가 424만 명, 36~40세의 인구가 426만 명이었다. 당시에는 5년 단위로 나누든 10년 단위로 나누든 결과는 같았다. 30대 인구가 대한민국에서 가장 많았다는 말이다. 이는 단순한 인구 통계 문제가 아니다. 30대 인구가 가장 많다는 것은 10년 후에는 40대 인구가, 20년 후에는 50대 인구가 가장 많다는 것을 의미한다. 따라서 10년 전에 나온 예측은 간단했다. 앞으로 10년간 30대 인구는 결혼을 잘 하지 않을 것이며, 결혼하더라도 아이를 낳지 않고 딩크족으로 살 가능성이 크고, 경쟁 압력이 거세 대학원에 들어가거나 자기 계발을 위한 노력을 더 많이 하게 된다는 것이었다. 또 소형 아파트 가격은 더 오를 것이고 중대형 아파트는 가격이 하락할 것이라는 전망이었다. 모두 알고 있다시피, 지난 10년간 이런 현상은 계속 일어났고 언론의 단골 기삿거리였다.

10년 전 나온 예측에서 아직 일어나지 않은 일이 하나 더 있다. 바로 구조 조정이다. 2017~2018년은 기존 30대 경제 활동 인구가 각 기업의 임원이 되는 시기인데, 기업 임원 자리는 한정적이어서 IMF 시대 이후 열 배 이상 강력한 구조 조정 폭탄이 터질 것이라는 점이다. 사실 이 움직임은 이미 시작되었다. 불황과 거대 산업의 부진 그리고 전 세계 로봇 기술의 발달로 필요 인력은 점점 줄어들고 있다. 한계 수익이 감소하고 있기 때문에 기업들이 효율성을 위해 구조 조정을 하지 않을 수 없는 상황인 것이다. 예측대로라면 2017년부터 이 현상은 폭발적으로 일어날 가능성이 크다.

결론적으로 말하자면, 회사에서 성공하는 것이 좋긴 하지만 지금 직장에 남아 있는 사람들의 미래도 불투명하다는 것이다.

회사를 나오면 벌어지는 일들

      그렇다면 새로운 회사를 만들어 성공하는 것은 어떨까? 눈치가 빠른 독자들은 알아차렸겠지만, 회사에서 성공하거나 새로운 회사를 만들어 성공하는 것에는 공통점이 있다. 바로 '조직'을 만들어야 한다는 것이다. 다른 점도 조직이라는 테두리 안에 있다. 조직의 구성원이 되느냐, 아니면 조직의 리더가 되느냐다. 결국 어느 곳이 성공 가능성이 더 높을지를 판단해야 한다.

  회사 밖으로 나오면 일단 해야 할 일이 산더미다. 회사에서는 내가 일할 공간과 같이 일하는 사람들이 정해져 있지만, 세상 밖으로 나오는 순간 모든 것을 스스로 해야 한다. 사무실과 사무 집기를 구해야 한다. 같이 일할 사람도 스스로 선택해야 한다. 겪어 본 사람들은 알겠지만, 여기에 영원한 것은 없다. 사람만 그런 것이 아니다. 사무실이나 사무 집기도 언젠가는 바꿔야 한다. 조직을 이끌고 리드하는 것 역시 결코 쉬운 일이 아니다. 요즘 젊은 사람들이 월급을 준다고 당신의 말을 따를 것이라고 생각하면 큰 오산이다. 그들은 오너가 아니다. 당연히 정해진 시간에 출근하고 정해진 시간에 퇴근한다. 야근을 시키고 싶다면 야근 수당을 지급해야 하고 맛난 식사도 함께 제공해야 한다. 이럴 때 어처구니없는 사람들은 동고동락 혹은 고진감래 등의 사자성어를 외친다.

  기본적인 세팅을 벗어나도 선택은 무한대에 가깝다. 어떤 업종을 택해야 하는지, 어떤 파트너와 일해야 하는지, 어느 시기에 론칭을 할 것인지, 그 시기에 글로벌 환경은 어떨지 그리고 경쟁 업체에는 어떤 회사들이 존재하는지. 이런 변수를 조합해 보면 성공 가능성을 위한 조합은 거의 무한대에 가깝다. 물론 당신의 능력이 출중해 성공할 수도 있다. 하지만 그것도 영원하지 않다. 높이 올라가는 것은 언젠가 내려와야 하고 한번 시작한 사업도 언젠가는 막을 내려야 한다.

또 회사를 만들려면 알아야 할 게 많다. 어떤 사업이든 마찬가지다. 대충 얼버무려 사업을 시작했다가는 영원히 집에서 하루 세 번 밥 먹어야 하는 '삼시세끼'로 남을 수 있다. 그런 상황에 놓이고 싶지 않다면 회사를 나오기 전부터, 그리고 나온 뒤에는 더 많은 책과 자료를 찾아 공부해야 한다. 하지만 그러기에는 너무나도 사소한 문제가 하나 있다. 회사를 나오면 바빠서 서점에 갈 시간도 없다는 것이다.

사람들은 소주 한잔 마시면 성공에 이르는 길이 회사에 남는 것인가, 아니면 나가서 새로운 회사를 만드는 것인가 하는 문제로 한참을 이야기한다. 직장 생활을 몇 년씩 해 본 사람들이라면 이런 이야기가 뇌리에 박혀 있을 수도 있다. 분명한 사실은 어느 길도 쉬운 길은 없다는 것이다. 솔직하게 그 어떤 길도 쉽지 않다. 앞에서도 언급했지만 나는 '웰컴 투 정글'이라고 외치지는 않겠다. 다만 이 길을 선택하려는 사람들에게 이정표를 세워 주려는 것뿐이다.

공유 경제 어디까지 왔는가

어느 순간 우리 삶에 공유 경제라는 키워드가 등장하기 시작했다. 공유 경제의 가치는, 사용 빈도가 낮은 자산에 인터넷 접근이 가능하도록 하고 공동체에서는 이러한 자산을 소유할 필요성이 감소하는 데서 나온다는 것이 일반적인 해석이다.

공유 경제 모델은 크게 두 가지로 나뉜다. 하나는 기업 대 소비자의 모델이다. 회원들에게 자동차 공유 서비스를 제공하는 해외의 집카와 국내의 그린카 및 쏘카 등을 예로 들 수 있다. 다른 하나는 개인 대 개인의 모델이다. 개인끼리 거래가 가능한 플랫폼이다. 에어비앤비와 우버 등이 여기에 해당한다.

공유 경제와 관련해서는 두 가지 비판적인 시각으로 바라봐야 한다. 첫 번째는 공유 경제 개념으로 시작되는 문제의식이다. 공유 경제라는 용어를 누가 사용하기 시작했는지는 수수께끼로 남아 있다. 일각에서는 1769년 스코틀랜드의 한 오두막에서 직조공들이 오트밀을 싼값에 팔기 시작한 협동조합이 시초라고 주장하기도 한다. 그러다 산업 사회로 접어들면서 오랫동안 공유 경제를 잊고 있다가 1982~2004년에 태어난 밀레니엄 세대가 공유 경제를 다시 시작하고 있다는 주장이다. 밀레니엄 세대가 컴퓨터와 인터넷 환경을 바탕으로 공유 경제를 다시 시작했다는 것이다.

경쟁 압력이 거세지고 인구가 증가하면서 취업난 속에 형성된 생존 문화라는 측면으로 설명하는 경우도 있다. 뉴욕 시가 에어비앤비와 일대 소송전을 치르고 있지만 뉴욕 시민들이 에어비앤비를 통해 생활비를 충당하는 비율이 상당하다는 점이 이와 같은 주장을 뒷받침하기도 한다.

그런데 공유 경제 개념과 관련한 논란은 여기가 끝이 아니다. 공유 경제라는 개념이 무한대로 확대되고 있는 것이다. 단순한 임대업도 공유 경제라는 타이틀로 포장된다. 공유 경제라는 타이틀 덕에 투자를 받기가 쉽고 인재를 채용하는 데도 상당한 이익을 취할 수 있기 때문이다. 하지만 그들의 사업은 돈을 받고 빌려주는 것이지 불특정 다수와 무상으로 나누는 것이 아니다.

두 번째는 공유 경제가 얼마나 성장할 것인가에 대한 문제다. 몇 개의 자동차 제조 회사와 호텔업의 특정 브랜드들은 공유 경제 기업에 대응하기 위해 적극적으로 나서고 있다. 하지만 대부분의 기업들은 무관심으로 일관하고 있다. 이는 공유 경제 기업들의 이미지가 전통적인 기업 이미지가 아니라 해적이나 해커 혹은 히피 같은 느낌을 주기 때문이다. 기업들만 그런 것은 아니다. 에어비앤비나 우버 같은 경우는 전 세계 거대 도시 정부와 동시다발적으로 마찰을 빚고 있다. 대부분의 정부가 이를 불법으로 간주하며 거부하고 있는 것이다.

공유 경제와 기존 거대 세력과의 다툼은 결국 어떤 결론을 낼까? 전문가들은 대부분 어느 나라 어느 도시든 공유 경제를 이길 수 없을 것이라고 예상한다. 승자는 공유 경제가 될 것이고 이는 거대한 물결이 될 것이라는 말이다.

회사가 당신을
보호해 줄 것이다,
쓸모가 있을 때까지만

Chapter 4

순응하는 사람 중 크게 성공하거나
부자가 된 사람은 아무도 없었다.
– 폴 게티

구글은 전 세계에서 가장 일하고 싶은 회사 1위로 거론되는 경우가 많다. 직장을 구하고자 하는 사람들에게 구글은 선망의 대상인 것이다. 구글은 전 세계를 상대로 일을 하고, 구글이 하면 전 세계가 바뀐다. 무엇보다 구글이 실행하고 있는 꿈의 크기를 보면 엄청나다. 일단 어떤 프로젝트든 타깃 고객이 10억 명 이하면 사업 타당성 검토도 하지 않는다. 구글의 철학과 꿈의 크기가 어느 정도인지 짐작할 만하다.

앞에서도 설명했듯이 구글에는 피랩, 즉 사람과 혁신 연구소가 있다. 피랩은 직원들에게 자유를 보장하고, 대신 직원들로 하여금 분명한 목표를 세우게 한다는 원칙을 만들었다. 다시 말하자면, 구글이 엄청난 회사인 것은 부인할 수 없지만, 구글에 입사하면 혼자 일해야 한다는 것이다.

회사라는 조직은 정말 신기한 곳이다. 회사는 사람들로 하여금 동질감을 갖고 싶게 한다. 회사에 선망하는 대상이 있으면 그 사람처럼 되고 싶어 한다. 그래서 다른 사람들의 나쁜 행동을 은근히 따라 하기도 하고 그들과 다르지 않다는 것을 강조하기 위해 위험한 행동을 하거나 자신의 가치 기준에 맞지 않더라도 '맞다'고 이야기하기도 한다. 조직에 대한 동질감 때문이다. 반면 우리는 조직으로부터 구속받는다는 느낌을 그다지 좋아하지 않는다. 출근 시간과 퇴근 시간이 정해져 있다는 것과 점심시간을 반드시 지켜야 한다는 것이 불만스러울 때가 많다. 또 회사가 요구하는 업무 성과는 우리의 하루를 옥죈다. 그래서 우리는 스스로를 자유인이라 여기며 회사는 내가 단지 잠시 머물렀다가 떠날 정거장 정도라고 생각한다.

이와 같은 이율배반적인 행동은 회사도 마찬가지다. 과거에 회사는 통제와 규제로 획일화를 강조했고, 구성원은 늘 통제의 대상이었다. 일사불란하게 움직이기 위해서는 그것이 최선이라고 여겼다. 하지만 최근 일류 기업들은 자유를 이야기하기 시작했다. 자유롭게 해 줘야 성과가 난다고 판단한 것이다. 물론 뒤에서는 직원들이 어떤 생각을 하고 어떤 행동을 하는지를 모두 조사한다. 구글의 피랩처럼 말이다.

회사에서는 누구나 혼자여야 한다. 아니, 혼자일 수밖에 없다. 당신이 어떤 조직에 속해 있든 스스로 생각하고 판단해야 한다. 혼자 성과를 내야 하고 그 성과에 대한 책임을 져야 한다. '나와는 상관없는 일'이라고 생각하는 사람도 있을 것이다. 그러나 이는 회사에서 혼자라는 것을 인정하기 싫은 마음의 표현일 뿐이다. 회사를 다니면서 큰 사고를 한번 쳐 보면 당장 깨닫게 된다. 분명 많은 사람이 당신이 친사고와 관계없다며 발뺌할 것이다. 결국 당신 혼자 책임을 져야 한다.

이쯤 되면 회사에서 당신은 철저히 혼자라는 사실을 인정할 수밖에 없을 것이다.

이제부터는 회사에서도 혼자 일한다는 것으로 생각을 바꾸자. 회사는 바깥세상의 축소판이고 회사에 존재하는 나름의 규칙과 규범으로 만들어진 테두리 안에서 살아가야 하는 것이다. 물론 정글에서 살아남는 것보다는 훨씬 쉽다. 혼자 일한다고 하지만 가끔은 길동무를 만나기도 하니까 말이다.

회사에서 혼자 일하는 세 단계

회사에서 혼자 일하는 것을 굳이 구분한다면 세 단계가 될 것이다. 첫 번째는 일단 회사에서 일을 해야하는 단계다. 그러려면 회사의 논리와 규범 그리고 문화를 배워야 한다. 사람들이 어떻게 생각하고 움직이는지를 배우는 것이다. 회사에 들어가면 어떻게 하는 것이 가장 자연스러운지, 직급이 오르고 무거운 책임이 주어지면 어떤 것을 더 해야 하는지를 깨달아야 한다. 이 단계는 아무리 짧더라도 2년 이상은 해야 한다.

정글에서 혼자 일하다 보면 사람을 이해한다는 것이 큰 장점으로 작용할 때가 많다. 사람들이 각각의 처지에서 어떻게 운신하는지, 어떤 마음을 갖고 있는지를 알면 상황에 맞는 대응책을 쉽게 찾을 수 있다. 예컨대 한 회사에는 사장도 있지만, 임원, 부장 그리고 그 밑에 팀원들이 존재한다. 그들은 같은 조직의 테두리 안에 있지만 그야말로 동상이몽이다. 같은 배를 타고 있으나 몸만 같이 있을 뿐 생각은 전혀 다른 곳에 가 있을 수도 있다는 말이다. 이런 역학 관계와 사람들의 마음을 이해해야 한다. 그리고 무엇보다 중심을 잘 잡고 있어야 한다. 객관적으로 볼 때 부장의 생각이 맞을 수도 있지만, 맨 밑의 신입 사원 생각이 맞을 때도 있기 때문이다.

회사 생활의 첫 번째 단계는 너무 길어도 좋지 않다. 조직에 동화되고 나면 우리 자아에도 관성의 법칙이 존재하기 때문에 쉽게 자신의 모습을 찾기가 어렵다.

두 번째 단계는 회사에서 혼자 일하는 것이다. 스스로 결정하고 판단하는 연습이라고 생각하면 된다. 회사는 말 그대로 정글의 축소판이다. 정글의 규칙에 비하면 회사의 규칙은 덜 냉혹하다. 대신 회사에서 정해 놓은 규칙을 엄격하게 따라야 한다.

문제는 혼자 결정하고 판단하는 일이 쉽지 않다는 것이다. 혼자 의사 결정하는 일이 쉬운 것 같지만, 절대 그렇지 않다. 그래서 사람들은 멘토라는 것도 많이 생각하는 것 같다. 하지만 멘토는 멘토일 뿐이다. 만약 멘토가 나쁜 생각을 가지고 있다면 당신의 의사 결정 기준도 나빠질 수 있다. 모든 것을 객관적으로 생각해야 한다. 당신의 판단마저도 객관적으로 바라볼 수 있어야 한다.

세 번째는 회사에서 나와 홀로 서는 단계다. 일단 이것은 어떤 측면을 봐도 두려운 일이다. 마라톤에서 30킬로미터 이후에 느끼는 외로움이기도 하고, 깊은 밤 산속에서 나침반 없이 혼자 남았을 때의 불안함이기도 하며, 끝이 보이지 않는 망망대해에 홀로 떠 있는 막막함이기도 하다.

왜 좋은 아이디어는
늘 회사 밖에서
빛을 보는 걸까?

Chapter 5

가장 하기 두려운 것은
대부분 가장 필요한 것이다.
– 티모시 페리스

혼자 일한다는 것이 대세의 흐름이라도 우리는 역시 '조직'이라는
테두리를 선호한다. 안전주의를 먼저 생각한다는 의미일 것이다. 이
런 식의 주장들은 뇌 과학자들로부터 시작되었다. 《이기적 유전자》가
출간된 1974년 무렵은 유전자와 뇌에 대한 심도 깊은 연구를 할 수
없던 시대였다. 하지만 시대가 달라졌다. 지금은 뇌 구조를 훤히 꿰뚫
고 있다. 적당한 소음이 있는 카페가 집중이 잘된다거나 전망이 내려
다 보이는 높은 곳에서 창의력을 더 발휘할 수 있다는 주장도 우리의
뇌 구조를 연구한 결과물이다. 우리가 집단에 소속감을 갖는 것도 같
은 맥락일 것이다. 혼자 무언가를 상대하는 것보다 집단 속에서 무리
와 함께 움직이는 것이 보다 안전하다고 믿는 것 역시 그 때문이다.

그렇다면 우리가 속한 조직은 우리를 안전하게 지켜 주고 조직과
구성원 모두 상생할 수 있는 협력의 구조를 만들어 내고 있을까? 나

는 이 부분에 대해서는 조금 부정적이다. 조직은 나름대로 살아 나갈 방법을 찾아야 하는 생명체이기 때문이다. 그래서 조직은 구성원들에게 자기 의사 결정에 스스로 책임질 것을 강요한다.

조직은 늘 이율배반적이다. 우선, 조직과 창조성의 관계를 보자. 조직은 늘 창조적인 인재를 원한다고 말한다. 정말 그럴까? 아니다. 조직은 원래 새로운 것을 좋아하지 않는다. 조직의 모든 움직임은 규율과 규칙, 과정과 결과에 따라 이루어진다. 조직은 개성과 다양성보다는 보편성과 획일성을 우선시한다. 5세기 무렵 '모데르누스modernus'라는 단어가 라틴어에 등장했다. '최근' 또는 '새로움'을 뜻하는 말이다. 이 단어가 발전하고 발전해서 우리가 지금 사용하는 '모던 하다'라는 말이 되었을 것이다. 그런데 모데르누스라는 말은 처음에는 부정적인 뉘앙스를 가지고 있었다. 새롭고 좋은 것은 선호해서는 안 되는 일이었다.

인간은 원래 창조적인 것, 새로운 것, 조직의 규칙과 규율을 파괴하는 혁신적인 것을 원하지 않는다. 인류는 원래 그랬다. 회사에서도 마찬가지다. 상사들은 늘 새로운 것을 가져오라고 하지만 막상 가져가면 거부한다. 조직의 생리로는 받아들이기 힘들기 때문이다.

또 조직에서는 늘 새롭고 창의적인 인재를 찾는다고 말한다. 그런데 실상을 보면 그 또한 사실이 아님을 알 수 있다. 앨런 뉴웰은 1959년에 발표한 〈창의적 사고의 과정〉이라는 논문에서 '창조적 사고는 그저 일종의 특별한 문제 해결 행동일 뿐이다'라는 급진적인 견해를 밝힌 적이 있다. 그 후 수많은 심리학자가 IQ가 높은 사람이 창의적이지 않다는 사실을 밝혀냈다. IQ가 높고 순종적인 학생들은 선생님으로부터 사랑과 관심을 받지만 IQ가 낮고 창의적이며 조직의 룰을 거부하는 학생들은 선생님들의 관심 영역 밖에 있다는 사실도 연구 결과 밝혀졌다. 또 IQ가 높은 학생들은 성인이 되어 별다른 성과를 만들지 못했지만 IQ가 낮은 학생들은 사회생활에서 더 많은 성과를 이루어 냈다는 사실이 연구 결과 밝혀져 화제가 되기도 했다. 사실 심리학계에서는 이런 연구 결과가 화제가 될지 모르지만 우리 같은 일반인들은 주변을 돌아보면 쉽게 알 수 있는 일이다.

조직은 대체로 창의력 없는 인재를 선호한다. 그들의 선택 기준은 학벌, 집안, 실력 등 스펙이다. 이런 우수한 인재를 채용하면 회사가 발전할 것이라고 여긴다. 우수한 인재들이 오히려 인재, 즉 '인간 재앙'을 일으킨다는 사실이 밝혀지고 있음에도 주장을 굽히지 않는다.

폭포 효과의 비극 : 리더가 입을 다물고 있어야 하는 이유

조직에는 폭포 효과라는 것이 있다. '윗물이 맑아야 아랫물이 맑다'라는 의미다. 개인의 도덕성과 성찰에 대한 측면보다는 의사 결정 과정에서 일어나는 현상을 말한다. 조직에서는 어떤 사안을 결정할 때 늘 회의를 한다. 그런데 이 회의가 제삼자 입장에서 보면 정말 재미있다. 프로젝트를 리드해야 하는 선임자 혹은 담당 부서를 정하는 문제라고 가정해 보자. 이때 회의에 참석한 사람들은 눈치 게임을 시작한다. 누군가 '제가 하겠습니다'라고 나서면 좋겠지만 그런 일은 결코 일어나지 않는다. 따라서 이 민감한 회의에서는 회의에 참석한 최고 의사 결정권자가 어떤 말을 하는지가 초미의 관심사다. 그가 어떤 사람 혹은 어떤 부서를 지목하면 나머지 사람들은 동조한다. 의사 결정 과정에 폭포 효과가 일어나는 것이다. 리더의 이야기, 즉 폭포에 휩쓸리고 마는 것이다.

최근 리더십 관련 논문들은 리더가 해야 할 일 중 가장 중요한 것은 입을 다물고 있는 것이라고 주장한다. 일단 리더가 침묵해야 다른 사람들이 의견을 말할 수 있다는 것이다. 맞는 말이지만, 리더 입장에서는 결론이 언제 날지 모르는 상황을 그냥 보고만 있지 못한다. 문제는 그것을 참지 못하면 다시 폭포 효과가 일어난다는 것이다.

조직에서는 룰을 벗어난 행동이나 사고방식도 금기 사항이다. 개인 행동은 용납되지 않는다. 시대가 많이 변했기 때문에 예전과는 다르다고 말하는 사람들도 있다. 물론 많이 변한 건 사실이다. 하지만 조직은 아직도 조직일 뿐이다. 변한 조직은 극소수에 불과하다.

지금까지 조직에 대해 설명한 몇 가지에 공통점이 하나 있다. 개인 스스로 생각하고 책임지는 것을 지양한다는 점이다. 조직은 원래 한 개인이 없더라도 돌아가게끔 설계돼 있다. 그 한 사람이 심지어 사장이라도 마찬가지다. 따라서 개인이 자발적으로 행동하거나 생각하는 것 자체가 원천적으로 금지돼 있다.

하지만 한 가지 예외가 있다. 이 경우만큼은 스스로 책임을 지고 행동해야 한다. 바로 성과, 즉 결과다. 조직은 늘 연초가 되면 자신의 목표를 설정해야 하고 연말이 되면 그 목표에 대한 성과를 공개적으로 측정해야 한다. 여기에 예외란 없다. 이 모든 것을 스스로 해야 하고 스스로 책임을 져야 한다.

영업 사원의 경우에는 결국 실적으로 말해야 한다. 성과가 좋으면 그 한 해는 열심히 일했다는 증거다. 반면 성과가 나쁘면 그 한 해는 그냥 논 것에 불과하다. 영업을 위해 열심히 업체를 방문했어도 성과는 성과일 뿐이다.

경제 상황이 좋지 않을 때 영업 사원들과 이야기를 하다 보면 그들은 늘 같은 말을 한다.

"이놈의 회사 다녀서 뭐 해. 이 정도 매출 올리는데 나가서 회사를 차려야지."

연봉 1억 원을 받는 사람이라면 10억 원 정도의 매출은 만들어야 한다. 회사 입장에서는 그 정도는 해야 연봉 1억 원을 받을 자격이 있다고 여긴다. 하지만 영업 사원 입장에서 보면 자기 회사를 만들어 매출을 올리면 그만이다. 탄탄한 영업력이 있다면 뭐가 두렵겠는가.

조직은 이율배반적으로 움직이기 때문에 구성원들로 하여금 늘 딴마음을 품게 만든다. 구성원들을 남아 있게 하려면 조직은 더 성장할 수 있는 방향으로 인재를 채용하고 운영해야 한다. 하지만 조직은 늘 반대로 움직인다. 창의력이 없는 인재를 선호하고 리더의 마음대로 움직이도록 한다. 또 구성원들에게는 창의적으로 행동하라고 하면서 막상 그렇게 하면 책임을 묻는다. 그래서 결국 좋은 아이디어는 늘 회사 밖에서 빛을 본다.

7명이 넘는 팀에는 꼭 놀고먹는 사람이 있다

Chapter 6

팀원들이 피자 두 판으로
배불리 먹을 수 없다면
팀에 사람이 너무 많은 것이다.
- 제프 베조스

　기업은 이윤을 추구한다. 21세기 기업의 생존을 운운하면서 이 대전제를 거스를 수는 없다. 기업이 이윤을 추구한다는 것은 기업의 구성원, 임원, 사장과 주주들 모두 한목소리로 공감하는 부분이다. 하지만 인정해야 할 중요한 사실이 있다. 기업의 이윤 추구 문화 때문에 사람들이 조직을 떠나 혼자 일하고 싶은 마음을 굳힌다는 것이다. 기업과 조직이 도대체 무슨 잘못을 저질렀기 때문일까? 결론부터 말하자면 그렇게 잘못한 행동은 없다. 그저 기업의 태생이 원래 그렇기 때문이고, 기업이 그렇게 생존해 왔기 때문이다. 기업은 태생적으로 몇 가지 부정할 수 없는 유전자를 가지고 있다. 이를 부정하기도 힘들고 거스를 수도 없다. 왜냐하면 그렇게 생겨 먹었기 때문이다.

　첫 번째, 조직은 이기적이다. 1970년대 미국에서 소비자 지수가 큰 폭으로 하락하면서 기업들은 새로운 대안을 찾아야 했다. 물론 금융 정책 면에서 본다면 1971년 닉슨 대통령이 브레턴우즈 체제를 파기하면서 경기를 더욱 살려 내야 하는 측면도 있었을 것이다. 아무튼 1980년대 미국 대통령이던 로널드 레이건은 자유방임주의로 레이거노믹스 정책을 실시했다. 그래야만 기업들이 살아날 수 있다고 판단한 것이다. 원래 기업들에게는 무한 자유를 허용하지 않았지만, 드디어 자유를 준 것이다. 이때 기업들이 찾은 방법은 비용 절감과 이윤 극대화였다. 돈이 되지 않는 사업은 과감히 포기하고 철수하고 매각해 버렸다. 기업들은 '탐욕은 선한 것이다'라고 외쳤다. 기업 사냥은 자유롭게 허용되었고 미국 기업 문화에서 탐욕은 진짜 '선'처럼 여겨졌다. 기업의 M&A 시장이 가장 크게 성장하던 시기가 바로 이때다.

그 후 기업들은 경영진에게 회사 주식을 보수로 지급하기 시작했다. 이른바 스톡옵션이다. 경영진은 기업의 사회적 책임은 아랑곳하지 않고 주가에 집착하면서 비용 절감을 중요하게 여기기 시작했다. 그래야만 사장 역할을 좀 더 오래 할 수 있기 때문이었다. 드디어 경영진과 주주들이 같은 배를 탄 것이다. 월스트리트에서는 이를 '주주 혁명'이라 일컬었다. 기업이 노동자와 지역 사회를 지키는 의무는 실종되고 말았다. 미국의 저명한 경제학자 밀턴 프리드먼은 '기업의 유일무이한 사회적 책임은 기업의 자원을 이용해 이윤 증가 활동에 전념하는 것'이라고 말하기도 했다.

컴퓨터가 등장한 것은 그다음이다. 컴퓨터는 인터넷과 네트워크를 발전시키면서 IT 기업들의 태생을 이끌었지만, 다른 측면으로 본다면 경영진과 주주들의 가장 큰 무기였다. 모든 것을 전산화해 빠르게 판단할 수 있는 효율성의 극대화를 이룰 수 있었기 때문이다. 따라서 기업들은 인원을 더 큰 폭으로 감축하기 시작했다. 당시 유명하던 경영자 잭 웰치는 1981년부터 5년 동안 10만 개의 일자리를 없앴다. 인력 투자 대신 컴퓨터 및 관련 장비에 투자하면 더 큰 수익이 난다는 것을 확인한 기업들에게 직원은 더 이상 중요하지 않았다. 오로지 비용 절감 그리고 그로 인한 수익성이었다.

기업들의 다음 행보는 아웃소싱이었다. 줄여도 줄여도 이익이 남지 않자 생산 기지 혹은 콜센터를 해외로 옮긴 것이다. 그다음은 다들 알다시피 IMF 시대가 왔고 두 번의 미국발 경제 위기가 있었다.

이렇듯 기업은 수십 년 전부터 주주 가치 극대화 그리고 사회적 책임을 저버린 채 이윤 극대화에 몰두하고 있다. 이를 나무랄 수는 없다. 그런데 이제 기업 구성원들이 이와 같은 기업의 히든 스토리를 들춰내기 시작했다. 개인들이 너무 똑똑해진 것이다.

두 번째, 조직은 사람들을 챙기는 데 쓸데없이 많은 시간을 소모한다. 하버드 대 심리학과 교수이던 리처드 해크먼은 2002년 조직의 대다수 프로젝트에서 최선의 규모는 4~6명이라고 말했다. 그는 조직에서 두 자릿수 인원으로 실무 팀을 구성해서는 안 된다며 팀이 직면하는 문제는 조직의 규모가 커질수록 늘어난다고 주장했다.

큰 조직을 거느리고 있는 회사의 오너들은 이런 연구 결과에 관심이 없을지도 모르지만, 제2차 세계 대전을 기점으로 전투의 기본 단위는 12명에서 4명으로 줄어들었다. 효율성을 절대적으로 따져야 하는 전투에서는 이를 이미 실천하고 있었던 것이다. 구글과 아마존도 마찬가지다.

구글은 사업 규모를 짐작할 수 없을 만큼 성장했지만 조직은 다르다. 구글 조직에는 이른바 '7의 규칙'이 존재한다. 구글 CEO 에릭 슈미트는《구글은 어떻게 일하는가》에서 다음과 같이 주장했다.

'7의 규칙은 어떤 경우든 직속 부하의 수를 최대 7명으로 제한해야 한다는 의미다. 우리는 지금도 공식적인 조직도를 갖고 있지만 규칙상 관리자의 감독을 줄이고 직원의 자유를 더 허용하도록 좀 더 수평적인 체계를 유도한다. 직속 부하 직원이 많으면 당연히 섬세하게 관리할 시간이 없게 마련이다.'

아마존의 창업자 제프 베조스도 이와 같은 취지의 운영 전략을 사용하는 것으로 알려져 있다. 그는 아마존 내부에 '피자 두 판 팀' 규정을 만들었는데, 이는 부서의 규모는 피자 두 판이면 충분히 먹을 수 있을 만큼 작아야 한다는 의미다.

조직이 비대해지면 관리와 통제가 힘들어진다. 이는 지금까지 비즈니스 역사에서 수없이 확인된 사실이다. 따라서 조직 내에 본부와 팀을 구성하고 직급 체계를 만들어 통제를 했다. 그렇지만 조직이 커지고 그 상태로 시간이 흐르면 조직 내 프로세스는 더 증가하게 마련이다. 관리자들은 자신들의 존재를 증명하기 위해 조직을 더욱 통제하려 든다. 지금까지 우리가 보아 왔듯이 조직의 규모는 커지지만 안타깝게도 효율성은 떨어지고 멍청해지는 것이다. 조직이 커질수록 문제 또한 더 커진다. 그래서 일을 잘하는 사람들에게 조직이 오히려 짐이 될 가능성도 있다.

세 번째, 조직에는 협동심이라는 미명 아래 개인의 이름이 존재하지 않는다. 규범과 조직원만 있을 뿐 개인의 목소리는 중요하지 않은 것이다. 이는 개인들로 하여금 조직을 떠나게 하는 요인이 되기도 한다.

1800년대 미국에서 주요 스포츠 리그가 결성된 후 꽤 오래도록 선수들은 유니폼에 자신의 이름을 새기지 않았다. 이른바 NNOB^{No Name on Back} 정책이었다. 지금 상황에서 본다면 이상하지만 당시에는 자연스러운 일이었다. 그렇게 해야만 조직의 성과가 더 올라간다는 사실을 알고 있었던 것이다. 팀 스포츠는 집단으로 움직여야 한다. 협력적인 수비와 공격이 필요한 순간에 자신의 이익만 생각하면 안 된다는 말이다. 그래서 집단의 성과를 위해서는 개인을 인식할 수 없도록 했다.

여기에도 변화의 바람이 불었다. 1960년대 시카고 화이트삭스가 사건을 저질렀다. 유니폼에 선수들 이름을 새긴 것이다. 이는 미국이 집단주의 사회에서 개인주의 사회로 이동했다는 증거이기도 하다. 그런데 문제는 선수들 유니폼에 이름을 새겨 좋은 결과를 낸 팀이 별로 없다는 데 있다. 결국 NNOB 정책을 다시 도입하는 대학 및 프로 팀이 등장하기 시작했는데, 놀랍게도 그들이 성공을 거두고 있다는 사실은 주목해 봐야 한다. 한마디로 조직이 성공을 거두려면 개인의 명예는 중요하지 않다는 것이다. 당연한 말이긴 하다. 문제는 각 개인의 목소리와 자존감이 너무 커져 버렸다는 데 있다.

네 번째, 조직에는 똑똑한 사람이 없다. 이런 이야기는 우선 당황스러울 것이다. 물론 쉽게 이해할 수 있는 말은 아니다. 선마이크로시스템의 빌 조이는 '당신이 누구든 가장 똑똑한 사람들은 대부분 당신 외의 사람들과 일하고 있다'라는 유명한 말을 남겼다. 각 기업의 구성원들은 최적의 능력을 갖춘 사람들과 일하는 게 아니라 그 조직이 채용할 수 있는 사람들과 일한다. 당신이 만약 조직 생활을 하고 있다면 그 조직의 구성원들은 당신이 마음에 들어서 혹은 믿어서 채용한 것이 아니라 인사부에서 나름대로 절차를 거쳐 채용한 사람들이다.

문제는 대부분의 기업 채용 담당자들은 늘 자기와 비슷한 사람들만 채용한다는 것이다. 자기보다 더 똑똑하고 능력 있는 사람들을 채용하는 경우는 별로 없다. 따라서 우리는 늘 비슷비슷한 사람들끼리 모여 일하고 있다. 가끔 우수한 인재가 들어올 때도 있다. 이런 경우 스토리의 결말은 빤하다. 그가 오래 버티지 못한다는 것이다. 조직 문화나 구성원들이 마음에 들지 않아서, 또는 자신의 의지와 꿈을 펼칠 수 없어서 그만둔다고 말한다. 한마디로 '물'이 다르다는 말이다.

혼자 일하기 위해서는 지금까지 설명한 조직의 특징들을 잘 이해할 필요가 있다. 혼자 일하지만 그 대상은 또 조직일 수 있기 때문이다.

100년을 이어 온 막스 베버의 경영 철학

'기업은 권리, 의무, 책임, 권한의 범위를 상세하게 규정한 구체적인 직무와 감독, 복종과 명령의 일원화라는 투명한 시스템이 뒷받침되어야 한다. 조직은 문서를 통한 의사소통과 기록, 그리고 직무별로 갖추어야 할 필요조건과 역량에 따른 인력 개발 및 훈련을 중요하게 다루어야 한다. 즉 직무별·직급별 교육 체계가 수립되어야 하며, 모든 승진자는 해당 직무를 잘 수행할 수 있도록 교육되어야 한다. 관료 조직이 내부적으로 잘 돌아가려면 무엇보다 구성원들 각자의 사회 경제적 신분이나 종교적·정치적 관계를 불문하고 모든 사람에게 일관되고 포괄적으로 동일한 규칙을 적용해야 한다. 따라서 채용, 직무, 승진은 과거처럼 가족관계나 사적인 인맥이 아니라 능력과 경험을 기반으로 이루어져야 한다.'

이것은 기업 조직에 대한 교육과 내부 규정에 대한 이야기다. 과연 어느 시대의 기업에 대한 내용일까? 21세기를 이끌어 가는 첨단 ICT 기업들의 이야기일까? 아니다. 독일의 전설적인 사회학자 막스 베버가 죽은 뒤 발표된 《경제와 사회》에 기록된 내용이다. 막스 베버는 근대 사회 권력의 핵심은 관료 조직이라고 믿었다. 그것이 인간이 성취한 가장 발달한 형태의 조직이자 자본주의 발전에 있어 가장 적합한 형태라고 했다.

그로부터 100년이 흘렀다. 우리는 아직도 막스 베버가 주장한 대로 직급별로 갖춰야 할 역량을 세분화해 정리하고 있다. 그리고 그에 맞는 교육을 제공하고 책임과 권한을 부여한다. 해당 직무를 잘 완수하면 승진이라는 제도를 통해 더 높은 책임과 권한을 갖게 하고 관료제 상층부에 이르도록 교육을 시킨다. 계층별로 나누고 교육시키면서 각각 다른 책임과 업무 그리고 권한을 갖게 하는 것이 경영의 출발점이었다.

막스 베버가 만든 경영 모델에 대해서는 한 걸음 더 들어가 볼 필요가 있다. 시간을 거슬러 올라가 보자. 우리가 가진 비즈니스 상식 중에서 가장 강력한 것은 막스 베버가 만들어 놓은 거대 권력이라는 상징이다. 막스 베버는 20세기 최고의 학자라고 일컬어진다. 그는 거대한 중앙 권력을 행사할 수 있는 거대 기업이 자본주의에서 가장 성공할 수 있는 모델이라고 주장했다.

그의 주장대로 미국에서는 제너럴일렉트릭, 코카콜라, 펩시, 제너럴모터스 등이 설립되었다. 그 후 이 모델은 독일에 알려졌고 곧이어 아에게, 바이엘, 바스프, 지멘스, 크루프와 같은 거대 기업들이 생겨났으며, 다시 일본으로 건너가 일본의 거대 기업들이 탄생한 배경이 되기도 했다. 거대한 기업들의 세상이 오면서 이후 가족 기업은 찾아보기 힘들어졌다.

규모를 키우는 것은 기업이 성공하기 위한 전제 조건이 되었고, 거대함은 기업의 권력을 의미하는 말이 되었다. 기업들이 서로 대등한 위치에서 거래하는 대신 그 기능을 사내로 가져오면 비용이 엄청나게 줄어든다는 사실을 알게 된 것이다. 예를 들어 거대한 석유 업체가 원유를 가공하는 정유 시설과 운송하는 시스템을 소유하고 싶어 하는 것은 그것이 더 효율적이라고 보기 때문이다. 석유를 판매하는 회사가 시추기를 이용해 석유를 뽑아내고 가공하고 저장하고 운송할 수 있다면, 그래서 최종 소비자나 기업들에게 직접 전달할 수 있다면 그것보다 더 좋은 방법은 없을 것이다.

물론 반대의 경우도 있다. 만약 자신이 보유한 인프라보다 더 싼 가격에 더 효율적으로 운영할 수 있는 방법이 있다면 직접 소유하지 않고 상생하는 것이 낫다. 실제로 애플과 같은 회사는 제조와 생산 시설은 직접 보유하려 하지 않는다. 자라와 같은 대형 의류 소매 업체나 델 같은 컴퓨터 업체도 마찬가지다.

똑똑한 사람을
바보로 만드는 회사

Chapter 7

단지 함께 일한다고 팀이 되는 것은 아니다.
마음이 맞아야 비로소 팀이다.
– 빈스 롬바르디

　'군중 속의 고독'이라는 말이 있다. 이 말은 정확하게 '고독한 군
중'이라는 표현에서 비롯되었는데, 미국의 사회학자 데이비드 리스
먼이 만든 용어이기도 하고 그가 1950년에 쓴 책의 제목이기도 하다.
　리스먼은 이 책에서 미국인의 성격과 미국의 사회의식이 어떻게
형성되고 나타나는지 분석했다. 또한 인류의 역사적 사회 성격을 인
구 변동과 관련해 전통 지향형, 내부 지향형, 외부 지향형 등 세 가지
로 분류하면서 사회는 전통 지향형, 내부 지향형, 외부 지향형 순서로
발전한다고 주장했다. 전통 지향형은 전통 사회에서 전통과 과거를
행위 모형의 주요 기준으로 삼은 인간형이다. 전통 사회 이후 19세기
초기 공업 시대까지 가족에 의해 학습된 도덕과 가치관이 행위 기준
이 된 인간형이 내부 지향형이다. 마지막으로 외부 지향형은 또래 집
단이나 친구 집단의 영향에 따라 행동하는 현대인으로, 이들은 타자

들에게 격리되지 않으려 노력하지만 내면적인 고립감에 번민하는 사회적 성격을 가지고 있다. 그렇기 때문에 외부 지향형 시대는 자기 상실의 시대로 정치적 무관심을 조장하고 결과적으로는 민주주의 체제를 위협한다고 설명했는데, 이러한 외부 지향형 성격 유형을 '고독한 군중'으로 파악한 것이다.

리스먼의 표현대로 조직과 사회 안에서 분리되었다고 느낄 때 그것을 인정하고 견뎌 내기는 쉽지 않다. 고독한 군중은 역시 두 가지로 나누어 생각해 볼 수 있다. 조직 안에서의 혼자와 조직 밖에서의 혼자, 즉 리스먼의 표현을 빌리자면 내부 지향성과 외부 지향성이다.

먼저 조직 안에서의 '혼자'라는 것을 인정하는 것부터 이야기해 보자. 얼핏 쉬울 것 같지만, 생각하기에 따라서는 이것이 더 어려울 수도 있다. 왜냐하면 조직에는 여러 가지 규범과 규칙이 존재하는데, 때로는 그 규범과 규칙에 어긋나는 행동을 해야 할 필요도 있기 때문이다.

우선 기업 문화라는 측면에서 이야기를 하고 싶다. 요즘 기업 문화는 비즈니스계에서 큰 화두다. 화두이긴 한데 아무도 답을 가지고 있지 않다. 비즈니스계 리더들은 최근 잘나가는 기업들은 기업 문화가 다르다는 것에 크게 공감하는 듯하다. 예전에는 기업들이 이런 생각을 하지 않았다. 똑똑한 인재를 채용하고 잘 훈련시키면 그만이고, 그중 좋은 리더십을 발휘하는 리더를 선발해 키워 내면 된다고 생각했다. 그러면서 리더십이 다양한 모습으로 바뀌었다. 하지만 요즘에는 반전이 있다. 똑똑한 인재를 채용하는 것이 중요하지 않다는 사실을 알게 된 듯하다.

아리스토텔레스 프로젝트라는 것이 있다. 구글의 인간분석팀이 최근 수행한 프로젝트다. 어떤 사람들을 어떻게 결합시켜야 팀의 성과가 탁월한지를 연구한 것이다. 우리가 일반적으로 알고 있는 인재개발팀 정도로 여겨지는 구글의 인간분석팀은 엄청난 IT 기술을 바탕으로 큰 규모의 빅데이터를 운영하고 있다. 아리스토텔레스 프로젝트의 연구 결과는 지금까지 사회 과학과 비즈니스계에서 인용하고 있는 수많은 연구 조사 결과와 다르다. '비슷한 성향의 사람들로 구성된 팀이 최적의 능력을 발휘한다'거나 '극단으로 치우치지 않는 성격의 사람들이 모인 팀이 성공한다' 혹은 '팀원들이 다양한 배경을 갖고 있어야 팀이 성공한다' 등과는 다른 결론을 얻어 낸 것이다. 즉 '집단 규범이 팀의 성과를 좌우한다'는 것이다. 팀의 성과를 내는 데 중요한 요소는 팀을 어떻게 운영하느냐 하는 것이지, 누가 팀원인지가 아니라는 의미다. 어떤 규범이 가장 바람직하느냐에 대해서는 아직까지 명확한 결론이 없다. 구글이 조사한 바에 의하면, 효율적인 팀이라도 각자 지향하는 집단 규범이 전혀 다른 경우도 있다고 한다.

구글 인간분석팀의 연구 조사는 최근 조직 문화에 대한 결론과 방향이 같다. 조직 문화를 무시하고 지속 가능한 경쟁력을 가질 수는 없지만, 조직 문화를 만들 수 있는 경영학적 툴은 존재하지 않는다는 것이다. 종합해서 말하면 조직의 성과를 좌우하는 것은 조직 문화와 기업 문화지만, 무엇이 옳은지는 확신할 수 없고 게다가 이것을 만드는 방법론도 존재하지 않는다는 것이다.

반면 우매한 기업들은 아직도 멋진 선언문을 만들어 놓고 싶어 한다. 최근 모 그룹의 한 건설업 계열사는 내부에 걸어 놓을 핵심 가치 한 줄을 만들기 위해 최고의 전략 컨설팅 회사에 수십억 원을 지불했다고 한다. 하지만 이것도 마찬가지다. 말은 그저 말일 뿐이다.

　그런데 중요한 문제는 우리가 기업 문화 혹은 조직 문화를 크게 거스를 수가 없다는 점이다. 내 생각이 틀린 것인지 혹은 조직 문화가 맞는 것인지를 판단하기는 쉽지 않다. 내가 어리석은 것이라면 배워야 하지만 내가 맞고 조직이 틀린 것이라면 그 문화를 거부할 수도 있어야 한다. 당신이 만약 어느 회사에 과장으로 스카우트되었다고 해 보자. 그리고 중요한 사안에 대해 논의하는 회의에 참석했다고 가정해 보자. 누군가 중요한 안건을 꺼내 놓았는데, 대충 눈치를 보니 팀장은 반대를 하는 듯하고 하위 직급들은 아무런 생각이 없어 보인다. 그런데 팀장은 워낙 임원의 눈치를 보는 스타일이라 도전적인 과제를 선택하려 들지 않는다. 당신은 최근 입사했기 때문에 이런 문화를 모른다. 이런 상황에서 이 프로젝트를 시작해야 한다고 판단된다면 당신은 어떻게 할 것인가? 앞뒤 상황을 모른다면 프로젝트를 시작해야 한다고 주장하겠지만, 전후 사정을 파악하고 나면 그렇게 쉽게 이야기하지 못할 것이다.

솔로몬 아시의 충격적인 심리 실험

　　　　　　　　어떤 사람들은 쉬울 것이라고 생각할 수도 있다. 과연 그럴까? 이와 관련해 유명한 심리학 실험이 있다. 1951년 미국의 사회심리학자 솔로몬 아시는 123명의 남성을 대상으로 집단의 압박이 개인의 의견에 어떤 영향을 미치는지 알아보는 실험을 했다.

아시는 시각적 판단력에 관한 실험이라 밝히고 참가자 5~7명씩을 한 팀으로 구성했다. 이들 중 오직 한 사람만 이 실험의 진짜 대상자이고 나머지는 실험을 위한 연구팀의 일원이었다. 이들에게 다음 그림을 보여 주었다.

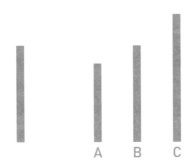

그리고 다시 다음 그림을 보여 주며 앞의 그림과 같은 것이 무엇인지 차례대로 말하게 했다.

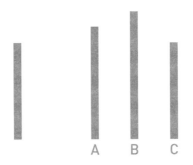

이런 식으로 길이와 순서가 다른 그림 열여덟 장을 보여 주면서 실험을 진행했다. 처음에는 모든 참가자가 정답을 골랐다.

네 번째 실험 이후부터는 진짜 실험 대상자를 제외하고 모든 참가자들이 틀린 답을 고르기 시작했다. 사람들은 총 18회의 실험 중에서 12회에 걸쳐 누가 봐도 명백한 오답을 골랐다. 실험 대상자의 3분의 1은 틀린 줄 알면서도 다수의 의견을 따라 명백하게 틀린 답을 골랐다. '동조 실험' 혹은 '순응 실험'이라고 하는 이 실험은 집단의 압박이 개인의 의견에 얼마나 큰 영향을 미치는지를 잘 보여 준다. 두려움을 불어넣어 사람들을 침묵시키는 데는 폭군까지 필요하지 않았다. 당신은 이런 상황에서 여전히 자신의 주장을 외칠 수 있을까?

　물론 좋은 게 좋은 거라며 조직의 문화에 동화될 수도 있을 것이다. 그런 선택을 한다면 당신은 조직 안에서 어느 정도 성공할지도 모른다. 하지만 당신은 중요한 두 가지를 놓치고 있다. 그 방법은 정글에서는 통하지 않는다는 점, 그리고 이미 조직의 논리에 익숙한 당신은 자기도 모르게 변했기 때문에 원래 모습으로 쉽게 돌아가지 못한다는 점이다. 큰 실패를 겪을 때까지 당신은 이런 사실을 전혀 모를 가능성이 크다. 일하다 보면 정말 짜증 나는 기업 담당자들을 만날 수 있다. 그는 완전히 조직의 대변자 역할을 하고 나선다. 창의적이지도 않고 스마트하지도 않고 게다가 자기 생각도 없다. 그를 바보로 만든 것은 바로 조직 문화다.

　사람은 하루에도 수십 혹은 수백 가지 결정을 내려야 한다. 당신은 스스로 의사 결정을 내릴 수 있는가? 물론 당신은 그렇다고 생각할 수 있다. 하지만 이는 대부분 착각이라는 것이 드러났다.

　인류는 지난 수십 년 동안 인간이 어떻게 자기 행동을 결정하는지 연구해 왔다. 연구의 결론은 우리가 사회적 영향에 휩쓸리기 쉬운 존재라는 것이다. 이 과정에 '감정 전염'이 작용한다. 감정 전염은 아무 생각 없이 기분과 감정에 동조하는 현상이 집단 전체로 확산되는 것을 말한다. 이는 인간의 사회적 행동에 따른 필연적인 결과로 인식되기도 하는데, 사회적으로 발생하는 카멜레온 효과라고 인식되기도 한다. 이 또한 사회적 모방의 일종인데, 자기도 모르게 상대방 버릇을 흉내 내는 현상이다. 술을 마시며 상대의 말에 주목할 때 상대방과 동시에 술잔을 드는 식이다.

　감정 전염은 왜 일어나는 것일까? 1966년 피츠버그 대에서 조사한 결과에 따르면 사람들은 21밀리초 만에 상대의 동작을 모방하는 것으로 나타났다. 밀리초는 1000분의 1초를 의미하니, 그야말로 순식간이다. 물론 이것은 결코 의식 수준의 반응이 아니다. 쉽게 말해 감정 전염은 피할 수가 없으며, 모든 사회적 상호 작용에서 자연스럽게 나타나는 특징이라는 것이다. 따라서 우리는 행복한 사람과 좋은 관계를 맺을수록 행복해질 가능성이 높고, 우울증에 걸린 사람과 같은 공간에서 지내면 우울해질 위험이 높다.

　기업들은 감정 전염의 긍정적인 효과에 집중하는 경향이 있다. 감정 전염을 집단 내부의 협력을 강화하고 생산성을 높이는 수단으로 사용하는 것이다. 기업 교육 프로그램에서 동고동락하며 같은 노래를 부르고 같은 구호 속에서 어려움을 겪게 하는 것은 그렇게 해야만 단결된 조직이 되기 때문이다.

그렇다면 반대로 이런 질문도 해 볼 수 있다. 과연 조직의 응집력을 높이는 행위는 과연 좋은 결과만을 불러올까? 그렇지 않다.

응집력이 집단 사고로 이어지는 경우가 있다. 대체로 응집력이 형성되면 기분이 좋아지기 때문에 다른 모든 것을 놓치더라도 응집력을 지키려는 동기가 강해진다. 집단의 균형이 필요할 때 위험 요인으로 작용할 수 있다는 말이다. 비즈니스에서도 응집력의 해악은 어디에서나 나타날 수 있다. 2008년 리먼 브러더스 사태 역시 당시 회사 내부의 충성 문화가 하나의 요인으로 작용한 것으로 알려져 있다. 충성 문화로 인해 반대 의견을 내기가 불가능했고 결국 거대한 금융 위기를 촉발했다는 것이다. 2003년 NASA 우주 왕복선 폭발 사고도 마찬가지다. 누군가는 컬럼비아호의 날개 파열을 미리 알았겠지만 사람들의 의견과 반대되는 정보를 제기하기가 사실상 불가능했던 것이다.

1971년, 짐바르도 교수와 연구팀은 건강한 남자 대학생 24명을 선발했다. 성격을 알기 위해 심리 검사를 하고 그들 가운데 무작위로 12명은 죄수로, 나머지 12명은 교도관으로 임명했다. 이른바 전대미문의 실험으로 잘 알려진 스탠퍼드 감옥 실험이었다. 연구팀은 감옥을 실제처럼 만들기 위해 애를 썼다. 실험을 진행한 곳은 대학 캠퍼스 지하였다. 냉난방도 되지 않고 바닥은 실제 감옥처럼 차가웠으며 감옥과 같은 철창도 마련했다. 그리고 CCTV를 설치해 짐바르도를 비롯한 연구팀이 밖에서 그들의 행동을 관찰할 수 있도록 했다.

실험이 시작되었다. 교도관에게는 제복을 갖춰 입히고 미러 선글라스와 곤봉까지 소지할 수 있도록 했다. 반면 죄수들은 발에 쇠사슬을 차고 불편한 작업복을 입게 했다. 진짜 교도관과 죄수 같았다. 죄수들은 이름 대신 실제 감옥에서처럼 번호로만 불렸다. 교도관들은 곤봉을 들고 선글라스를 낀 뒤 죄수들을 통제해 그들이 완벽한 무력감을 갖도록 했다.

이 실험의 결과는 어떻게 되었을까? 당초 이 실험은 2주 동안 진행될 계획이었다. 하지만 불과 6일 만에 끝내야 했다. 교도관들은 자신들의 역할을 너무 잘했다. 하지만 도를 넘고 말았다. 죄수들에게 폭행을 비롯한 온갖 가혹 행위를 하면서 인간 본성의 가장 추악하고 야만스러운 장면들을 드러냈다. 한마디로 교도관들이 폭군으로 돌변한 것이다.

짐바르도 교수가 훗날 이 실험 결과를 발표했을 때 모두들 충격이었다. 강력한 시스템 안에 있는 새롭고 낯선 상황에서 '나는 절대 잘못을 저지르지 않을 것이며, 나쁜 시스템과 상황에 대항할 수 있을 것'이라는 믿음은 환상에 지나지 않는다는 것이다. 인성 검사에서 평균적인 성향을 보인 죄수와 교도관들은 모의 교도소라는 낯선 환경에서 평소와 전혀 다르게 행동했다. 인간의 본성은 주어진 상황과 시스템의 영향력에서 결코 자유로울 수 없다는 의미다.

내가 국회 강연에 운동화를 신고 간 이유

Chapter 8

왜 늘 똑같이 행동하면서 다른 결과를 바라는가?
— 알베르트 아인슈타인

'어떤 옷을 입고 나갈까?'

외출하기 전 옷장 앞에서 이런 생각을 하지 않는 사람은 없을 것이다. 어떤 옷을 입는지에 따라 기분이 달라질 수 있고 상대방의 기분도 조금은 달라질 수 있다는 것을 알기 때문이다. 그렇다면 옷을 선택해 입는다는 것은 어떤 의미일까? 비즈니스를 하는 남성들은 대부분 검고 칙칙한 양복을 입어야 한다는 생각을 갖고 있다. 이것은 도대체 언제부터 시작된 일일까? 분명한 것은 우리가 스스로 옷을 선택하고 입기 시작한 것은 그리 오래된 일이 아니라는 점이다. 특히 남성들의 경우에는 불과 최근의 일이다.

인류 역사에서 옷을 입는다는 것은 자기 생각의 표현으로 간주되었다. 프랑스 혁명 이후 1791년 프랑스 헌법에 처음으로 민간인의 결혼을 허락하는 문구가 등장하기 시작했다. 같은 시기에 복장도 자유화되었다. 당시 역사를 그린 영화에서 흔히 볼 수 있던 스타킹, 가발 등이 자취를 감추기 시작한 것이다. 이때 여성들의 의상은 점점 다양해졌다. 프랑스에서는 모드modes라는 단어가 등장했는데, 이는 여성과 아이들을 위한 의복과 액세서리를 가리키는 용어였다. 반면 남성들의 경우는 좀 달랐다. 남성들은 점점 획일화되는 단계를 거치고 있었다. 프랑스의 정치가이자 외교관이던 샤토브리앙은 '의상의 다양성은 이제 끝났다'고 선언하기도 했다.

19세기에 들어서면서 남성들의 의상은 검은색이 유행하기 시작했다. 프랑스 시인 보들레르는 '검은색과 코트는 보편적 평등의 표현인 정치적 아름다움을 지녔을 뿐 아니라, 공적인 영혼의 표현인 시적 아름다움도 지니고 있다'고 언급하기도 했다. 당시 남성들에게 의상은 보편성과 획일성의 수단이었다. 그리고 산업 혁명을 거치면서 블루칼라 노동자들이 획일화된 의상을 입기 시작했다. 또 제2차 세계 대전을 겪고 난 뒤에는 화이트칼라 직종들의 근무 조건이 획일화되면서 비즈니스를 위한 남성들의 의상이 천편일률적으로 변해 버렸다.

이제 우리가 살고 있는 현재 시점에서 이야기해 보자. 도심의 건물 앞에서 출퇴근 시간이나 점심시간에 관찰해 보면 대부분의 사람들이 검은색이나 회색 혹은 군청색 양복 차림새다. 브랜드와 가격은 다를지 몰라도 풍기는 느낌은 너나없이 똑같다. 물론 이보다 더 노골적인 경우도 있다. 바로 '회사 점퍼'다. 점퍼에는 보통 왼쪽 가슴 부근에 회사 로고가 새겨져 있다. 나도 처음 직장 생활을 할 때는 '한국경제신문'이라고 새겨진 점퍼를 입고 다니는 것을 무척이나 좋아했다. 가끔 실용적이라는 생각을 하기도 했다. 합성 섬유라서 때도 잘 타지 않고 양복처럼 구김을 걱정하지 않아도 된다. 어떤 상황에서도 셔츠에 대한 생각은 잠시 접어 두어도 된다. 짐을 나르거나 점심 식사를 하러 갈 때도 매우 편했다. 그야말로 그 옷은 회사에서 근무할 때는 다목적 옷이었다.

그러나 아무도 우리가 똑같은 옷을 입고 다닌다는 것에 대해 의문을 제기하지 않았다. 남들이 입고 있으니 나도 입어야 한다고 생각했던 것이다. 시대가 많이 달라져서 자기 기분을 표현하고 자기를 드러내는 것이 대세라고는 하지만, 엄연히 그것은 인터넷을 좋아하는 사람들, 젊은 세대들 그리고 자기 PR을 좋아하는 일부 사람들의 튀는 행동이라 생각하는 사람도 분명히 있을 것이다.

최고 경영자들의 조찬회에 몇 번 가 본 적이 있다. 조찬회는 보통 평일 아침 7시 호텔 그랜드볼룸 같은 곳에서 열린다. 이른바 규모가 좀 있는 회사들의 '사장님'들이 모이는 것이다. 보통 행사 시작 30~40분 전부터 차량들이 도착하는데, 자동차도 대부분 검은색의 대형차다. 브랜드도 거의 동일하다. 자동차가 그럴진대 양복은 오죽할까. 양복 패턴과 색깔이 거의 같기 때문에 뒤에서 보면 구분하기도 쉽지 않다. '사장님'들 분위기는 늘 이렇다. 나는 면바지에 운동화를 신고 갔다. 그들 눈에는 내가 아무 생각 없는 사람처럼 보였겠지만, 그 반대다. 아무 생각이 없는 게 아니라 남들과 다르고 싶어서였다.

국회의사당 강연에서 깨달은 것

얼마 전 국회의원 회관에서 강의

를 한 적이 있다. '서울시 영등포구 의사당대로 1번지' 대한민국 국회가 있는 건물 바로 옆 의원 회관에서였다. 국회 사무처에서 일하는 고위직 공무원들을 대상으로 하는 최고위 과정의 마지막 강의였다. 한 과정의 마지막이라는 것은 형식적으로 매우 중요한 의미를 지닌다. 마지막이다 보니 더 높은 사람들이 참가하게 되고 강의를 마치면 바로 수료식을 해야 하므로 교육 담당자들은 다른 때보다 부담을 느낀다. 그런데 그런 중요한 날 강사가 운동화를 신고 나타난 것이다. 운동화를 신고 국회에서 강의한다는 것이 뭐가 그리 대단한가 생각할 수도 있지만 생각보다 민감한 문제다.

형식과 절차를 중요하게 생각하는 공무원들에게, 그중에서도 가장 보수적이라고 하는 국회에서 운동화를 신고 강의를 한다는 것은 모든 공무원 조직에 '나는 별난 놈이다'라고 광고하는 것과 다르지 않다. 여기에는 '내게 중요한 강의는 맡기지 마세요'라는 의미가 내포되어 있다. 물론 '지금이 어느 시대인데, 그런 소리냐. 운동화든 뭐든 괜찮다'라고 말하는 사람도 있을 것이다. 하지만 실제로 자기가 강의를 해야 한다면 쉽지 않은 문제다. 2003년 유시민 의원이 국회에 처음 등원하는 날 면바지와 캐주얼한 재킷을 입고 갔다가 다른 의원들에게 욕설과 야유를 들은 적이 있다. 10년이 넘게 흘렀지만 지금도 다르지 않다. 아직까지 우리나라 문화는 미국의 실리콘밸리 문화가 아니기 때문이다.

"내일 아침 강의할 이동우라고 하는데, 혹시 강사의 복장에 대한 규정이 있나요?"

"아뇨. 그런 건 없는데요."

강의 하루 전 나는 국회 교육 담당 부서에 전화를 해서 혹시 복장 규정이 있느냐고 물었다. 담당자는 뭘 그런 걸 묻느냐는 투였다. 짜증 내는 것이 아니었다. '당연히 강사는 정장 혹은 비즈니스 캐주얼 정도를 입고 올 것'이라고 생각하지 않았을까? 설마 운동화를 신고 나타날 줄은 꿈에도 상상하지 못했을 것이다.

그 강의가 있기 몇 개월 전 대기업 교육 담당 임원과 이야기를 나눈 적이 있다. 그에게 물었다.

"강사가 넥타이를 안 하고 오면 어떻게 하세요?"

"그냥 집으로 돌려보냅니다."

그는 넥타이를 안 하고 오는 강사는 강사로서의 자질이 없으니 강의를 하지 못하게 한다는 것이었다. 강사들의 세계는 이토록 냉정하다. 일반 기업의 교육 담당 임원도 이런 생각을 하는데, 국회에서는 오죽했을까.

내가 운동화를 신은 이유는 무엇보다 운동화가 편하기 때문이다. 강사는 어떤 사실과 현상 혹은 그와 관련한 제반 지식을 요약해 짧은 시간에 전달해 주는 사람이다. 강사가 고위직 공무원들이 있다고 혹은 어려운 자리라고 가슴이 쪼그라들면 낭패다. 그런 상황에서는 그 무엇도 전달할 수 없다. 게다가 그런 강사를 바라보는 청중들은 안쓰러운 마음을 쓸어내려야 한다. 나는 그런 복잡한 생각을 누르고 강의를 잘하기 위해서는 구두보다 운동화가 낫다고 생각했다.

운동화를 신은 또 다른 이유는 그들에게 잘 보이고 싶은 생각이 없었기 때문이다. 강사들은 보통 강의할 때 자기 약력과 자랑을 늘어놓느라 많은 시간을 할애한다. 자신의 프로필과 사진을 띄워 놓고 장황

하게 설명한다. 나는 그렇게 하지 않았다. 내가 그렇게 한다고 한들 그들이 강의실 밖으로 나가면 내 이름이나 기억할까? 전혀 아니다. 내 연락처를 적어 둔다고 그들이 내게 연락을 할까? 그런 일은 매우 드물다. 그래서 내 결론은 간단했다. 그들에게 잘 보일 필요가 없다는 것.

운동화를 신은 세 번째 이유. 나는 강의로 생계를 이어 가고 싶지 않았다. 이는 강사 세계에 대한 나의 부정적인 인식도 한몫 거들었다. 나는 강사들 대부분 공부를 하지 않는다고 생각한다. 이는 내 개인적인 의견만은 아니다. 몇몇 기업의 교육 담당 책임자들도 공감하는 부분이다. 교육 담당자들 말에 의하면 어떤 강사들은 2시간 강의로 수백만 원을 받지만 3년 혹은 5년 전 강의 슬라이드와 동일한 교재를 사용하는 경우도 많다고 한다. 믿지 못하겠지만 사실이다. 물론 그들의 상황을 보면 이해는 간다. 예컨대 지방에서 강의를 할 경우 이동 시간과 강의 시간을 포함하면 10시간 정도 걸린다. 현실적으로 책 읽고 공부할 시간이 없는 것이다. 그런 상황을 모르는 바는 아니지만 나는 사람들에게 '나도 강의할 줄 안다'라고 이야기하기가 부끄러웠다. 그래서 어느 순간 더 이상 강의를 하지 않겠다고 결심했다. 물론 일정 조건이 만들어지면 다시 강의를 할 것이다. 강의를 해야 할 뚜렷한 이유가 있고 강사료를 받지 않아도 될 때 다시 강의를 할 것이다.

혹시 그날 국회에서의 강의가 궁금한가? 다행히 강의하기 전에 쫓겨나지는 않았다. 운동화를 신었으니 '그냥 집으로 가 주세요'라고 했다면 나는 그냥 돌아갔을 것이다. 실제 그런 상황이 벌어지지 않았으니 다행이지만, 마음속 결심은 그랬다. 강의는 나름 멋지게 했다. 짧은 시간이었지만 내가 하고 싶은 이야기는 대부분 전달하고 나왔다. 그중 몇 사람이 얼마나 공감했는지, 얼마나 많은 이가 나를 별난 사람이라고 생각했는지는 중요하지 않다. 나는 그저 최선을 다했을 뿐이다.

내가 국회에서 운동화를 신고 강의한 것을 이야기하는 이유는 이를 자랑하기 위해서가 아니다. 어차피 이 일은 자랑할수록 오히려 '나는 별종이다'라고 광고하는 것과 다르지 않다. 내가 별종인 것과 그것을 떠벌리고 다니는 일은 다르다.

'혼자 일하는 것'과 '남들에게 별종으로 보이는 것' 혹은 '미친 자신감을 보여 주고 싶은 것'은 사실 같은 맥락이다. 혼자 일할 수 있는 배짱을 가진 사람이라면 어느 곳에서든 운동화를 신고 자신 있게 이야기할 수 있다. 또 혼자 일할 자신감이 있는 사람은 누가 별종이라고 부르든 말든 상관없다. 혼자 일한다는 것은 누군가에게 보이는 형식적인 것보다 실질적인 것이 더 중요하기 때문이다.

정답은 하나가 아니다. 때로는 여러 답이 존재할 수 있다. 물론 한때 우리는 정답을 빠르게 잘 맞히는 사람을 우수한 인재라 여겼고 그들 덕분에 사회가 발전한 것도 사실이다. 그러는 사이 우리는 남들과 같아야 한다고 생각하게 되었다. 튀면 안 된다고 생각한다. 조직에서는 조직의 룰을 따라야 하고, 남들과 다르면 뭔가 문제가 있는 것이라고 여긴다.

내가 일하는 건물에서는 신입 사원 입사 시즌이 되면 재미있는 광경이 벌어진다. 군기가 바짝 든 젊은 지원자들이 보인다. 남자든 여자든 모두 비슷한 정장 차림이다. 누가 가르쳐 주었을까? 요즘에는 잘 쓰지 않지만 한때 '삼성맨'이라는 말이 있었다. 깔끔한 정장 차림에 머리를 단정하게 손질해 센스 있어 보이고 자세가 잘 잡힌 남성 비즈니스맨을 일컫는 말이었다. 삼성 본관 건물이 시청 부근에 있을 때 점심시간이면 흔히 볼 수 있는 사람들이었다.

우리는 남들과 같은 옷, 같은 패션을 하고 있다. 그리고 대부분 회사들은 그렇게 하기를 은연중에 원한다. 하지만 회사는 늘 우리에게 남들과 다른 창의성을 요구한다. 늘 남들과 다른 생각, 다른 아이디어를 만들어 내라고 외친다. 그래서 워크숍에서는 '상자 밖에서 생각하기'를 훈련하고 '크리에이티브 싱킹', '로지컬 싱킹'을 훈련시킨다. 그런 워크숍을 해서 얼마나 효과를 보았는지는 모르겠지만, 일단 해야 한다. 그렇게 하면 조금이라도 창의적이 될 수 있다고 믿기 때문이다. 최근 연구 결과들에 의하면 창의력은 결코 그렇게 길러지지 않는다. 도대체 기업들은 공부를 하고 있는지 의문이 들 때가 많다.

국내 자동차 회사 감사실 워크숍에서 강의를 한 적이 있다. 60명 정도 모여 있던 것으로 기억하는데, 강의장에 들어서면서 깜짝 놀랐다. 회사를 떠나 워크숍에 왔는데도 대부분 검은색 정장 차림에 넥타이를 맨 채 군기가 바짝 든 상태였기 때문이다. 게다가 여성은 한 사람도 없었다. 엄숙함은 거의 군대 내무반 수준이었다. 그 워크숍의 주제는 가히 놀라웠다. 바로 '창의적으로 생각하기'였다. 물론 옷을 바꿔 입는다고 해서 창의력이 늘어난다는 연구 결과는 없다. 하지만 너무나 획일적인 분위기에서 창의력을 외치는 모습이 마치 개그 프로의 한 장면 같았다. 회사가 워크숍에서 의도하는 것과 전반적인 분위기나 태도가 너무 다르다면 도대체 그곳에 참석한 직원들은 어떻게 해야 하는 것일까? 하긴 신입 사원이 아닌 이상 그런 분위기가 익숙할 테니 아무 생각도 안 하고 있을지도 모른다. 그런데 그렇게 무언가에 구속되고 속박되어 있는 사람들도 퇴근 후 혹은 주말이 되면 페이스북이나 인스타그램에 자유롭고 멋진 모습의 사진을 올린다. 어떤 게 그들의 진짜 모습일까?

남들과 같은 옷을 입는다는 것은
남들과 같은 생각을 한다는 것이다

　　　　　　　　　　　　　남들과 같은 옷을 입고 같은 생각을 하고 있다면 혼자 일하기를 결심하기가 매우 어렵다. 일반인들이 상식적으로 생각해도 무척 어려운 부분일 것이다. 남들과 다른 방식으로 살고 싶다면 적어도 무언가는 남들과 달라야 한다. 아주 작은 몸짓 하나라도 말이다.

스티브 잡스는 번호판이 없는 자동차를 타고 다녔다. 그가 운전하던 차에는 번호판이 없었다. 물론 그가 무면허 운전을 하거나 불법 자동차를 운전한 것은 아니다. 단지 그는 세상의 규율과 통제 속에 살기를 거부했고 남들과 똑같은 사고방식을 거부했던 것이다.

재미있는 것은 그가 그렇게 번호판이 없는 차를 타고 다녔어도 불법이 아니었다는 점이다. 당시 캘리포니아 주법에는 새로 구입한 자동차는 6개월 동안 번호판을 달지 않아도 된다는 규정이 있었다. 스티브 잡스는 세상의 통제와 규칙 속에 살지 않기 위해 똑같은 차를 6개월마다 새로 샀다고 한다. 그가 돈이 많다는 것을 자랑하려고 했던 행동처럼 보이지는 않는다. 그저 남들과 다르게 살고 싶었을 것이다.

꼭 기억해야 한다. 세상은 창의적인 사람이 되어야 한다고 강조하지만, 실제 창의적인 사람이 되기를 바라지는 않는다. 남들과 같은 생각, 같은 패턴 그리고 반항하지 않는 태도를 매우 중요한 조직의 룰이라고 생각한다. 나는 혼자 일하는 것의 마지막 단계는 혼자 할 수 있는 일을 찾고 스스로 독립하는 것이라고 생각한다. 물론 하루아침에 이룰 수 있는 것은 아니다. 오랜 시간과 준비가 필요하다. 당신이 남들과 같은 생각을 하고 같은 옷을 입고 있는 것에 익숙하다면 한 번쯤 의문을 품어 봐야 한다. 과연 나는 무엇부터 바꾸어야 할까를 고민해서 답을 얻어야 한다.

회사가 무너져도
살아남을 수 있는
사람이 되라

Chapter 9

조직 속에서 개인이 살아남기 위해서는
스스로 자기 몸을 지키는 수밖에 없다.
'회사가 살려주겠지' 라는 생각은 안일하다.
– 히구치 히로타로

어느 대기업의 교육 담당자가 있었다. 그를 처음 만난 것은 10여 년 전. 10년이 지난 지금 그는 그 자리에 있지 않다. 회사를 그만두고 살기 위해 정글로 나왔다. 이번만큼은 '웰컴 투 정글'이다.

대기업 교육 담당자로 일할 당시 그는 나의 고객이 아니었다. 제안을 했지만 거절당했고, 여러 번 전화를 했지만 별다른 반응을 보이지 않았다. 아마도 그가 우리 회사와 경쟁 관계에 있는 회사의 프로그램을 선택했기 때문일 것이다. 그리고 오랜 세월이 지난 지금, 그저 스스럼없이 볼 수 있는 사이가 되었다. 원래 정글에서는 모두 이렇게 산다. 서로 해칠 생각이 없다면 짧은 길이라도 동지가 되는 것이 현실적이다. 적보다는 동지인 편이 낫지 않은가.

그가 얼마 전 속내를 털어놓았다. 대기업 담당자들이 외부 협력 업체로부터 의뢰를 받을 때 어떤 기분인지, 무엇을 가장 고려하는지 말

132

이다. 물론 아는 사람은 다 아는 내용이다. 그 기준은 바로 '자신의 손해 여부'다. 예컨대 외부 기업에서 좋은 교육 프로그램을 제안했다고 가정해 보자. 그 프로그램을 회사에 도입할지의 여부는 우선 담당자의 판단에 달려 있다. 여기서 그의 판단 기준은 '자신에게 손해가 되는지 안 되는지'다. 대개 교육 책임자라면 우선 좋은 교육 프로그램인지 아닌지를 판단해야 한다고 생각할 것이다. 하지만 그들은 그렇게 하지 않는다. 그들은 프로젝트가 잘못되었을 경우 본인들이 책임을 져야 하기 때문에 자기에게 유리한지를 우선 판단한다. 혹은 더 현실적으로 업체가 실수를 할 경우 자기에게 피해가 생기는 것은 아닐까를 먼저 생각한다. 따라서 회사에 도움이 되고 직원들에게 도움이 되는 교육 프로그램을 도입하는 일은 없다. 그저 안전한 것을 선택한다. 물론 교육 프로그램의 품질도 훌륭하고 리스크가 전혀 없는 것도 있을 것이다. 가령 국내 대기업이나 중견 기업 대부분 도입하는 프로그램이 있다고 해 보자. 일단 품질이 검증되었으니 담당자는 별 탈 없이 그 프로젝트를 진행할 수 있을지 모른다. 그렇다면 그들에게 묻고 싶다. 왜 그 자리에서 월급을 받고 있는지 말이다. 누구나 할 수 있고, 대부분의 회사에서 그 프로그램을 도입하고 있다면, 그는 도대체 교육 책임자인가, 아니면 구매 담당자인가?

아무튼 그의 안전주의 업무 형태로 인해 나의 제안은 거절당했다. 그리고 10년이 지난 현재 어떤 일이 벌어졌을까? 당시 그 회사에 프로그램을 제공한 회사는 이미 사라지고 존재하지 않는다. 경쟁력이 없어 망해 버린 것이다. 또 그가 교육 책임자로 있던 회사는 법정 관리에 들어갔다. 반면 나는 어려움을 많이 겪었지만, 아직 살아 있다.

강한 자가 살아남는 게 아니라, 살아남은 자가 강하다는 말은 이럴 때 쓰는 것일까? 나는 일침을 놓고 싶다. 교육 담당 책임자인 그가 그런 마인드를 갖고 있었기에 그 회사가 법정 관리에 들어간 것은 아닐까? 이런 논리가 지나칠까? 전혀 연관성이 없을까? 물론 일개 교육 담당 자에게 회사가 잘못된 것에 대한 책임이 있다고 하면 지나친 억지일 것이다. 그런데 내 경험상 없어지는 회사의 교육 담당자들은 태도와 마인드가 비슷했다. 아마도 전체적인 기업 문화가 그렇기 때문일지 도 모르겠다.

앞서 이야기한 그의 사례를 마무리해야겠다. 사실 정글로 나온 그의 주장과 마인드는 여전하다. 그때 그 마인드를 아직도 가지고 있다 는 말이다. 나는 그에게 냉정하게 묻고 싶다. 정글에 나온 지금 '당신 이 기업 담당자들에게 영업을 하는 입장이라면 어떻게 하겠느냐'고 말이다. 그가 상대하는 기업 담당자들이 만약 예전의 그처럼 안전주 의를 지향한다면 그는 그 어떤 도전적인 제안도, 훌륭한 제안도 하지 못할 것이다. 이런 일을 두고 '원래 세상은 돌고 도는 것'이라고 이야 기할 수도 있다. 그러나 그렇게 생각하면 세상 돌아가는 게 너무 안타 깝지 않은가. 또 우리가 그런 세상에 살고 있다는 것이 부끄럽지 않은 가. 도전 없이 인류가 진보한 적은 없다.

세상은 많이 변했고 지금 이 순간에도 변하고 있다. 기술만 변한 것 이 아니다. 사람들의 생각도 많이 변했다. 이제는 조직 안에 있거나 조직 밖에 있는 사람들도 혼자 일한다는 것에 적잖이 공감할 것이다. 앞서 이야기한 교육 담당자는 조직 안에서 생활했을지 모르지만, 냉 정하게 본다면 그는 조직 안에서 '혼자 일한 것'이다. 다른 사람은 안

중에도 없고 오로지 본인의 이익만 챙긴 셈이다. 그의 입장에서는 회사는 자신의 소유가 아니기에 큰 문제가 아니라고 생각할지도 모른다. 언젠가는 회사를 그만두고 나와야 하는 상황이기에 그렇게 행동하는 것에 합리성을 부여할 수도 있을 것이다.

이와 비슷한 사례는 또 있다. 최근 어느 은행의 교육 책임자와 이야기를 나눈 적이 있다. 전 세계적으로 은행은 이제 디지털 뱅크로 전환하고 있고 은행의 점포 90퍼센트가 향후 10년 안에 없어질 거라는 점, 그리고 우리나라에도 인터넷 뱅크가 등장하면서 시장이 급변할 것이라는 이야기를 나누고 있었다. 하지만 그의 반응은 태연했다. 그리고 단호했다. 퇴직이 얼마 남지 않았기 때문에 급변하는 세상을 직원들에게 보여 주고 싶지도 않고, 만약 그런 시도를 한다고 하면 자신의 일만 많아지기 때문에 퇴직 전까지는 편하게 일하고 싶다는 것이었다. 놀라운가? 그렇지만 이건 현실이다. 그 역시 조직에서 일하지만 혼자 일하고 있는 것이다. 아주 나쁘게 말이다.

성장 사회를 지나 성숙 사회가 된 일본

세상은 점점 혼자 일하는 곳으로 변하고 있다. 조직 안에 있는 사람들은 나름대로 혼자 생존하는 방법을 배워 가고, 밖에 있는 사람들은 정글에서 살아남고자 혼자 일하고 있다. 바야흐로 외톨이들 시대다. 일본의 한 교육 혁신가는 이런 사회를 '성숙 사회'라고 부른다. 성숙 사회는 성장 사회와는 반대 개념이다. 성장 사회는 모두가 똑같은 꿈을 꾸고 열심히 공부하면 사회가 성장하는 만큼 함께 성장할 수 있는 보편적인 사회를 말한다. 이때 사람들은 똑같은 꿈을 꿨다. 대학 졸업 후 취업하고 결혼해서 아파트와 자동차를 장만한 뒤 정년까지 일하다 퇴직해서 편하게 노후 생활 즐기다 생을 마감한다는 꿈이었다. 하지만 이런 시나리오가 깨진 지 이미 오래다. 일본에서는 1997년부터 이런 환상이 깨졌다고 한다. 이른바 성숙 사회로 발전한 것이다. 말이 좋아 성숙 사회지 실은 냉혹한 현실이다. 성숙 사회에서는 그 누구도 내 인생을 책임져 주지 않는다. 국가도 사회도 회사도 모두 나를 위해 움직이지 않기 때문에 '성숙한' 사람이 되어야 한다는 말이다. 모든 사람이 정글에서 살고 있는 셈이다.

그래서일까? 최근 우리나라 소셜 미디어를 뒤져 보면 '1인 기업가'라고 표방하는 사람이 꽤 된다. 그들도 대부분 한때는 조직 생활을 했을 것이다. 하지만 남들보다 세상에 대해 눈을 일찍 떴고 누군가는 생계 때문에, 누군가는 자기가 하고 싶은 일을 찾아 혼자 정글에 뛰어든 것이다. 그들은 블로그나 팟캐스트를 통해 정글에서 어떻게 살아남았는지에 대한 무용담을 열심히 늘어놓는다.

그러나 나는 '1인 기업가'라고 말하지 않는다. 그 용어를 별로 좋아하지 않기 때문이다. 기업은 1인이든 1만 명이든 기업으로서 해야 할 일을 하면 된다. 또 내가 걸어온 길이 무용담처럼 느껴지지도 않는다. 어느 순간 주변을 돌아보니 혼자 일하고 있는 사람들이 보였을 뿐이다. 그들이 조직에서 또 정글에서 살아남기 위한 모습은 정말 다양하다. 그러나 다들 목적은 같다. 살아남는 것. 언제부터 우리가 이렇게 절박하게 '생존'을 이야기했는지 모르겠지만, 현실은 그렇다.

그래도 나는 혼자 일하는 것에 나름의 즐거움이 있다고 믿는다. '피할 수 없다면 즐겨라'라는 상투적인 표현이 아니다. 혼자 살아남아 숨 쉬는 법을 알면 된다. 정글에서 어떻게 걸을 수 있는지, 어떻게 뛸 수 있는지를 알면 되는 것이다. 그래서 나는 조직에서 살아남아 얼마 남지 않은 인생을 살고 있는 성공한 그들이 부럽지 않다.

'슈퍼 갑'이라는 표현이 있다. '갑' 중의 '갑'이란 뜻이다. 나는 '슈퍼 갑'을 '남들은 나한테 바라는 게 있지만 나는 그들에게 바라는 게 없는 것'이라고 정의한다. 이런 이야기를 하면 웃을지 모르지만, 내가 국회에서 강의할 때 마음이 그랬다. 내가 국회에 바라는 게 무엇이 있겠는가. 다시 강의를 불러 달라고? 그런 마음이 없으니 운동화를 신고 강의할 수 있었다. 기업체에 영업을 가서도 마찬가지다. 그들에게 거절당하면 다른 회사에 가면 된다. 그러니까 마음을 내려놓을 수 있는 것이다. 물론 이런 마음을 가지려면 당신이 만든 물건 혹은 서비스에 대한 엄청난 자부심이 있어야 한다. 상대방을 압도하기 위한 자만심이 아니라 당신 스스로에게 자신을 갖는 것이다. 남들이 당신을 알아보지 못하는 건 실수일 뿐 언젠가는 알게 될 거라는 자신감. 그때 슈퍼 갑이 될 수 있다. 세상에서 외톨이로 일하려면 적어도 그런 자존감은 있어야 하지 않겠는가. 이것은 조직에서도 마찬가지다. 당신이 진정 자신 있는 사업을 시작했다면, 당신 스스로 자신 있고 당당하다면, 어떤 비난을 받아도 괜찮지 않을까? 다니는 회사에 목매는 게 아니라면, 적어도 당신을 고용할 다른 회사가 있다고 믿는다면 말이다. 그 정도 자신감이 없다면 정글로 나올 자격도 없다. 단언컨대 그 정도 마인드라면 수많은 선수가 모인 정글에서는 생존하기 힘들다.

안정적으로 일하려면
자유를 포기해야만 할까?

Chapter 10

일찍 책장을 덮지 말라.
삶의 다음 페이지에서
또 다른 멋진 나를 발견할 테니
– 시드니 셸던

인간은 자유를 원한다. 인류의 역사는 통제하려고 하는 사회와 자유를 원하는 인간 사이의 오랜 다툼이었다고 해도 과언이 아닐 것이다. 아주 오래전 역사로 거슬러 올라가 보자. 원래 인류 역사에서 개인의 존재는 인정되지 않았다. 개인의 존재보다는 집단의 생존과 안정이 더 중요했기 때문에 개인은 부족의 안전과 생계를 위해 필요한 일을 해야만 했다. 하지만 인간은 스스로 당당해지고 싶었다. 자유를 원했던 것이다. 자유에 대한 갈망은 두 가지 큰 역사적 사건을 남겼다. 하나는 히브리가 이집트의 억압에서 탈출한 사건이었다. 다른 하나는 그리스가 트로이와의 오랜 전쟁을 통해 개인의 가치를 찾은 사건이었다. 이제 비로소 인간의 역사에 '불복종'이라는 키워드가 만들어진 것이다. 그리고 그때부터 자유는 틀에서 빠져나오는 것을 의미했다.

기원전 5세기 그리스에 도시가 생겨나기 시작했다. 이때 도시는 도시 계획과 중앙 집권주의를 도입하고 개인의 자유를 필요한 만큼 억제하기 시작했다. 인류 역사에서 도시를 그리드 형태로 분할하고 사람들을 통제하기 시작하는 방법을 터득한 것도 이 무렵이다.

그 후에 인간을 다시 통제하기 시작한 것은 종교였다. 도시와 같이 등장한 엘리트 계급은 기독교 교회 권력과 결탁하면서 교회를 신봉하며 교회의 이익을 위해 봉사하는 것만이 인간의 도리라고 여기게 만들었다. 그 결과 개인의 실존과 논리, 자유는 존재 가치가 없어지고, 속죄와 부활이 중요해졌다. 니체의 말처럼 '종교는 대중을 위한 아편'이었던 것이다.

종교와 엘리트 계급의 권력은 막강했다. 부르주아가 생겨나고 비즈니스를 시작하기 전까지는 그 무엇도 종교의 권위에 대항하기가 힘들었다. 그러나 부르주아 계급이 형성되면서 처음으로 유행mode이라는 말이 나오기 시작했다. 각자 자유와 이성을 찾아 움직이기 시작한 것이다. 프랑스에서도 개인의 자유와 파격적인 움직임을 금했지만, 17세기에 들어서자 윌리엄 셰익스피어가 《로미오와 줄리엣》, 《리어왕》, 《햄릿》 등을 통해 사랑과 광기, 유토피아의 문제를 다뤘다. 미겔 데 세르반테스는 봉건적 모더니티에 대한 비판으로 《돈키호테》를 발표했다. 《돈키호테》를 통해 중세 풍습과 스페인 사회 구조를 비판했던 것이다.

17세기에는 철학적으로 중요한 변곡점이던 신구 논쟁이 벌어졌고, 그 후에는 우리가 아는 명언들이 등장하기 시작했다. 데카르트의 '나는 생각한다, 고로 존재한다', 토머스 홉스 《리바이어던》의 '만인의 만인에 의한 투쟁', 존 로크《통치론》의 '진보는 미래에 올 것이다'라는 말도 이때 등장한 것이다.

그리고 18세기. 이때부터는 많은 것이 달라지기 시작했다. 18세기는 산업 혁명이 움트기 시작한 시기로 근대 역사의 시작점이다. 이때는 두 가지 중요한 역사의 흔적이 있다.

첫 번째는《백과전서》다. 사실 18세기 초만 하더라도 인류는 고대 그리스 이전의 역사를 모르고 살았다. 기록이 없던 것은 아니지만, 그 기록들이 대부분 귀족들 소유였기 때문이다. 사람들은 많은 것을 알고 싶어 했다. 이성을 향한 움직임이 시작된 것이다. 그 결과물이 바로《백과전서》였다. 이성의 진보가 이루어지기 위해서는 수많은 지식과 철학, 사상을 모아 엘리트들이 손쉽게 살펴볼 수 있는 무언가가 필요하다는 인식 때문이었다.《백과전서》는 영국의 프리메이슨들이 제안했지만, 프랑스의 드니 디드로와 장 르 롱 달랑베르에 의해 최초로 만들어졌다. 그 후 영국에서 '브리태니커'라는 이름의 백과사전이 만들어졌다.

18세기의 두 번째 역사적인 사건은 역시 프랑스 혁명과 미국 독립 혁명이다. 드디어 인간은 합리적이고 평화로우며 보편적인 사회에 살아야 한다는 인식이 자리를 잡게 된 것이다.

그 뒤 인류의 역사는 우리가 수많은 역사책과 학교 교육에서 배워 온 내용이다. 산업 혁명이 일어나고 대량 생산과 대량 소비 사회가 등장했고, 두 차례의 세계 대전을 겪으면서 강대국과 약소국의 지위가 결정되었다. 그리고 파운드와 달러 그리고 금의 통화 기준 정책에 따라 전 세계에 살고 있는 보통 사람들의 삶이 크게 요동치기도 했다.

우리는 이렇게 만들어진 사회에서 살아가고 있다. 지금은 인터넷을 통해 위키피디아라는 방대한 백과사전을 사용하고 있지만, 위키피디아의 원전은 이미 수백 년 전 만들어진 셈이다. 이런 관점에서 본다면, 과거 인류가 《백과전서》로 똑똑해지면서 개인의 독립을 이끌어 냈듯이 지금 우리는 위키피디아라는 백과사전으로 똑똑해지면서 다시 독립을 꿈꾸고 있는 것이다. 그렇다면 무엇으로부터의 독립인가?

인간은 자유를 원하면서 동시에 구속되기를 원한다

인간은 누군가로부터 통제받는 것을 허용하지 않는다. 인류가 역사 속에서 자유를 추구했듯이 지금도 우리는 우리가 속해 있는 조직으로부터 자유를 추구한다. 혼자 일한다는 것은 이런 자유가 반영된 결과다.

그런데 여기에는 아주 흥미로운 아이러니가 있다. 인간은 자유를 추구하는 존재지만, 역설적이게도 직장을 구하는 데 있어서는 자유를 구속당하는 '정규직'을 선호한다는 것이다. 물론 정규직이 가진 장점은 많다. 회사가 성장하면 더불어 같이 풍요로워질 수 있고 해고에 대한 불안도 상대적으로 낮다. 대신 정규직은 조직이 원하는 규칙과 질서를 따라야 한다. 제시간에 출근해야 하고, 조직에 맞게 생활해야 하며, 한 단계 올라서면 그에 맞는 교육과 마인드를 갖기 위해 일정 기간 훈련을 받아야 한다. 그러나 그 조직에 맞지 않는다고 판단되면 언제든지 퇴출당한다. 개인의 자유라는 측면에서 본다면 조직에서 정규직으로 일한다는 것은 그다지 좋은 선택이 아니다.

어떤 사람들은 자기 자신 혹은 상대방을 조직형인지 아닌지를 기준으로 판단하기도 한다. 대개 조직형 인간으로 불리는 사람들은 상사가 뭐라고 이야기하든 크게 스트레스를 받지 않는다. 자신의 의견과 상반되는 정책이더라도 아무 생각 없이 따른다. 다른 의견이 있더라도 묵묵히 참고 넘겨 버린다. 자신의 생각보다는 조직의 생각을 먼저 고려하는 것이다. 또 다른 사람들과도 스스럼없이 대화하기를 주저하지 않는다. 심리학적으로 본다면 외향적인 인간인 것이다. 실제로 심리학의 아버지라 불리는 프로이트는 외향적인 성격을 가진 사람이 조직과 산업 사회에서 요구하는 인간형이라고 보았다. 반면 사람들과 커뮤니케이션을 잘 하지 못하고 의기소침한 사람들을 내성적인 성격이라고 규정했는데, 프로이트는 이들을 사회 부적응자라 치부했다. 내성적인 사람들이 사회 부적응자라는 딱지를 떼는 데는 오랜 시간이 걸렸다. 최근의 연구 결과에 따르면 내성적인 사람들이 일을 더 잘하고 창의적인 것을 더 잘 만든다고 한다. 하지만 이런 연구 결과들이 보편적인 것은 아니다. 내성적인 사람들은 아직도 사회 부적응자라는 시선을 많이 받고 있다.

그렇다면 비조직형 인간은 어떤 사람들일까? 우선 앞에서 설명한 내성적인 사람들이 이에 해당된다. 이들은 남들과 잘 어울리지 못하는 사회 부적응자라고 인식된다. 또 흔히 별종이라고 여겨지는 이들도 비조직형 인간들이다. 이들은 조직의 규칙과 질서를 따르지 않고 자기주장을 고집한다. 당연히 대기업 조직은 이런 사람들을 선호하지 않는다.

조직에서 뿌리 내리지 못하는 사람들은 세상 밖으로 나와 자기 나름대로의 삶을 사는 경우가 많다. 그리고 그중 아주 극소수는 성공을 거둔다. 애플의 스티브 잡스, 테슬라와 스페이스엑스의 일론 머스크, 버진 그룹의 리처드 브랜슨 정도는 성공한 별종들이라 여겨진다.

그렇다면 당신은 어떤 유형에 해당되는가? 조직에 순응하며 하루하루를 안전하게 살아가는 것을 좋아하는가, 아니면 정글에 나와 하루하루를 위험하게 사는 것을 좋아하는가? 전자는 성공 가능성이 낮지만 위험하지 않고, 후자는 성공 가능성이 높지만 위험하다. 그리고 전자는 자유를 억압당하지만, 후자는 자유를 억압당하지 않는다.

인류 역사를 길게 늘어놓고 우리가 처한 위치를 생각해 본다면, 현재는 자유롭게 일할 수 있는 생태계여야 한다. 역사를 거스를 수는 없는 노릇이니 말이다. 그렇다면 우리는 당당히 자유롭게 일해야 한다. 혼자 일한다는 것. 대세의 흐름은 바로 이것이다.

앨프리드 슬론과 슬론주의

앨프리드 슬론은 윌리엄 듀랜트가 세운 제너럴모터스의 2대 경영주다. 그는 MIT를 졸업한 이공계 인물이지만 자동차 엔지니어는 아니었다. 윌리엄 듀랜트가 규모 키우기에 혈안이 되어 회사를 위기에 빠뜨리면서 앨프리드 슬론이 등장하게 된다.

앨프리드 슬론은 조직 개편을 시도했다. 유기적인 조직체로 탈바꿈한 회사는 위기 상황에도 신속한 대처가 가능했고, 덕분에 제너럴모터스는 세계 최대의 자동차 메이커로 거듭날 수 있었다.

우리는 자동차 하면 헨리 포드를 떠올린다. 그는 1800년대 초반 프레더릭 테일러가 생산성을 끌어올리기 위해 고안한 생산법을 바탕으로 이동식 조립 라인 시스템을 만들고 이른바 '대량 생산과 대량 소비' 체제를 만들었다.

슬론은 포드와는 다른 정책을 펼친 경영자다. 포드는 T 모델 하나로 가격과 성능 개선에 집중했지만, 슬론은 연령과 지역에 맞는 다양한 제품을 만들어 냈다. 또 한 브랜드 안에서도 여러 모델을 만들어 소비자들의 선택 폭을 넓혔다. 이를 경영학에서는 '슬론주의'라 일컫는다. 그는 대량 생산 소비재의 핵심은 기술이 아닌 소비자의 심리를 이용하는 것이라고 내다봤다. 자동차에 연례 모델 체인지 제도와 자체 금융 서비스를 도입해 누구나 쉽게 자동차를 구입할 수 있는 문화를 만든 것이다.

슬론주의는 소비자들을 현혹해 자동차 구매 회전 주기를 크게 단축시켰다. 하지만 소비자가 이 부분에 대해 제대로 인지하게 되면 상황은 달라진다. 소비자는 합리적인 소비를 하게 되고, 상품 제조사들은 반대로 경영이 힘들어진다.

이는 자동차 산업에만 국한되는 것은 아니다. 예를 들어 스마트폰을 만든 뒤 업그레이드한 부분 변경 모델을 출시하는 것 등은 모두 슬론주의에 따른 상품 전략이다. 한마디로 소비자들이 가지고 있는 물건에 불만을 품게 해 새로운 상품을 구매하도록 하는 전략이 바로 슬론주의다. 이전 모델에서 성능은 크게 개선된 것이 없지만, 스타일과 색상을 바꾸어 구매욕을 자극하는 것이다. 스마트폰, 디지털카메라, 컴퓨터 등 오늘날 수많은 상품이 이처럼 '의도된 진부화' 전략 속에 매일 새롭게 태어나고 있다.

폴크스바겐 같은 회사는 슬론주의를 정면으로 비판하기도 했다. 포장만 바뀌는 것은 진정한 자동차의 발달이 아니라는 주장이었다. 제너럴모터스는 자동차 할부 개념을 만들고 영화에 PPL 광고를 하는 등 본격적인 매스미디어 전략으로 맞대응했다.

슬론주의는 소비자를 공격하는 창일 수 있지만, 다른 한편으로 소비자에게 방패일 수도 있다.

내가 혼자 일할 수 있는
사람인지
판단하는 방법

Chapter 11

변하지 않는 성공의 비결은
기회가 왔을 때 잡을 준비가 되어 있는 것이다.
— 벤저민 디즈레일리

나는 가끔 '내가 다시 조직에 들어가면 어떻게 일할까?'라는 생각을 해 본다. 혼자 일하는 기업의 대표가 그런 생각을 한다는 것이 믿기지 않겠지만, 사업을 하는 사람들은 거의 모든 가능성을 열어 두고 사는 데 익숙하다. 단지 그런 생각을 드러내지 않을 뿐이다. 회사가 경영난으로 없어지거나 시장의 거대한 트렌드가 바뀌었는데 내가 적응을 못하고 있다면 불가능한 시나리오도 아닌 것이다.

그렇다고 조직 생활을 하고 싶은 것은 아니다. 하지만 그런 경우가 찾아온다면 예전보다는 더 나은 생활을 하지 않을까 싶다. 자만하는 것처럼 들리겠지만, 나는 팔다리가 모두 잘려 나간 상태로 정글에서 살아남았다. '조직'이라는 정글은 내가 사는 정글과는 다르지만, 경쟁이라는 측면에서 본다면 크게 다르지는 않을 것이다.

이제부터는 정글에서 혼자 살아남을 수 있는 게임의 규칙에 적응하는 법을 이야기하고자 한다.

당신이 '혼자'라는 점을 인정하는 것부터 시작했으면 좋겠다. 물론 정글에서 혼자 생존하는 사람이라면 당연히 인정할 것이다. 하지만 조직 생활을 막 시작한 사람들이나 아직 조직에 남아 있는 구성원들은 다른 생각을 할 수도 있다. 조직 생활을 제대로 해 보지 못했거나 조직 생활에서의 기쁨을 누리는 사람도 있을 테니 말이다. 그러나 그것이 영원할까? 냉정하게 이야기해서 당신이 오너 2세가 아니라면 영원히 그 조직에 남을 수는 없다. 인정하기 싫겠지만 만남이 있으면 이별이 있는 법이다. 곧 '혼자'라는 생각을 하게 되는 순간이 찾아올 것이라는 말이다. 직장에서 한 단계 올라갈수록 그리고 특별한 성과를 만들어 낼수록 당신은 더 혼자라는 생각을 지울 수 없을 것이다. 그때마다 조직은 당신에게 더 큰 목표와 성과를 요구하고, 그것을 도와주는 사람은 아무도 없다는 사실을 깨닫게 될 것이다.

인생을 살다 보면 반드시 감내해야 하는 순간이 있다. 피하려 해도 피할 방법이 없고, 애써 부정하고 싶어도 그럴 수 없는 상황이 온다. 그럴 때는 그냥 감당하면 된다. 장마철에 엄청난 비가 올 때 우산 없이 길을 걸어가야 한다면 묵묵히 비를 맞고 걸어가는 수밖에 없다.

혼자 일할지 아닌지는 우리 스스로 선택할 수 없는 문제다. 우리를 둘러싼 상황이 그렇게 만들 뿐이다. 어느 순간이 되면 주변 상황이 우리를 혼자 일하게 만든다. 보통 그 상황은 소리 없이 찾아오는데, 그때 당신이 어떤 선택을 하느냐는 매우 중요하다.

예컨대 이런 상황일 수 있다. 먼저 회사 생활을 하고 있을 때를 생각해 보자. 이때 당신을 혼자 일하게 만드는 요인은 당신이 혼자라고 느끼게 만드는 조직의 규범과 문화다. 조직의 규범과 문화에 대해서는 아직까지 인류가 풀지 못한 것이 많다. 팀마다 규범과 문화는 다르지만, 성과가 좋은 팀이 가지고 있는 규범과 문화 역시 각기 다르기 때문에 어느 규범이 '좋다' 혹은 '나쁘다'로 판단할 수 없다. 그리고 성공한 팀의 조직 문화를 좋은 방향으로 유도할 수 있는 경영학적 툴에 대해서도 아직 해답이 없다. 적어도 아직까지는 그렇다.

회사를 떠날 수 있는 용기

문제는 우리가 조직 문화를 대하는 태도다. 우리는 조직 생활을 하기 때문에 일단 무조건 따라야 한다고 생각한다. 조직의 규범과 문화가 만들어지고 나름대로 관성의 법칙을 가지고 있으니 이미 형성된 규범과 문화에 대해 개인이 반대하기는 쉽지 않다. 하지만 당신 스스로 조직의 규범과 문화가 옳지 않다고 판단한다면 당신은 스스로 혼자이기를 자처해야 한다. 말은 하지 않더라도 스스로 판단하고 움직여야 한다. 나름대로 용기가 필요한 것이다. 물론 이 가치 판단은 매우 어렵다. 경영학에서도 좋은 규범과 나쁜 규범을 구분할 수 없듯이, 당신이 접하게 되는 문화도 마찬가지일 것이기 때문이다. 광고 멘트에서는 남들과 다르게 생각하고 판단하라고 하지만, 여기에는 중요하게 살펴봐야 할 점이 있다. 남들이 맞을 수도 있고 틀릴 수도 있는 것이다. 남들이 틀리고 내가 맞는다면 내 생각을 선택하는 것이 옳겠지만, 남들이 맞고 내 생각이 틀렸다면 나는 오히려 좋은 선택을 하는 것이 아니라 나쁜 선택을 하는 것이다.

예컨대 거래처에 뒷돈을 요구하는 조직이 있다. 이런 조직에서 일한다면 당신은 어떤 선택을 할까? 조직에 들어가기 전이라면 쉽게 답할 수 있다. 하지만 그 조직에 몸담고 있으면 답변하기가 생각만큼 쉽지 않다. 선량한 마음으로 뒷돈을 받지 않겠다고 한다면 당신은 조직과 일대 전투를 벌여야 할 것이다. 그리고 보통 당신이 회사를 그만두는 것으로 결말이 날 가능성이 크다. 당신이 만약 조직의 논리에 수긍하겠다고 한다면 문제는 더 커진다. 당신은 조직에 동화되기 때문에 사고방식과 가치관이 그대로 굳어 버릴 것이다. 대부분은 이렇게 조직에 동화되고 조직에 남는 방향을 선택한다.

별종이 된다는 것은 생각보다 어렵다. 지금 별종으로 보이는 사람들이 나중에 큰 성공을 거둘 수도 있지만, 그저 비주류로 남을 수도 있기 때문이다. 어느 것이 정답인지는 아무도 모른다. 내 경우로 본다면, 13년 전에 조직을 박차고 나와 사업을 하고 책을 쓰고 강의를 하는 것이 지금까지는 좋은 선택인지 몰라도, 시간이 더 흐른 뒤에는 우매한 선택이었다는 생각을 할 수도 있다. 국회에서 한 강의도 그렇다. 그 강의는 촬영되어 국회 방송을 통해 방영되기도 했다. 내가 운동화를 신고 강의했다는 것을 알 만한 사람들은 다 아는 상황이 된 것이다. 그들은 나를 별종으로 기억할 것이다. 내가 성공한다면 '역시 별종이 성공하는 시대'라는 구호가 만들어지겠지만, 실패하면 '역시 별종은 별종이야'라는 생각이 줄을 이을 것이다.

상황에 대한 판단은 당신 스스로 내려야 한다. 그 판단은 그 누구도 해 주지 않는다. 몇 년 전 내 회사가 퍼블릭 클라우드를 이용해 콘텐츠 서비스를 제공할 때였다. 당시 C 그룹의 IT 회사를 이용하고 있었는데, 월 사용료가 무려 400만 원 정도였다. 그런데 어느 날 갑자기 서버를 송도로 이전한다면서 서버 사용료를 두 배나 인상하겠다고 했다. 말이 안 된다고 했지만, 담당 직원은 싫으면 다른 데로 옮기라는 말뿐이었다. 그는 그러면서 슬며시 대안을 제시했다. 바로 뒷돈이었다. 현금 500만 원과 백화점 상품권 500만 원을 주면 사용료를 올리지 않겠다고 했다. 주변 사람들에게 조언을 구했더니 대부분 뒷돈을 주라고 했다. 하지만 나는 다른 선택을 했다. 수천만 원을 들여 다른 회사로 서버를 이전했다. 돈이야 더 들었지만, 나는 내 선택을 믿었다.

중요한 것은 당신이 얼마나 객관적인 시각을 갖고 있는지를 아는 것이다. 똑똑하고 똑똑하지 않은 것? 그것은 그다지 중요한 문제가 아니다. 학교와 성적을 중요하게 생각하던 시절에는 '국적은 바꿀 수 있어도 학적은 바꾸지 못한다'라는 말이 유행했다. 성적은 평생 가니 공부를 열심히 해야 한다는 말이었다. 물론 학계에는 그런 문화가 아직 남아 있겠지만 일반적인 사회생활에서 학력과 학적은 그렇게 중요한 것이 아니다. 나는 대학을 졸업하고 첫 직장을 다닌 이후 이력서를 작성해 본 적이 없다. 누가 어느 대학을 나왔는지 전공이 무엇이었는지 물어본 적도 없다. 사회생활에서 그것이 중요한 판단 기준이 아니라는 말이다.

따라서 당신이 혼자 일해야 하는 상황이 되었을 때, 그 결정을 내렸다고 해서 당신이 루저가 된다는 의미는 아니다. 당신은 그저 당신이 처한 상황에서 스스로의 길을 선택했을 뿐이다.

10년 동안 사장으로 :

Part 3

사장이었을 때는

미처 몰랐던

것들

화려한 성공의 이야기들은 창업에 대한 관심을
높이는 데는 성공했지만, 동시에 역효과도 가져왔다.
성공 이야기는 사람들이 자신의 꿈을 좇아
기업을 시작하거나 한 단계 더 키워 가려는 의지를 꺾기도 한다.
성공 이야기는 지나치게 화려하기 때문이다.
이런 소수 기업가의 이야기는 거대하고 혁신적인 아이디어가
있어야만 기업가로서 성공할 수 있다고 오해하게 만든다.
사실은 그 반대다. 대부분의 기업가들은
거대한 아이디어를 전혀 가지고 있지 않다.

－린다 로텐버그,《미쳤다는 건 칭찬이다》

회사가 망하고 나서야
비로소 깨닫게 된 것들

Chapter 1

비즈니스 세계에서 모든 사람은 두 가지 동전을 받게 된다.
돈과 경험. 경험을 먼저 취하라. 그러면 돈은 자연스레 따라온다.
― 해럴드 제닌

인간은 실수의 동물이다. 사업이 크게 망하고 나서야 깨닫는 일들
이 있다는 것은 정말 개인적으로는 좌절이다. 회사를 그만두고 혼자
일하면서 남는 후회들이 적지 않았다.

가장 큰 후회는 역시 직원 채용이다. 직원을 채용하지 말고 혼자 일
해야 했다. 혼자 할 수 있는 일을 찾아 작은 규모로 시작하고 필요한
경우 아웃소싱으로 돌려야 했다.

작은 회사를 운영해 보면 묘한 아이러니에 빠진다. 사람들은 취업
이 안 된다고 난리지만, 작은 회사는 좋은 인재를 채용하기가 매우 어
렵다. 수만 명의 지원자가 있는 대기업과는 다르다. 물론 이력서를 많
이 받는다고 해서 그 이력서들을 모두 검토할 수 있는 것도 아니다.
작은 기업들은 늘 바쁘기 때문이다. 결국 작은 회사들은 주변 사람이
나 이미 일하고 있는 직원들의 추천을 받아 직원을 채용하게 된다. 그

나물에 그 밥인 셈이다. 정말 똑같은 사람들만 모이고 그 작은 데에서 파벌도 생긴다. 모두 내가 경험한 일들이다.

그러나 어쩔 수 없이 직원이 필요해 채용했다고 하자. 그렇더라도 연봉을 통해 동기 부여를 해서는 안 된다. 최근 구글도 업무 환경이나 연봉으로 동기 부여를 지속적으로 자극한다는 것은 불가능하다는 결론을 내렸다. 이것은 어느 회사나 마찬가지다.

두 번째 후회도 역시 사람들과 관련된 것이지만, 내 행동에 대한 문제다. 직원들의 눈치를 보지 말아야 했다. 사장이 직원들 눈치를 본다는 것이 상상이 안 되겠지만, 작은 회사의 사장들은 실제로 직원들 눈치를 엄청 보게 된다. 예컨대 전날 밤 늦도록 작업을 하거나 거래처와 술자리로 인해 새벽에 집에 들어갔다고 해서 다음 날 늦게 출근할 수가 없다. 사장이면 그래도 되지 않을까 생각하겠지만, 자신부터 솔선수범해야 한다는 말을 도덕 교과서에서 한 번이라도 본 사람이라면 그렇게 하기가 쉽지 않다. 점심 약속이 있어서 늦게 들어오거나 아이디어를 떠올리기 위해 아침 출근 시간에 잠시 카페에 가 있는 것도 마음이 편하지 않다. 결국 직원들 눈치를 보게 되는데, 나 역시 그랬다. 그러나 돌이켜 보면 내가 하고 싶은 대로 해야 했다.

세 번째 후회는 조직에 오른팔을 두지 말아야 한다는 것이다. 조직에는 항상 오른팔이 존재한다. 물론 사장이 오른팔이 필요하다고 여겨 일부러 만드는 것은 아니다. 그저 자연스럽게 생겨난다. 사장은 직원들과 터놓고 이야기하기가 겁날 때가 있다. 야단을 치고 싶어도 조심스러운 마음이 앞선다. 그럴 때 누군가와 상의를 하게 된다. 대체로 직급이 높고 비교적 오래 일한 사람인데, 시간이 지나면 그가 오른팔이 된다.

문제는 그때부터 커진다. 오른팔은 의도하지 않더라도 사장에게 자신의 편향된 의견을 전달할 수밖에 없고, 그때부터 사장은 그야말로 장님이 되어 버린다. 전체 의견을 듣는 것이 아니라 오른팔 이야기를 듣고 판단하는 것이다. 명심할 것이 있다. 오른팔은 어느 순간 뒤통수를 친다는 점이다. 사장의 일거수일투족을 알고 있기 때문에 방어할 방법이 없다.

네 번째는 모든 것을 직접 확인하지 못했다는 후회다. 사실 이 점은 어느 부분에서는 성공하고 어느 부분에서는 실패했다. 나는 실패하고 싶지 않은 마음이 너무나 간절했다. 그러다 보니 무엇보다 업무 공백에 대한 걱정이 앞섰다. 나의 철학 중 하나는 모든 업무는 내가 할 수 있어야 한다는 것이었다. 기획, 제작, 마케팅 등 필요한 일은 시간이 좀 걸리더라도 나 스스로 할 수 있어야 한다고 생각했다. 나는 실제로 그렇게 했다. 그래야만 직원 중 누군가 갑자기 그만두더라도 내가 그 업무를 대신할 수 있다고 생각했고, 혹시 모든 직원이 그만두더라도 나 혼자 일할 수 있어야 한다고 생각했다. 사실 지금 내가 동영상 편집을 할 수 있게 된 것도 그런 생각이 바탕이 되었다.

하지만 내가 미처 확인하지 못한 일이 있다. 결과물을 확인하는 일이었다. 나는 직원들에게 맡겨 놓고 결과물을 확인하지 않았다. 잘할 거라는 믿음도 있었고 내가 확인한다고 한들 크게 달라질 게 없으리라 여겼다.

회사를 운영 하는 데 있어서 어려운 점은 바로 이런 부분들이다. 직원들이 알아서 할 수도 있지만, 냉정하게 보면 직원들은 그저 월급만 받으면 된다고 생각한다. 당신이 회사를 다닐 때 마음과 다르지 않은 것이다.

다섯 번째 후회는 어려울 때 그것을 인정하지 못한 점이다. 회사가 어려워지자 나는 전 재산을 쏟아부었다. 실패했을 때 과감히 청산하고 새 판을 다시 짜야 했는데 그렇게 하지 못했다.

실패는 누구나 할 수 있다. 실패했을 때는 그것을 인정하고 깔끔하게 정리해야 한다. 그리고 새 판을 다시 짜야 한다. 붙들고 있으려고 하면 오히려 더 힘들어지게 마련이다. 결국 결단력인데, 나에게는 그게 없었다.

결론적으로 보면 나는 혼자 일해야 했다. 혼자 일할 때는 어려운 상황이 닥치면 잠시 쉬어 갈 수 있다. 회사 몸집이 작기 때문에 가능하다. 도약을 위해 몸집을 작게 만들고 기회가 올 때까지, 폭풍우가 지나갈 때까지 기다려야 한다.

캐나다 산악 지대에 큰불이 난 적이 있다. 헬기를 타고 소방대원들이 도착해 진화 작업을 시작했으나 쉽지 않았다. 게다가 통신 장비를 잃어버리는 바람에 외부와 교신도 차단되고 말았다. 곧 산불이 방향을 바꾸어 들이닥치기 시작했다. 대원들은 장비를 들고 뛰기 시작했다. 대피가 우선이었다. 이때 소방대장이 도망가지 말고 일부 지역을 태워 그곳에 웅덩이를 파 숨자고 했다. 하지만 대원들은 장비를 포기할 수 없다며 달아났고, 대장 혼자 남아 작은 지역을 태운 뒤 웅덩이 속에서 산불이 지나가기를 바랐다. 결과는 어땠을까? 대장은 살아남고 대원들은 모두 사망했다.

창업하면
열에 아홉이 망하는
다섯 가지 이유

Chapter 2

작은 규모로 머물러 있는 것이 나쁜 것은 아니다.
작은 팀으로도 얼마든지 큰 것들을 할 수 있다.
– 제이슨 프라이드

　대한민국 고시생들에게 유명한 명저가 있다. 바로《다시 태어나도
이 길을》이라는 책이다. 이 제목으로 검색해 보면 같은 이름의 책이
열 권 정도 된다. 그중 '고등 고시 합격 수기 걸작선'이라는 부제가
붙어 있는 책이다. 1990년대에 국가 고시를 공부한 사람들이라면 이
책을 알 것이다. 당시 고시생이었다면 적어도 이 책을 읽어 보았거나
이야기라도 들어 보았을 것이다.

　1990년대 고시생들의 애환을 모른다면 다소 웃길 수도 있지만, 그
들의 생활을 조금이라도 안다면 제목만 들어도 가슴이 뭉클해질 것
이다. 이것은 내용을 모르더라도 우리가 익히 짐작할 수 있는 제목의
힘이다. 요즘에는 변호사 시험의 문턱이 완화되면서 예전 같은 고시
문화가 다소 사라진 것 같지만, 불과 20년 전만 해도 고시생들은 확실
하지 않은 미래에 인생을 건 사람들이었다. 고시에 합격하면 그야말

로 대박이지만, 실패하면 인생의 낙오자가 되는 것도 감수해야 했다.

'다시 태어나도 이 길을.'

이 제목이 내 머리를 스친 것은 사업에 처절하게 실패했다는 것을 깨달았을 때다. 모든 것을 잃고 하늘만 쳐다보고 있을 때 문득 이 문구가 떠올랐다. 많은 사람이 무언가 크게 실패했을 때 '내가 다시 태어난다면 어떻게 했을까?'라는 생각을 하는 것처럼 말이다. 딱 그 마음이었다. 내가 다시 돌아가면 사업을 또 시작할까? 섣불리 말할 수는 없다. 실패했을 때의 마음 같아선 두 번 다시 겪고 싶지 않다. 하지만 그래도 '다시 태어난다면 이 길을 가지 않을까' 하는 마음이 교차하곤 한다. 진짜 마음이 그렇다. 후회는 남지만, 그 후회를 되돌릴 수 없는 것. 인생이란 그런 것일 것이다.

나는 창업을 권하지 않는다. 이것은 대한민국이 창업 열풍으로 한창인 지금과는 사뭇 다른 정서일지 모른다. 하지만 어쩔 수 없다. 난 창업은 반대다. 정확하게는 보통 사람들이 말하는 그런 창업을 반대한다. 물론 취업 준비생들 사이에 창업 열풍이 크게 일고 있고, 직장인들에게도 걸핏하면 창업하라는 메시지를 전하는 사람이 많다는 것은 알고 있다. 그러나 내 생각은 바뀌지 않는다.

나는 새로운 비즈니스를 만들어 성공시키는 것을 '잘 돌아가는 엔진에 새로운 부품 하나를 만들어 넣는 것'이라고 표현한다. 이렇게 말하면 사람들은 왜 잘 돌아가는 엔진을 분해해야 하느냐고 묻는다. 정곡을 찌르는 질문이다. 세상이 창업한 당신에게 묻는 질문이 정확히 이것이다. 세상은 어딘가 부족해 보이더라도 나름대로 잘 돌아가고 있다. 부족한 것이 없으니 누군가에게 바라는 것도 없다. 게다가 잘 돌아가는 엔진을 분해하고 새로운 부품을 넣는 일은 매우 어렵다. 불가능한 일은 아니지만, 해 보지 않은 사람들에게는 불가능한 일이다. 기존에 이미 움직이고 있는 부품들의 크기는 줄이거나 키워야 하고 또 어떤 부품은 없애야 한다. 그러니까 계산해 보면 답은 빤하다. 누가 바라지도 않고 바라더라도 하기가 어렵다면 하지 않으면 되는 것이다. 물론 우리가 이렇게 결론을 내려 버리면 안 된다.

내가 창업을 반대하는 이유는 크게 다섯 가지다.

첫 번째, 사업 계획서를 준비하는 사업은 반대다. 보통 창업을 하려고 마음먹으면 창업 컨설턴트들이 보이기 시작한다. 그들을 거친 다음에는 은행권 사람들 혹은 보증 기금 사람들을 만나게 된다. 그들은 정확하게 '사업성'을 따진다. 여기서 중요한 키워드는 바로 투자 대비 수익이다. 얼마큼 투자해서 얼마큼의 수익을 어떻게 발생시킬 것인지에 대한 구체적인 예측이 필요한 것이다. 냉정하다고 생각하겠지만, 그래도 그들은 양반이다. 벤처 캐피털 업계로 들어서면 더 전문적이고 치열하게 준비해야 한다. 진짜 선수들을 만나는 것이다. 이 관문이 쉽지 않다. 조직 안에서는 사업 계획서를 편하게 작성했지만, 정글에 나와서는 전부 스스로 해야 하기 때문이다. 그래서 사업 계획서를 만들다 포기하는 사람도 많다.

하지만 이렇게 치밀한 사업 계획서는 요즘 트렌드와는 정반대의 논리로 펼쳐진다. 지금은 시장 자체가 아예 없거나 예측할 수 없는 아이템이 너무나 많다. 한마디로 문서 자체로 말할 수 있는 것은 없다고 해도 과언이 아니다. 이렇게 문서로 씨름하다 보면 쉽게 지치고 만다.

두 번째, 창업에 대한 기존 선입견에 반대한다. 창업을 한다고 하면 사람들은 당연히 사무실을 구하고 같이 일할 수 있는 동료나 직원을 채용해야 한다고 생각한다. 이것이 틀린 것은 아니지만, 그렇다고 정답이라고 할 수도 없다. 우선, 사무실을 얻고 직원을 채용하면 그때부터 고정비가 엄청나게 뛰기 시작한다. 예컨대 사무실 임대비와 식대 그리고 직원 2명을 채용하면 사장인 당신을 포함해 한 달에 1000만 원은 그냥 빠져나간다. 잘되는 기업에게 1000만 원은 돈도 아니겠지만, 처음 시작하는 스타트업들에게는 천금 같은 돈이다.

세 번째, 누구나 창업해도 된다는 생각에 반대한다. 대학생들에게 창업에 뛰어들라는 메시지가 난무하고 있다. 하지만 이미 창업을 해 본 내 입장에서 본다면 그들을 사지로 모는 격이다. 취업 시장이 어려우니 창업 시장으로 젊은 층들을 유도한다는 말이다. 물론 취업이 어려우니 창업을 해서 성공할 수 있다고 치자. 그렇다면 얼마나 많은 사람이 성공할 수 있을까? 취업에 성공하는 비율보다 훨씬 낮다. 보통 창업 기업은 3년 안에 1000개 중 3개가 살아남는다. 그리고 10년 안에 큰 회사로 성장할 가능성은 10만 개 중에서 5개 미만이라고 한다. 이 정도 확률이라도 도전해 볼 의향이 있는가?

네 번째, 실패에 대한 안전장치가 없다는 것에 반대한다. 누구나 실패할 수 있고 실패는 성공의 어머니라고 말한다. 좋은 이야기다. 그러나 말은 말일 뿐이다. 현실은 전혀 다르다. 누군가 창업을 해서 실패했다고 치자. 그럼 어떤 일이 벌어질까? 일단 신용 등급은 바닥을 친다. 은행 대출도 막히고 카드 사용 한도도 한없이 내려간다. 그러나 빚은 오히려 더 증가했을 테니 어디선가 자금을 빌려 와야 하고, 결국 그 대안이라는 것이 제2금융권, 제3금융권이다. 이른바 죽음의 늪으로 들어가는 것이다. 과연 그가 무엇을 할 수 있을까?

　라디오 방송을 할 때 한양대 한정화 교수와 함께 이야기를 나눈 적이 있다. 벌써 10년도 더 된 일이다. 얼마 전까지 중소기업청장을 지냈으니 아마도 그는 라디오 방송을 한 일은 기억에 없을지도 모른다. 그때 방송을 마친 후 한 교수가 이런 이야기를 했다.

　"라디오 방송에서는 이야기를 못했지만, 원숭이는 나무에서 떨어져도 원숭이로 보잖아요? 그런데 사업에 실패하면 세상은 그를 사람으로 보지 않습니다."

　세상은 창업을 하라고 부추기지만, 아는 사람들은 창업은 위험한 일이라고 뒤에서 수군대고 있는 것이다.

　다섯 번째, 성공한 기업들의 견제를 받아야 한다. 어떤 사업을 하든 아주 특별한 일이 아닌 이상 당신의 비즈니스는 그 누구라도 따라갈 수 있다. 문제는 방법론을 얼마나 빨리 파악하느냐, 그리고 자금과 인력의 투자 규모에 달려 있다. 이 부분은 진지하게 생각해 봐야 한다.

　내가 회사를 만들었을 때 도서 요약 서비스를 하는 어떤 회사의 대표가 나를 보자고 했다. 그 자리에서 그는 "2000만 원을 줄 테니 회사의 절반을 넘겨라"라고 말했다. 내가 1000만 원으로 창업을 했으니 2000만 원이면 꽤 큰돈이지만 지금 생각해도 말이 안 되는 제안이다. 나는 그 자리에서 거절했다. 하지만 그의 답변은 더 가관이었다.

　"나는 조직도 있고 자금도 있는데, 내가 그 사업을 하면 당신 못 이길 것 같아?"

　그는 회사 홈페이지에 '북세미나'라는 메뉴를 만들고 저자를 인터뷰하고 강연을 하기도 했다.

견제하는 회사들이 대기업이 아니라 '성공한 기업들'이라고 표현한 것은 내 경험이 있었기 때문이다. 대기업이든 중견 기업이든 새로운 아이디어를 보면 참지 못한다. 정확하게 파악할 수는 없지만 대기업들에게 아이디어를 빼앗기고 주저앉은 회사는 수없이 많을 것이다. 당신이 창업 후 잘나간다 하더라도 과연 언제까지 장밋빛일까? 아마도 당신이 주저앉기를 바라는 세력이 엄청날 것이다.

창업에 대해 반대한다고 하면 사람들은 '나는 다를 거야'라고 생각하기 쉽다. 그럴 수도 있다. 하지만 냉정하게 봐야 할 부분도 있다. 심리학에는 이른바 자아도취 테스트라는 것이 있다. '나는 사람들의 이목을 끌고 싶다', '나는 특별하기 때문에 기회가 되면 나의 장점을 뽐낸다', '누군가 내 일대기를 써야 한다' 등의 문장들을 읽어 주고 자신에게 해당되는지를 묻는 것이다. 지난 20년 사이 자아도취 테스트 중간 값이 무려 30퍼센트나 올라갔다. 젊은 세대의 93퍼센트가 20년 전의 중간 값보다 더 높은 수치를 나타낸 것이다. 나는 우리 사회 역시 이런 세대의 움직임과 무관하지 않다고 생각한다.

선발 주자는 항상 성공하는가?

사람들이 창업을 결심할 때 가장 고려하는 부분은 무엇일까? 여러 가지 요소가 있겠지만 가장 중요하게 생각하는 것은 아마도 시장을 선점하는 행위일 것이다. 가장 먼저 진입해서 시장을 지배하고자 하는 것이다. 많은 사람이 이런 시장 선점 행위가 새로운 사업을 시작하는 데 가장 중요한 요소라고 생각한다. 10년 전《블루오션》이라는 책이 나왔다. 그 책에서 주장한 '블루오션' 역시 경쟁자가 없는 시장을 선점해야 한다는 개념이었다. 이를 감안한다면 시장 선점에 대한 우리의 대체적인 통설은 이미 정해진 듯하다.

그렇다면 시장 선점 행위는 항상 성공을 가져다줄까? 그렇지 않다.

시장 선점과 관련해서는 세 가지 측면에서 종합적으로 생각해 봐야 한다. 첫 번째, 비즈니스계에서는 시장을 가장 먼저 선점한 사람에게 특별한 권리를 부여하는 제도가 있다. 바로 '특허 제도'다. 특허 제도는 특정한 분야에서 공식적으로 독점적인 사용권을 인정받아 일정 기간 그 권한을 누리는 것이다. 비즈니스계에는 특허 제도는 인정되어야 마땅하고 이를 침해했을 경우에는 어떠한 불이익이라도 감수해야 한다는 정서가 자리 잡고 있다.

그런데 실제 특허 제도는 과연 의미 있는 것일까? 1998~2008년에 미국 상위 1.5퍼센트 기업이 미국 내 특허의 48퍼센트를 보유하고 있었다. 이 현상을 두고 미국 연방 준비 제도 경제학자들은 '특허가 생산성 향상에 기여한다는 증거가 없다'는 보고서를 내기도 했다. 특허를 갖고 있는 사람 혹은 기업은 그저 처음 도착한 것에 지나지 않으며, 그가 가장 먼저 도착했다 하더라도 독점적으로 이 지위를 사용해서는 안 된다는 정서가 깔려 있는 것이다. 오히려 특허를 많은 기업에 공개하고 사용하게 하면 보다 경쟁력 있는 기업 환경이 조성될 것이라는 의견이 속속 등장하고 있다. 브라질은 필수 의약품을 특허 면책으로 지정했고, 독일도 음식료품, 약품 등에 특허를 없앴다.

두 번째, 시장 선점을 한 사람 혹은 기업의 비즈니스 모델이나 상품 혹은 서비스를 복제하는 행위는 과연 나쁜 것인가에 대한 논쟁이다. 복제와 관련해서는 중국의 산자이 문화를 떠올려 볼 수 있다. 중국의 짝퉁 산업 산자이를 말하는 것이다. 산자이는 중국어로 모조품이나 가짜를 일컫는 말이다. 그러나 산자이에는 브랜드나 상품을 도용하거나 복제한다는 뜻도 담겨 있다. 단순한 짝퉁이 아니라 소비자의 욕구에 맞춰 상품을 개량하는 독창성이 있다는 말이다. 물론 우리는 중국이 스마트폰, 자동차, 매장과 건물 디자인, 심지어 도시 전체 이미지까지 도용한다는 사실을 알고 있다. 그럼에도 불구하고 중국과 인도의 혁신가는 서구의 거대 기업의 지식 재산권 도용에 문제가 없다고 주장한다. 그들의 논리에 의한다면, 산자이는 독창적인 신상품을 만드는 것이 아니라 범주를 초월한 상품을 만드는 것이기 때문이다. 산자이를 하는 것은 중국만이 아니다. 미국도 산업 발전기에 유럽에서 특허 받은 기술을 빼돌려 산자이 기간을 거쳤다. 독일에는 에어비앤비를 카피한 윔두, 유튜브를 카피한 마이비디오 등이 존재한다. 정보 접근이 쉬워진 인터넷 시대에는 제품, 서비스, 비즈니스 전체를 복제하고 모방할 수 있다는 것이다. 따라서 복제를 아예 전략적 모방이라고 표현할 수 있을지도 모른다.

세 번째, 시장 선점을 하는 행위는 항상 성공하느냐 하는 점이다. 시장 선점자가 모든 독점적 지위를 누릴 것 같지만 실상은 그렇지 않다. 통계에 의하면 한 분야 개척자들의 실패율은 47퍼센트인 반면, 정착자의 실패율은 겨우 8퍼센트였다. 개척자들은 정착자들보다 실패할 확률이 여섯 배나 높은 것이다. 그리고 개척자들이 살아남는다 해도 시장 점유율은 평균 10퍼센트에 불과해 정착자들의 시장 점유율 28퍼센트와 차이가 났다.

사장이었을 때는
절대 몰랐던
혼자 일하는 것의 장점

스타트업을 경영하는 것은
얼굴에 지속적으로 펀치를 맞는 것과 같다.
하지만 대기업에서 일하는 것은
물고문을 당하는 것과 같다.
– 폴 그레이엄

일반 기업이든 공무원 조직이든 업무에 대한 스트레스나 인간관계로 인한 갈등 때문에 어려운 점은 많지만 사람들과 함께 일한다는 것은 사실 큰 즐거움이다. 그래서 혼자 일한다고 하면 안쓰럽게 여기거나 동정 어린 시선을 보내는 사람들이 종종 있다. 그러나 세상 모든 일에는 장단점이 있듯이 혼자 일하는 데에도 장점이 있다.

첫 번째 장점은 조직을 두지 않아도 된다는 것이다. 사업에 있어서이 한마디는 모든 일의 기준점이 된다. 조직을 두지 않으면 사무 공간이 필요 없고 따라서 비용을 크게 줄일 수 있다.

뿐만 아니라 사장에게 엄청난 정신적 혜택을 준다. 많은 경영자의속내를 들여다보면 직원들에 대한 미움이 크다. 자신은 새벽부터 밤늦게까지 사업을 일구기 위해 갖은 노력을 다하고 있는데 직원들은 아침 9시에 출근해 6시면 칼퇴근한다. 또 야근이나 주말 근무를 해야 할 경우에는 별도의 수당을 요구한다. 직원들 입장에서는 당연한 일이지만 사장 입장에서는 그렇게 요구하는 직원들이 얄밉다. 그러나 혼자 일하면 이런 일로 마음을 쓸 필요가 없다. 아주 큰 장점이다.

두 번째 장점은 자신이 하고 싶은 일만 할 수 있다는 것이다. 선뜻 이해가 안 되는 부분일지도 모르겠다. 나는 15명의 직원과 함께 일을 해 봤다. 당시 사장이 해야 하는 일이 무엇인지 생각해 보니 직원들이 모두 싫어하고 거부하는 일이었다.

직원들에게 콘텐츠 목록을 정리하는 엑셀 작업을 지시한 적이 있다. 콘텐츠가 수천 개에 달했으니 기존 엑셀 자료에 하나를 더 추가하는 것은 거의 막노동에 가까운 일이라는 점은 알고 있었다. 문제는 직원들 반응이었다. 작업 결과물이 필요한 시점은 최대 일주일 후였고 내 판단에는 가능한 일이었다. 그런데 직원들은 최소 한 달은 걸릴 거라고 했다. 당시 내가 선택한 방법은 그 일을 내가 직접 하는 것이었다. 나는 36시간 동안 퇴근도 하지 않고 그 일을 완성해 냈다. 그때 나는 사장이란 자기가 하고 싶은 일을 하지 못하는 존재라는 것을 깨달았다. 반드시 해야 할 일인데 직원들이 거부할 경우 그건 사장이 해야 한다는 말이다. 직원들에게 월급을 준다고 해서 모든 일을 시킬 수 있을 것이라고 생각한다면 오산이다.

혼자 일하면 하고 싶은 일을 얼마든지 할 수 있다. 잘할 수 있는 일만 하고 나머지는 제휴사를 통해 하거나 필요한 경우 아웃소싱을 하면 된다.

세 번째 장점은 스스로 선택하고 실행할 수 있다는 것이다. 혼자 일하는 것의 가장 큰 장점이기도 하다. 조직 생활을 하다 보면 스스로 선택할 수 있는 일이 많지 않다. 당신이 조직의 구성원이라면 아무리 확신하는 일이라도 윗사람을 설득해야만 할 수 있다. 이건 조직 생활의 기본에 가깝다.

사장도 마찬가지다. 사장은 조직 구성원들이 동의하지 않는 일을 실행하라고 할 수 없다. 과거에는 명령하는 일 처리 방식이 통했지만 지금은 그렇지 않다. 하고 싶은 일이 있더라도 조직 구성원들의 합의를 이끌어 내고 동기 부여를 해야만 한다. 설령 그런 과정을 거쳐 일을 진행할 수 있다 하더라도 또 다른 문제가 있다. 누군가를 설득하고 동의를 얻어 일을 진행하기까지 오랜 시간이 걸린다는 점이다. 오늘날 세상은 아주 빠른 속도로 움직이고 있다. 그런데 사업을 실행하기 위해 누군가를 설득하고 동의를 얻어 내고 동기 부여를 하는 데 몇 개월을 투자하다 보면 타이밍을 놓쳐 버리게 된다.

혼자 일하면 이런 과정에 시간을 투자하지 않아도 된다. 당신이 신뢰하는 것, 당신 스스로 성공할 수 있다고 믿는 일이라면 그 일을 오늘 당장 시작해도 무방하다.

네 번째 장점은 주변 사람들로부터 신뢰를 받을 수 있다는 것이다. 2015년 나는 '북세미나닷컴'이라는 회사명을 '이동우콘텐츠연구소'라고 바꾸었다. 더 이상 '북세미나'를 하지 않기 때문이기도 했지만 이제는 내 이름을 걸고 해야겠다는 생각이 들어서였다. 회사명을 바꾼 뒤 주변 제휴사들에게 내가 혼자 일하고 있다는 사실을 이야기했다. 그들 반응은 크게 두 가지였다. 그 많은 일을 어떻게 혼자 처리하느냐, 그래서 더욱 신뢰할 수 있겠다는 것이었다.

보통은 작은 기업에서도 사장 스스로 일을 처리하는 경우는 좀처럼 없다. 대개 사장은 지시만 내리고 일은 직원들이 한다. 예컨대 콘텐츠를 만들 경우 사장은 지시를 내리고 동영상 편집자가 영상을 제작한다. 하지만 이 업무 구조의 가장 큰 맹점은 담당 직원이 그만두면 콘텐츠의 질을 장담할 수 없다는 것이다. 그리고 이는 주변 제휴사들이 신뢰하지 못하는 한 부분으로 작용하게 된다. 제휴사들이 반응했던 지점이 바로 이 부분이었다. 동영상을 사장이 직접 만들고 있으니 제품의 질을 신뢰할 수 있다는 말이다.

혼자 일하는 것의 마지막 장점은 자기 계발을 꾸준히 할 수 있다는 것이다. 바야흐로 100세 시대. 모두들 나이가 들어서도 할 수 있는 일을 찾느라 궁리한다. 중요한 것은 능력이다. 능력이 없는 당신이 정글에서 살아남을 수 있는 마술 같은 묘책은 세상에 존재하지 않는다. 나이가 들어서도 다른 사람이 하지 못하는 일을 할 수 있어야 하고 그것이 경쟁력이 되어 사회에서 인정받아야 한다.

혼자 일하는 것은 힘들다. 그렇지만 당신은 늘 혼자 일해 왔기 때문에 앞으로 당신의 경쟁력은 더 업그레이드될 것이다. 해마다 업무 실력은 일취월장할 것이다.

이 모든 것이 당신이 혼자 일했을 때만 얻을 수 있는 장점이다.

성공한 사람들은
모험을 즐기지 않는다

Chapter 4

비즈니스에서 중요한 것은 규모가 아니다.
자본금 50만 달러의 회사가 500만 달러의 다른 회사보다
더 많은 이익을 얻는 경우가 있다.
효율이 따르지 않는다면 규모가 핸디캡이 된다.
— 허버트 카슨

    내가 회사를 만들었던 2004년에는 '스타트업'이라는 말이 존재하지 않았다. 당시에는 조직에서 나와 자기 사업을 하는 사람들은 그저 '창업'이라는 말을 사용했고, 비즈니스계에서 조금 발전적으로 해석하는 '벤처 기업'이라는 개념이 있을 뿐이었다. 하지만 벤처 기업이라는 말은 정부가 벤처 기업 인증 제도를 만들면서 실제 벤처 기업가들은 어딜 가도 벤처 기업이라는 말을 제대로 하지도 못했다. 인증 제도가 너무 까다로워서 웬만한 조직과 사무실 그리고 매출을 갖추지 않으면 벤처 기업으로 인증받지 못했던 탓이다. 캘리포니아 실리콘밸리처럼 차고에 회사를 차리면 우리나라 기준으로는 벤처 기업이 아니다. 말 그대로 매우 모험적인 '벤처'일 뿐인 것이다.

    반면 요즘 우리가 흔히 사용하는 '스타트업'이라는 표현은 일단 느낌이 가볍다. 사업을 가볍게 시작할 수 있고 굳이 돈이 많아야 할 필요

도 없다는 뉘앙스를 풍긴다. 혼자 일하는 사람들이 스스로를 '스타트업'이라고 이야기해도 어색하지 않다. 이는 전반적으로 사고가 변했다는 증거다. 실제로 그들은 아이디어 하나로 크라우드 소싱이나 크라우드 펀딩을 이용하기도 하고 커뮤니티를 만들어 개인 혼자서는 도저히 해내지 못할 제품을 만들기도 한다. 물론 아직까지 대부분의 성공 사례는 우리나라가 아닌 해외의 경우지만, 이제 스타트업 붐이 일기 시작했으니 우리나라에서도 곧 성공한 스타트업들이 나올 것이다.

스타트업은 우리가 생각하는 전통적인 의미의 기업가와는 의미가 좀 다르다. 원래 '기업가entrepreneur'라는 말은 '위험을 감수하는 사람'이라는 뜻이다. 말 그대로 큰 성공을 거두려면 엄청난 위험을 감수해야 한다는 의미다. 그런데 최근 애덤 그랜트는 《오리지널스》에서 기업가들은 위험 회피 성향이 강하지도 절실하지도 않다고 주장한다. 우리와 비슷한 사람들이라는 말이다. 그랜트는 그 증거로 필 나이트, 스티브 워즈니악, 래리 페이지, 세르게이 브린, 빌 게이츠 등을 거론하면서 영향력 있는 이런 창의적 인물들마저도 프로젝트를 성공시킨 뒤 학업이나 직장에 계속 다녔다는 이야기를 하고 있다.

그랜트의 생각을 전면 부인할 생각은 없다. 하지만 나는 기업가들의 위험 회피 성향이 커진 것이 아니라 전통적인 기업가 개념이 스타트업 개념으로 이동한 것이 아닐까 싶다. 다시 말해 과거의 '창업' 개념이 '스타트업' 개념으로 바뀌면서 위험 회피 성향이 줄어든 것처럼 보인다는 말이다. 스타트업들은 소셜 미디어와 첨단 IT 기술 그리고 슬림한 조직 운영을 통해 과거와는 새로운 방법으로 일하고 있기 때문이다.

스타트업을 시작하기 전에 **생각해 볼 것들**

          스타트업을 시작하려면 몇 가지를 알아야 한다. 우선, 스타트업은 혼자 할 수 있다. 많은 사람이 회사를 그만두고 나와 무엇인가를 해야 할 때는 혼자가 아닌 여럿이어야 한다고 생각한다. 짐을 나누어 들면 가벼울 것이라고 여기는 것이다. 그래서 조직을 생각하고 심지어 동업을 생각하는 경우도 많다. 그런데 이런 생각은 버려야 한다.

 조직이 필요한 일이라면 스타트업을 만들어 놓고 외부 인력을 아웃소싱할 수 있다. 내 경험으로 본다면 그 어떤 것이라도 가능하다. 사업을 기획하는 것부터 마케팅, 심지어 제조까지도 가능한 세상이 되었다. 동업이라는 개념도 처음에는 고려하지 않기를 바란다. 사실 동업으로 시작해서 잘되는 사례는 좀처럼 찾아보기 힘들다. 없는 것은 아니지만 성공 가능성은 매우 희박하다. 동업을 하게 되면 사업이 커질수록 누군가는 욕심을 내기 마련이고, 사업이 안 될 때는 서로 책임을 넘기기 위해 애쓴다. 공은 내 덕이고, 실수는 남 탓인 것이다.

 두 번째, 서두르지 말아야 한다. 스타트업을 하려는 사람들은 곧 세상이 무너질 것처럼 서두른다. 어떤 아이디어가 떠오르면 세상에서 그 아이디어를 가진 유일한 사람이 자기인 것처럼 자만하면서 사업을 서둘러 시작하려는 욕심에 안절부절못한다.

 그런데 시장에서 개척자가 항상 유리할까? 물론 우리는 그렇게 알고 있다. 처음 시작하는 사람이 모든 것을 거머쥔다고 말이다. 조사 결과에 의하면 사업의 성공과 실패를 가르는 가장 중요한 요소를 '시기 포착'이라고 생각하는 사람의 비율이 무려 42퍼센트나 된다. 대부분 개척자가 유리하다는 강한 믿음을 갖고 있는 것이다. 하지만 현실은 다르다. 개척자의 실패율은 47퍼센트이고, 후발 주자가 실패할 가능성은 8퍼센트에 지나지 않는다. 후발 주자는 앞선 개척자가 어떤 제품을 만들었는지, 그리고 실패 요인은 무엇인지를 읽어 가며 뒤따라가기 때문이다. 게다가 독창적이기 위해 반드시 개척자일 필요는 없다. 뒤늦게 시작한다고 해도 충분히 독창적일 수 있다.

세 번째, 최고 경영자가 되지 말아야 한다. 이 말에는 여러 가지 의미가 담겨 있다. 우선 사람들을 채용하고 조직을 키우지 말라는 의미다. 최고 경영자가 되려면 조직이 있어야 한다. 조직이 없으면 자기 스스로 경영자라고 생각하지 못하기 때문이다. 또 다른 의미는 자기 자신을 아예 경영자가 아니라 실무자라고 생각해야 한다는 말이다. 경영자들의 가장 큰 특징은 '지적질'이다. 그들은 문제를 지적해야만 자신들의 존재 가치가 드러난다고 믿는다. '사장님'들 특히 그룹에서 승진해 CEO가 된 사람들의 가장 큰 특징은 부임하자마자 지적질을 시작한다는 것이다. 회사 각 사업 본부장들을 모두 모아 놓고 으름장을 놓으면서 지적질의 대하드라마를 쓰기 시작한다. '사장님'의 지시를 따라 몇 년 뒤를 내다보며 계획을 세워야 하고, 각 분기별로 목표를 설정해야 하며, 각각 매출 목표와 이익 창출 전략을 세워야 하고, 비용 절감 전략을 만들어야 한다.

그런데 혹시 당신이 그 위치에 가면 그렇게 하지 않을 자신이 있는가? 단언컨대 쉽지 않을 것이다. 1587년 폴란드에 하루 동안 왕좌에 앉았던 사람이 있었다. 그의 이름은 솔 발이었는데, 그는 하루 동안 26개 문제를 지적하고 60개가 넘는 칙령을 발표했다. 그도 지적질의 대마왕이었던 것이다.

마지막은 매사에 신중해야 한다는 점이다. 스타트업을 시작하면 당신은 이미 정글에 나온 것이고, 사람들은 당신을 '대표'라고 부를 것이다. 듣기에는 기분 좋은 일이지만, 그렇게 좋은 것만도 아니라는 사실을 곧 깨닫게 된다. 스스로 모든 책임을 져야 하고, 모든 의사 결정을 혼자 내려야 하기 때문이다.

조직에서는 의사 결정권자들이 항상 뒤에 숨는다. 큰 조직일수록 전면에 나서는 경우는 좀처럼 없다. 전면에 나설 경우 어떤 제안이라도 그 자리에서 어느 정도 의사 결정을 내려야 하기 때문이다. 하지만 스타트업 대표들은 걸어 다니는 의사 결정권자가 되어야 한다. 어느 자리에 있든 사람들은 당신에게 제안을 하고 말을 걸기 시작할 것이다. 그럴 때 머뭇거릴 수 없다. 무언가는 결정을 해야 한다. 조직에 있을 때는 이럴 경우 윗선에 보고하고 결과를 알려 주겠다고 하면 된다. 그러면 시간도 벌고 숨을 쉴 수도 있다. 하지만 당신이 대표가 되면 그 자리에서 바로 결정해야 할 일이 수두룩하다.

이 문제에 대한 가장 좋은 대안은 신중하게 지연시키는 것이다. 서둘러 대답하면 좋겠지만, 서둘러 내린 결정은 늘 후회를 부르기 때문이다. 따라서 어떤 제안이든지 '신중하게 검토한 뒤 결정해서 알려 드리겠습니다'라고 말하는 것이 가장 좋다.

CEO와 기업가는 무엇이 다른가?

'기업가entrepreneur'는 18세기 프랑스계 영국인 경제학자 리처드 캉티용이 만든 단어로 '위험을 감수하는 사람'이라는 뜻이다. 프랑스어로 '무언가를 시작하다'라는 단어에서 유래된 '기업가'는 1990년대까지만 해도 잘 알려지지 않았고 학술적인 용어로만 존재했다.

그런데 최근 그 의미가 확대되고 있다. 오늘날 '기업가'라는 단어는 일종의 '문제 해결 능력'으로 인식된다. 단순히 사업을 하는 사람을 의미하는 게 아니라 사회 각 부분에서 진취적인 역량을 바탕으로 새로운 돌파구를 열어 가는 사람을 뜻한다. 물론 그중에 사업가가 많은 것은 사실이다.

우리는 흔히 기업가 하면 큰 위험을 감수하고 미래를 위해 투자하는 사람이라는 편견을 갖고 있다. 하지만 이것은 그저 편견일 뿐이다. 기업가들은 위험을 감수하기는커녕 오히려 위험 회피 성향이 강하다. 자신이 감당해야 할 위험의 수준을 명확히 파악하고 거기까지만 감당하려고 한다. 절대적으로 무모하게 움직이지 않는다. 나이키의 필 나이트, 마이크로소프트의 빌 게이츠, 애플의 스티브 워즈니악, 구글의 래리 페이지와 세르게이 브린 등을 포함해 영향력 있는 많은 창의적 인물이 자신의 프로젝트를 성공한 뒤 사업에 올인 하지 않고 학업이나 직장에 계속 다녔다는 것은 이와 같은 기업가들의 성향을 잘 보여 주는 것이라 하겠다. 따라서 기업가들이 위험을 감수하는 사람이라고 인식해서는 안 된다.

반면 기업의 최고 경영자라 불리는 CEO들은 어떨까? 그들을 파악하기 위해서는 기업의 역사를 살펴봐야 한다. 현대 산업 사회에서 기업에게 자유를 부여한 것은 불과 최근의 일이다. 1970년대 미국은 소비자 지수가 큰 폭으로 하락하면서 새로운 대안이 필요했다. 1980년대 미국 대통령이던 로널드 레이건은 자유방임주의로 레이거노믹스 정책을 실시했는데, 그래야만 기업들이 경쟁에서 살아날 수 있다고 판단했던 것이다. 이때 기업들은 신기술을 접목하면서 비용 절감과 이윤 극대화를 추구하도록 허락받았다. 수익에 보탬이 되지 않는 사업은 철수하고 자산을 매각할 수 있는 권한을 얻은 것이다. 당시 '탐욕은 선한 것이다'라는 유행어가 돌았고, 자유 시장의 극대화 사례라 할 수 있는 '기업 사냥'이 등장했다. 미국 기업 문화에서 탐욕은 곧 선이었고, 기업 사냥은 경제의 구세주였다. 미국의 수많은 기업이 차례로 인수되고 해체되었다.

'주주 가치 극대화'라는 구호가 이때 등장했다. 기업들이 경영진에게 회사 주식을 보수로 지급하기 시작하면서 경영진이 고려해야 하는 우선순위 및 경영 전략이 바뀐 것이다. 경영진은 주가에 집착하면서 비용 절감을 중요하게 여기기 시작했다. 이는 주주들이 선호하는 전략이었으니 더할 나위 없었다. 결국 기업들은 주가를 기준으로 한 효율적 시장의 지혜를 선호했고, 이에 동참한 회사들은 번성했지만 그렇지 않은 회사는 후퇴했다. 월스트리트는 이를 '주주 혁명'이라 부르면서 합리화해 나갔다. 그 결과 기업이 주주뿐 아니라 노동자와 지역 사회를 지키는 의무가 실종되었다. 경제학자 밀턴 프리드먼이 '기업의 유일무이한 사회적 책임은 기업의 자원을 이용해 이윤 증가 활동에 전념하는 것'이라고 말할 정도였다. 우리가 알고 있는 주주 가치 극대화는 바로 이때부터 시작되었다. 주주 가치는 기업 지도자의 새로운 교리가 되었고, 비용 절감을 위해 대량 해고를 발표하는 것이 정설이 되었다. CEO는 바로 그런 사람들을 지칭하는 단어였다.

멀티플스 이론:
지금 누군가는 나와 똑같은 생각을 하고 있다

Chapter 5

> 다른 것과 새로운 것을 만드는 것은 쉽다.
> 그런데 정말 더 좋은 것을 만드는 것은 매우 어렵다.
> — 조너선 아이브

    우리는 아이디어에 목숨 건 시대에 살고 있다. '아이디어'라는 단어는 1750년대 이전에는 그리 많이 사용되지 않았다. 그러다 1750년부터 1800년대 사이에 폭발적으로 사용되기 시작했다. 그 후 일시적으로 줄어들었다가 최근 들어 계속 상승세를 타고 있는 중이다. 즉 산업 혁명이 시작된 이후 아이디어라는 단어 사용이 폭발적으로 늘었고, 사람들에게 가장 중요한 단어 중 하나가 된 것이다.

    아이디어가 비즈니스계에서 얼마나 중요한지는 두말하면 잔소리다. 아이디어 하나로 비즈니스가 만들어지기도 하고, 죽어 가던 회사가 살아나기도 하며, 실패를 거듭하던 개인이 크게 성공할 수 있는 세상이 되었으니 아이디어는 비즈니스의 모든 것이라고 칭찬할 만도 하다. 개인과 조직이 경쟁력을 확보하는 데 아이디어가 그 어느 때보다 중요한 요소가 되었다는 말이다. 그래서 기업들은 새로운 도전으로 가득한 세상에서 경쟁력을 유지하기 위해 자유롭게 상상력을 펼쳐 내고 혁신적 아이디어를 고안해 낼 수 있는 능력을 길러야 한다고 노래를 부른다. 그리고 이와 관련된 온갖 노력을 했다. 하지만 지금까지 기울인 노력들은 대부분 헛수고인 경우가 많다. 똑똑한 인재나 슈퍼스타급 인재들이 스마트한 결과물을 만들어 낼 줄 알았는데 결과는 그렇지 못했다. 게다가 새로운 아이디어를 만들어야 하는 환경은 그렇게 녹록지 않다. 어느 회사나 다양성과 개성보다는 보편성과 획일성을 더 좋아하는 환경을 만들어 놓았기 때문이다. 그래서 조직의 구조는 수평적이지 않고 수직적이며, 개방적이지 않고 폐쇄적이다. 더욱 가관인 것은 기업들이 이런 걸 아직도 인정하지 않는다는 점이다.

어쩌면 그것은 인정하고 싶지 않아서가 아니라 모르기 때문일 수도 있다. 그냥 단지 '자기가 모른다는 것을 모를' 뿐이다. 다시 말하면 공부하지 않는다는 뜻이다. 교육 담당 부서나 인사 부서는 늘 바쁘다. 공부할 시간이 허락되지 않는다. 평일 근무 시간에는 열심히 일해야 한다. 특히 교육 프로그램을 진행할 때는 연수원에서 근무도 해야하고 회의에도 참석해야 한다. 평일 근무 시간에 새로운 정보를 검색하거나 최신 트렌드의 책을 보면 되지 않겠느냐고 생각하겠지만, 그들의 환경에서는 불가능한 일이다. 근무 시간에 책을 보고 있으면 상사들은 일이 없어서 그러는 줄 안다. 놀고 있는 것처럼 보이니까 새로운 일을 준다. 퇴근 이후의 시간은 각자 또 다른 삶이 있으니 그 시간은 열외라고 치자. 그렇다면 경영자들은 어떨까? 그들은 늘 바쁘다. 주말이 되면 골프 치느라 바쁘고, 주중에는 저녁에 모임 갖느라 바쁘다. 그들에게 과연 책 읽을 시간이 있을까 싶다. 그래서 최고 경영자들을 위한 프로그램이 곳곳에 존재한다. 그러나 정작 사장들이 들어야 할 교육 프로그램에서는 늘 그들이 듣기 좋은 소리만 골라 하는 경우가 많다. 주로 친분이 있거나 정치적으로 결탁된 교육 업체 강사들이 교육을 담당하다 보니 현실적인 내용을 담은 교육이 이루어지기가 어렵다. 기업에 종사하는 그 누구에게도 이런 정보는 전달되지 못한다.

그래서일까? 새로운 아이디어 하나를 찾은 팀장급 이상의 경력자들은 그 아이디어를 가지고 회사를 그만둘 생각부터 한다. 회사에서 미래를 찾기 힘들기 때문이다. 보통 직장인들에게 조직은 늘 '답답한 그 무엇'이다. 새로운 제안을 시도해도 층층이 막혀 있는 구조 때문에 받아들여지지 않는다. 따라서 직원들은 대부분 자신들의 미래를 회사라는 조직에서 찾지 않는다.

아이디어를 제안해도 회사에서는 그것을 사업화할 수 없기 때문에 퇴사를 꿈꾸기도 한다. 구조적으로 사업이 불가능한 경우도 있겠지만, 특성상 회사 조직에서는 그 사업을 할 수 없다. 전자와 후자는 의미상 차이가 있다. 구조적으로 사업이 불가능하다는 말은 조직의 구조 때문에 불가능한 경우를 의미한다. 좋은 아이디어라도 조직에서는 쉽게 투자 결정을 내리지 못한다. 혹시 프로젝트가 잘못되기라도 하면 제안자와 그 위의 팀장 및 본부장까지 줄줄이 퇴사를 각오해야 하기 때문이다. 반면 사업의 특성상 회사라는 조직에서 하지 못하는 일도 있다. 빠른 의사 결정이 필요한 일들이 이에 해당된다.

내가 사업을 시작한 것은 후자의 경우였다. 북세미나 사업을 시작한 것은 한국일보 산하 백상경제연구원에 근무할 때였다. 그냥 책이 좋았고 저자가 왜 책을 썼는지에 대한 '공개 광장' 정도를 만들면 좋겠다는 단순한 생각에서 시작했다. 첫 북세미나는 한국일보 10층에 있는 백상홀(지금 이 건물은 없어지고 트윈타워가 세워져 있다)에서 진행했다. 하지만 그 프로젝트가 처음이자 마지막이었다. 조직에서는 새로운 것을 할 경우 여러 가지 기획서를 올려야 한다. 이 프로젝트를 수행해 무엇을 얻을 것인지, 무엇이 좋은지, 수익은 얼마인지, 투자금은 얼마인지 등등. 그런 쓸데없는 것을 문서로 작성해 보고해야 한다. 보고서를 작성해 한 번에 결정이 되면 좋겠지만, 그런 경우는 거의 없다. 그 과정을 몇 번 되풀이하다 보면 1~2개월이 흐른다. 이른바 골든 타임을 놓치는 것이다.

조직의 상황이 이렇다 보니 새로운 아이디어를 생각해 낸 사람은 회사를 만들고 멋지게 창업하는 것을 상상하곤 한다. 우리가 현실 세계에서 이렇게 새로운 아이디어로 꿈에 부풀어 있는 사람을 만나는 것은 어려운 일이 아니다. 그들의 몸은 회사에 있지만 마음은 이미 딴데 가 있다. 회사 일은 그저 타성적으로 돌아갈 뿐이다. 그에게 정작 중요한 것은 아이디어를 구현하는 일이다. 그래서 아이디어를 구체적으로 실현할 수 있는 사람들과 협력 업체를 찾으면서 사무실을 알아보기도 한다.

그들의 풋풋한 꿈과 이상에 반대하고 싶은 생각은 없다. 모두 소중한 꿈일 것이다. 그러나 아이디어 하나만 믿고 조직을 떠난다는 결정을 내려서는 안 된다. 새로운 아이디어는 당신에게 무척 새롭고 굉장하며 모든 것을 이룰 수 있는 것처럼 보일 것이다. 게다가 좋은 아이디어 하나를 만들어 내는 일은 무척 어렵기 때문에 호들갑을 떠는 것을 이해하지 못하는 바는 아니다. 그러나 아이디어를 만들고 구현하는 데는 냉정하게 봐야 할 측면이 있다.

멀티플스 이론 : 나만의 독창적인 아이디어는 없다

멀티플스 이론 theory of multiples이라는 것이 있다. 1922년 사회학자 윌리엄 오그번과 도로시 토머스가 발표한 이론이다. 어려운 내용은 아니다. 현대사에서 중요하게 여겨지는 발견이나 발명은 다른 곳에 있는 다른 사람들도 똑같이 해낸 것들이고 그 시간 격차 역시 크지 않다는 사실이 증명되었다는 것이다. 이를 밝혀 정리한 것을 멀티플스 이론이라 한다. 예컨대 우리가 뭔가를 생각해 냈다면 지구상의 그 누군가는 그것을 이미 만들었을 수도 있고, 또 그 누군가 이미 특허를 냈거나 사업화했을 수도 있다는 것이다. 당신도 새로운 무언가를 생각해 냈을 때 이미 누군가 발명했거나 동시에 만들었다는 이야기를 들어 본 적이 있을 것이다.

멀티플스 이론의 비밀은 동시대를 살아가는 사람들이 접하는 정보가 비슷하다는 데 있다. 이는 새로운 아이디어를 창조하는 과정에서 찾을 수 있다. 아이디어를 창조하는 것, 이른바 창조적인 무언가를 만들어 낸다는 것은 사실 이미 알려진 개념들을 새로운 방식으로 결합한 것에 지나지 않는다. 2011년 노스웨스턴 대 브라이언 우지와 벤 존슨 교수는 모든 학문을 망라한 1790만 편의 논문을 조사한 결과, 창의적이라고 인정받는 논문들의 비밀은 기존 개념들을 독창적인 방식으로 결합하거나 새롭게 배열한 데 있었다고 밝혔다.

우지와 벤슨 교수의 연구 결과로 멀티플스 이론을 해석해 보면, 내가 아무리 새로운 것을 생각해 냈다 하더라도 지구상의 그 누군가는 나와 같은 아이디어를 생각해 낼 수 있다는 것이다. 별것 아니라는 말이다. 그렇다면 그 아이디어를 가장 먼저 실현하면 되지 않느냐고 주장할 수도 있다. 물론 가능한 일이다. 하지만 먼저 시작한다고 해서 항상 성공한다는 보장은 없다. 스탠퍼드 대 애덤 그랜트 교수에 의하면 사업의 성공과 실패를 가르는 가장 중요한 요소는 시기 포착이고, 그 비중은 42퍼센트에 달한다고 한다. 그는 그러나 개척자가 유리한 증거는 없다고 단언한다. 개척자의 실패율은 47퍼센트, 기존 시장을 파악하고 뛰어든 후발 주자가 실패할 확률은 불과 8퍼센트다.

당신이 아무리 멋진 것을 생각해 냈다 하더라도 그것이 그렇게 '쿨' 하지 않을 수도 있다는 점을 알아야 한다. 특허의 본질적인 문제에 대해서도 최근 이상한 기류들이 감지되고 있다. 특허가 그리 대단한 것이 아니라는 데 몇몇 학자의 의견이 모아지고 있는 것이다. 특허란 그저 그 분야에 일찍 도착한 사람이 가지는 특권이라는 의미다. 여기에는 그가 생각해 낸 것이 그렇게 대단하지 않을 수 있다는 전제가 깔려 있다. 특허로 인해 산업이 크게 발달했다거나 더 좋은 세상을 만들어 내지는 못했다는 데 의견이 모아지고 있는 것이다. 그래서 브라질과 독일에서는 일부 의약품과 필수적인 항목에 대해서는 특허를 사실상 거부할 수 있도록 제도적 장치들을 마련하고 있다.

또한 아이디어는 한번 잘 만들었다고 해서 완성되는 것이 아니다. 사람들은 웬만한 아이디어는 만들기 시작해서 완성에 이르기까지 아주 짧은 시간이 걸린다고 생각한다. 그러나 결코 그렇지 않다. 유명한 발명가 제임스 다이슨이 있다. 그의 진공청소기나 날개 없는 선풍기는 유명한 발명품 중 하나다. 그런데 그는 발명 도중 문제를 발견하고 그 문제를 해결하지 못하더라도 그냥 만든다. '만들고 부수고 만들고 부수고'가 그의 방법론이다. 될 때까지 한다는 말이다. 사람들이 그에게 수없이 '실패'라고 말했지만 그는 그것이 '시제품'이었다고 말한 일화는 유명하다.

낙하산을 개발하던 오스트리아 출신의 재단사 프란츠 라이켈트는 1911년 가스통 에르비외가 에펠 탑에서 실험용 마네킹으로 낙하산을 테스트한 것을 보고 비웃었다. 아이디어를 완성했으면 사람이 탑승해서 실험을 해야지 왜 마네킹을 태우느냐며 비난했던 것이다. 그로부터 1년 뒤 라이켈트는 자신의 낙하산을 가지고 에펠 탑으로 올라갔다. 그리고 과감하게 뛰어내렸다. 결과는 처참했다. 낙하산은 4초간 아무런 공기 저항 없이 낙하했고, 그는 사망했다.

아이디어는 냉정한 시각으로 바라봐야 한다. 새로운 아이디어는 늘 마음을 급하게 먹도록 만든다. 그리고 당신을 조직으로부터 해방시켜 줄 아주 중요한 도구가 될 것이라고 조종한다. 그러나 섣부른 판단은 금물이다. 나는 당신이 혼자 일하기를 바라지만, 급하게 마음먹지 않기를 바란다.

전통적 비즈니스의 종말

전통적인 비즈니스는 이제 종말이라고 봐야 한다. 비즈니스 종말에는 두 가지 요인이 있다.

첫 번째는 비즈니스의 모든 경계가 무너지기 시작했다는 것이다. 한때 인류가 만들어 낸 가장 훌륭한 발명은 '카테고리', 즉 범주라는 말이 있었다. 모든 것을 나누고 구분지어 놓으면 정확하게 판별할 수 있기 때문이다. 법학, 의학, 물리학, 화학 등 학문의 체계도 그렇게 만들어졌다. 중공업, 조선업, 건설업, 광고업, 제조업 등 산업의 경계도 이런 맥락으로 구분되었다. 하지만 지금은 모든 학문과 산업의 경계가 없어지고 있다. 학문의 경계가 무너지고 있는 것은 '융합' 혹은 '통합'이라는 명목 아래 다각도로 생각할 수 있는 인재가 필요하기 때문이다.

산업의 경우에도 비슷한 논리가 적용된다. 산업에서 경계가 무너지는 것은 생존을 위해 혹은 경쟁자보다 월등한 경쟁력을 얻기 위해서다. 아마존을 이야기해 보자. 아마존의 경영 원칙은 한마디로 '모든 것을 고객 중심으로, 장기적 관점에서 바라보겠다'는 것이다. 그렇다면 아마존은 어떤 회사인가? 온라인 쇼핑몰인가, 서점인가? 전자책, 단말기, 킨들을 만드는 제조 회사인가, 아니면 판매 업체인가? 혹은 물류 유통 기업인가? SI 업체이거나 콘텐츠 제작 및 유통 회사인가? 대답하기 쉽지 않을 것이다. 이 모든 사업을 하고 있으니 말이다. 아마존은 온라인 쇼핑몰과 SI, 콘텐츠 제작과 클라우드 서비스를 넘나들며 사업 영역을 문어발처럼 확장하면서도 중구난방으로 어지러워지지 않고 무모한 시도로 끝내지도 않는다.

애플도 마찬가지다. 1984년 애플이 처음 세상에 등장할 때 내세운 전략은 IBM

과는 다른 컴퓨터였다. 애플은 컴퓨터를 제조하고 판매하는 회사였다. 하지만 애플은 컴퓨터 외에도 아이팟, 아이폰을 성공시키면서 카테고리를 공격적으로 파괴하고 있다. 이제는 아이튠즈와 앱스토어를 통해 엄청난 수익을 만들어 내고 있다. 심지어 지금은 애플 전기 자동차가 몇 년 안에 등장할 것이라고 예측되고 있으며, 애플 자전거가 만들어질 것이라는 전망도 나오고 있다. 애플 역시 하나의 카테고리로 구분할 수 없다. 이와 같은 카테고리 파괴 현상은 구글, 페이스북, 넷플릭스 등에서도 동일하게 나타난다. 쉽게 말해 이 회사들의 정체가 무엇인지 도무지 정의할 수 없는 것이다.

두 번째는 이제 개인들의 권한이 막대해져서 기존의 경영 원칙으로는 상대할 수가 없다는 점이다. 말 그대로 인간은 너무 스마트해졌다. 이제 과거처럼 어설픈 이야기로 사람들을 통제하고 감시하려 했다가는 거센 반대에 부딪혀야 한다. 신입 사원으로 입사하는 사회 초년생도 이미 엄청난 검색 기술을 자랑하는 스마트폰을 가지고 있다. 경영자가 아무리 똑똑하더라도 전 세계 데이터베이스와 싸워 이길 수는 없다.

과거의 리더십은 '나를 따르라'고 말하면 그만이었다. 하지만 최근 리더십은 그 양상을 달리하고 있다. 조직에서는 수평적 커뮤니케이션이 강조되고, 리더는 리더십을 내려놓고 현업에서 같이 뛰어야 한다. 기업은 수백 년 전부터 교회 세력이 사용하던 방법과 용어들로 사람들을 통제하고 도덕적 의미를 부여하며 역사적인 비전을 심어 주었지만, 이제는 모두 옛말이 되어 가고 있다.

프리랜서로 성공하기:
아는 사람들만 아는 정글의 법칙

Chapter 6

> 일은 인생의 큰 부분이다. 일에서 만족을 얻는
> 유일한 방법은 중요하다고 생각하는 일을 하는 것이다.
> 중요한 일을 하는 유일한 방법은 좋아하는 일을 하는 것이다.
> 아직 좋아하는 일을 못 찾았다면 계속 찾아야 한다.
> 멈추면 안 된다. 간절한 마음이 있다면
> 그 일을 찾게 됐을 때 분명히 알게 될 것이다.
> – 스티브 잡스

프리랜서는 소속 없이 자유 계약으로 일하는 사람을 말한다. 한마디로 자유인이다. 그래서 프리랜서의 삶을 동경하는 사람이 많다. 자유롭게 행동할 수 있다는 장점은 그 무엇하고도 바꿀 수 없는 것이다. 우선, 프리랜서들은 출퇴근 스트레스를 겪지 않아도 된다. 또 조직에는 항상 꼴불견인 사람들이 있게 마련인데 그런 사람들을 보며 에너지를 낭비하지 않아도 된다. 당연히 업무 성과에 대한 부담도 없다. 여행을 가고 싶으면 훌쩍 떠날 수 있다. 또 그곳이 마음에 든다면 여건이 허락하는 한 몇 개월 푹 쉬고 돌아와도 된다. 직장에서 스트레스받는 사람들에게 이런 프리랜서의 삶은 동경의 대상일 수 있다. 하지만 그것은 프리랜서들의 속사정을 모르기 때문이다.

프리랜서들에게는 남들에게 이야기하지 못하는 어려움이 있다. 우선, 프리랜서들의 현실은 자유로움보다 '자유'로 인한 불안함이 훨씬 더 크다. 자신의 생계를 그 누구도 신경 써 주지 않기 때문이다. 직장인들은 별로 하는 일이 없어도 때가 되면 월급이 꼬박꼬박 나오지만, 프리랜서들은 일을 하지 않으면 수입이 없다. 수입이 없으면 당연히 생활고에 시달려야 한다. 혼자라면 소비를 줄이며 버틸 수도 있지만, 부양가족이 있는 경우에는 상황이 심각해진다. 프리랜서들은 많이 벌어도 문제다. 프리랜서들에게 일을 주는 사람들은 회사의 담당자들이다. 회사 내에 관련된 전문가가 없거나 있더라도 제대로 처리하지 못할 경우에만 프리랜서를 찾는다. 그러나 그 일을 주는 사람도 사람이다. 주는 돈의 액수가 많아지면 고정된 월급을 받아야 하는 자신의 처지와는 다르게 보일 수밖에 없다. 그래서 프리랜서들은 돈을 잘 벌고 있더라도 수입이 많다고 자랑하고 다닐 수 없다.

돈과 관련해 프리랜서들은 또 다른 어려움이 있다. 소속된 조직이 없고 혼자 일하다 보니 작은 돈이라도 떼이는 경우가 많다. 특히 성우, 디자이너 등 전문직을 갖고 있는 사람들이 이런 일을 많이 겪는다. 돈을 달라고 독촉하면 되지 않겠느냐고 생각하겠지만 이는 정글의 규칙을 모르는 소리다. 세상 그 누구도 돈 달라고 독촉하는 사람을 좋아하지 않는다. 게다가 돈을 달라고 독촉한다는 것은 '내 주머니가 비었다'라고 광고하는 것이나 다름없다. 그래서 전문 성우들을 위해 돈을 대신 받아 주는 회사도 있다. 시쳇말로 '웃픈' 이야기다.

한편 프리랜서는 자기 자신을 팔기가 어렵다. 이는 프리랜서 입장이 되어 보지 않으면 이해하기가 힘들다. 회사를 상대로 강의하는 전문 강사가 있다고 치자. 그는 해외 유학도 다녀오고 나름대로 공부를 많이 한 전문가다. 그러나 기업에게 자신을 알리는 일이 쉽지 않다.

다짜고짜 회사 담당자를 만나 이야기를 할 수도 없다. "제가 강의를 좀 잘하거든요. 좋은 내용으로 싸게 해 드릴게요"라고 말하는 순간 그는 해외 박사급이 아니라 싸구려 취급을 받는다. 그래서 유능한 프리랜서 강사들 중에는 연락이 오기만 기다리는 사람이 많다.

프리랜서는 외로움과도 싸워야 한다. 프리랜서가 되면 하고 싶은 일이 생긴다. 바로 '퇴근 후 한잔'이다. 직장 생활의 몇 가지 즐거움 중 하나는 바로 퇴근 후 맥주 한잔, 그리고 마음 맞는 동료와 삼겹살에 소주 한잔 마시는 것 아닐까. 그러나 프리랜서들에게 퇴근 후 한잔의 즐거움은 요원한 일이다. 스트레스를 받더라도 스트레스가 없더라도 혼자 삼키고 혼자 지내야 한다.

성공적인 커리어를 위한 팁

프리랜서들이 성공적인 커리어를 만들어 가는 데 도움을 줄 몇 가지 팁이 있다. 우선 프리랜서는 당당해야 한다. 프리랜서들은 보통 '실장' 직함이 적힌 명함을 가지고 다닌다. 실장이라고 적힌 명함을 받으면 '다른 직원들 혹은 사장이 있겠구나' 하는 생각이 든다. 굳이 그럴 필요가 없다. 혼자 일하고 있다면 당당하게 혼자 일하는 프리랜서라고 말해야 한다. 그것이 오히려 감추고 거짓말하는 것보다 낫다. 다른 경우도 있다. 성우, 번역가 혹은 전문 배우들은 대부분 명함이 없다. 반면 강사들은 명함에 요란한 문구나 자기 사진을 넣기도 한다. 각자 나름대로의 이유와 상황들이 있겠지만, 명심해야 할 것은 당신과 함께 일하는 사람들은 기업이라는 조직에 속해 있다는 점이다. 튀는 것이 나쁘지는 않지만, 튈 거라면 멋지게 튀어야 한다. 멋지게 튀면 명품처럼 보이지만, 어설프게 튀면 짝퉁처럼 보인다.

또 매일 규칙적으로 움직이라는 것이다. 프리랜서라도 정해진 출근지가 있어야 한다. 아침에 일어나면 규칙적으로 운동하고 출근하는 패턴을 지켜야 한다. 아침에 규칙적으로 일어나기 힘들다면, 나름대로 시간을 정해 지켜야 한다. 규칙적인 패턴에서 자신감이 만들어지고 창의력도 생긴다. 또 이 사회에 소속되어 있다는 소속감도 갖게 된다. 요즘에는 프리랜서들을 위한 공용 오피스가 많다. 그런 곳을 이용한다면 쾌적한 사무실에서 멋지게 일하는 프리랜서가 될 것이다.

그런데 프리랜서가 되면 대부분 반대로 생활한다. 자유인이 되었으니 편하게 집에서 일한다는 생각을 한다. 그러나 일과 개인 생활은 분리되어야 한다. 사람은 같은 장소에서 두 가지 일을 잘 해내지 못한다. 우리는 출근하면서 일하는 모드로 전환하고 퇴근하면서 휴식 모드로 전환한다. 일과 일의 전환에는 시간이 필요한데, 그것을 같은 공간에서 하려면 해결책은 하나뿐이다. 잠을 자는 것이다. 머리를 리셋하는 방법은 오로지 잠, 즉 지구의 자전에 맡기는 것이다.

프리랜서에게 무엇보다 중요한 것은 실력이다. 실력이 없는 프리랜서는 그 누구도 찾지 않는다. 그러나 실력이 있으면 숨어 있어도 찾아오는 사람이 있게 마련이다. 실력은 프리랜서가 지켜야 하는 마지막 보루이자 재산이다.

사장이 달려야
직원은 걷는다

Chapter 7

최고의 인재를 찾는 사람은 많다.
그런데 스스로 최고가 되려고 하는
사람은 많지 않다.
– 글로리아 스타이넘

나이 든 아저씨들의 스마트폰을 살펴보면 재미있는 사실을 알 수 있다. 스마트폰 연락처 앱에 온통 '사장'들 뿐이다. 모든 사람이 그렇지는 않겠지만, 좀 나이가 있다는 어른들의 스마트폰에는 김 사장, 최 사장, 박 사장, 이 사장 등으로 저장되어 있다. 그렇다면 그가 알고 있는 사람은 모두 기업의 사장들일까? 그렇지 않다. 그들 중 기업 사장은 별로 없다. 그냥 호칭만 사장인 경우가 많다.

우리는 '사장'이란 호칭을 자주 사용한다. 내가 사장이 아닐 때도 그 누군가는 나를 '사장님'이라고 부르는 경우가 많다. 예컨대 자동차 대리점에서도, 과거 '복덕방'이라고 부르던 공인 중개사 사무소에서도, 심지어 길거리 구두 닦는 가게에서도 대부분의 고객을 '사장님'이라고 부른다. 사실 '사장님'이라고 불리면 기분이 나쁘지는 않다. 우리도 그 호칭을 남발하고 다닌다. 어디 가서 좀 애매하다 싶으면 그냥 '사장님'이다.

하지만 스타트업을 해 보면 '사장'이라는 호칭이 얼마나 무섭고도 무거운 책임감을 가져야 하는 것인지 깨닫게 된다. '사장'이라는 말은 말 그대로 회사의 대표, 짱이다. 이는 회사의 모든 책임을 대표한다는 표면적인 의미가 있지만, 실제로도 모든 업무를 처리할 수 있어야 하고 해결할 수 있어야 한다는 의미가 담겨 있다. 그렇다면 스타트업의 '사장' 개념과 우리가 흔히 사용하는 '사장'의 개념은 같은 것일까? 나는 여기에는 엄청난 뉘앙스의 차이가 있다고 생각한다.

전통적인 사장의 경우부터 살펴보자. 우리가 흔히 사용하는 사장의 개념은 최근까지 어느 정도 명맥을 이어 오는 후기 산업 사회의 '사장'이다. 예컨대 제조 공장을 거느린 회사가 있다. 여기에는 보통 사무직과 생산직이 존재한다. 그리고 그들을 관리 통제하는 사장이 존재한다. 이런 큰 공장을 거느린 회사에서 사장은 손에 기름을 묻히지 않는다. 자기가 하지 않아도 되기 때문이다. 이런 문화는 프레더릭 테일러가 살던 200년 전부터 이어져 온 관리자들과 사장들의 전통이다. 전 세계가 한창 성장 가도를 달릴 때 이런 회사는 사장이 군이 나서지 않아도 크게 성장했다. 인구 증가 폭이 뚜렷하고 도시가 급속도로 발달할 때는 그 무엇을 만들어도 시장이 형성되었기 때문이다. 기업에서 리더십이 화두가 된 것은 사실 그다음 문제였다. 강한 리더십으로 조직을 이끌고 시장을 개척하며 생산 단가가 더 낮은 지역에서 외국인들과 일하는 환경을 조성해야 했으니 말이다.

나는 '사장'들의 위치를 격하게 공감한 적이 있다. 벌써 몇 년 전 일이지만, 나는 그날 이후 더 이상 골프를 하지 않는다. 어느 늦은 봄날이었다. 15명의 기업 사장들과 경기도 모 골프장에서 골프를 하기로 약속했다. 대부분 누구나 알 만한 기업들의 대표들이었고, 그중 한 사람은 그 골프장의 대표였다. 그런데 그날 나는 골프를 할 수 없었다. 문제는 내게 있었다. 당시 나는 책 출간을 앞두고 마지막 교정지를 검토해야 했는데, 그날 그 시간밖에는 시간이 없었다. 내가 내린 선택은 골프를 하지 않고 내가 해야 할 일을 한다는 것이었다.

골프를 해 본 사람들이라면 골프 약속은 무슨 일이 있어도 깨지 말아야 할 금기에 해당된다는 사실을 알고 있을 것이다. 전날 아무리 과음을 했더라도, 혹은 감기 몸살이 심하더라도 골프는 무조건 진행되어야 한다. 심지어 어떤 사장들은 새벽 4시까지 술을 마시고 대리운전으로 골프장에 갔다는 무용담까지 있다. 그만큼 사장들에게 골프 약속은 깨서는 안 되는 일이다. 물론 예외는 있다. 부모님이 돌아가셨거나 하는 정도의 중대한 일이 있을 경우에는 참석하지 않아도 괜찮다. 그리고 골프를 하는 중에도 천둥이나 번개가 내리칠 때는 도망치듯 사라진다. 골프채가 금속이기 때문에 벌판 한가운데에서 골프채를 들고 있는 게 얼마나 무서운 일인지 알기 때문이다.

골프에 대한 사람들의 정서가 그렇지만 그날 나는 골프를 할 수가 없었다. 그 몇 시간이 그토록 중요했기 때문이다. 만약을 대비해 골프를 위한 모든 준비를 하고 출발했지만, 사장님들에게 양해를 구하고 클럽하우스에서 원고를 검토하고 있겠다고 했다. 어른들도 상황을 듣고 허락을 했다. 대신 돌아와서 저녁을 같이 먹자는 것이었다. 이제 내게는 최소 5시간 정도가 확보된 것이다.

클럽하우스 로비에서 1시간 정도 일을 하고 있을 때였다. 오전에 골프를 시작했던 사람들이 속속 들어오기 시작했다. 나는 원고를 들여다보다 문득 그들이 지나가면서 하는 이야기를 듣고 그들의 인상착의를 살펴봤다. 내가 살아가는 모습과 그들이 살아가는 모습은 너무나 달랐다. 나는 치열하게 살아야 하는 스타트업이지만 그들은 대부분 직접 일하지 않아도 회사가 잘 돌아가는 '사장'들이었다. 그들 중 누군가는 건물 몇 채 정도 있을 것이고, 그들 중 누군가는 수백 명의 직원을 거느린 회사를 운영할 것이다. 돈이 많고 적음은 비교할 문제가 아니었다. 그저 서로 하는 일과 패턴이 다른 것이다. 그들은 일을 하지 않아도 회사가 돌아가지만, 나와 같은 스타트업은 일을 하지 않으면 회사가 돌아가지 않는다.

스타트업의 사장은 무엇이 다른가

스타트업의 '사장' 개념은 앞에서 말한 사장님들과는 많이 다르다. 스타트업의 사장들은 혼자 모든 것을 할 수 있어야 한다. 여기에는 예외가 없다. 프로그램을 개발하는 회사라면 대표가 직접 코드를 작성할 수 있는 개발자여야 하고, 새로운 마케팅 전략으로 시장을 돌파해야 하는 기업이라면 대표가 직접 마케팅을 할 수 있는 천재적인 감각을 지니고 있어야 한다. 이는 카페나 식당도 마찬가지다. 카페 오너는 직접 커피를 볶고 바리스타 역할을 할 수 있어야 하고, 식당도 오너가 직접 셰프 역할을 할 수 있어야 한다.

스타트업들이 이런 트렌드를 갖게 된 것은 적어도 두 가지 이유 때문이다. 우선 젊은 사람들의 인식이 바뀌었다. 요즘 사람들은 더 이상 '나를 따르라'고 외친다고 해서 따라오지 않는다. 말 그대로 솔선수 범해야 하고 같이 호흡하면서 일해야 한다. 현실적으로 말하면 요즘 젊은 세대는 일만 시키고 놀러 다니는 사장 꼴은 보지 않으려고 한다. 상황이 이렇다 보니 스타트업 대표들은 스스로 일을 해야 한다. 일을 시키기보다는 분담해서 함께 해야 한다. 최근 경영학에서는 이것을 '수평적 조직 문화'라고 일컫는다. 직원들에게는 좋을지 모르겠지만, 사장들에게는 쉽지 않은 일이다.

또 다른 이유는 시장 자체도 분위기가 바뀌었다는 것이다. 회사 담 당자들은 이제 전문성 없는 사람들과는 이야기하려고 하지 않는다. 나도 이 부분을 절감하고 있다. 우리 회사, 아니 나 혼자 일하고 있으 니, 내 회사는 기업들을 위한 동영상 콘텐츠를 만든다. 기업용 콘텐츠 는 만드는 것도 중요하지만, 판매하는 것도 그에 못지않게 중요하다. 판매가 그만큼 어렵기 때문이다. 나는 혼자 일하기에 아주 유명한 기 업 교육 전문 회사들과 계약을 맺었다. 하지만 결과는 참담했다. 우리 나라에서 매년 수백억 원씩 매출을 올리는 회사들이 내가 만드는 콘 텐츠를 판매하지 못하는 것이다. 나는 그게 참 이상했다. 도대체 왜 판매를 못하는 것일까? 계약한 회사의 영업력이 떨어지기 때문일까 싶어서 다른 회사로 바꿔 보기도 했다. 결과는 동일했다. 그 이유를 최근 모 대기업 그룹사와 계약을 하면서 알게 됐다. 그들은 소위 말해 비전문가들과 논의하는 것을 좋아하지 않는다는 것이다. 아직 전체 가 그렇다고 말할 수는 없다. 그러나 대부분의 기업 담당자들이 전문 가가 아닌 영업 사원들과 이야기하려 들지 않는 문화가 생겨난 것은 분명해 보인다. 그것이 무엇이든 전문가와 이야기를 나누려고 한다.

따라서 지금 스타트업을 만드는 사람들은 이런 시장 트렌드를 반영하지 않을 수 없다. 자신이 직접 전문가의 명찰을 달고 영업을 다니면서 마케팅을 해야 한다. 스타트업 대표라면 이 모든 것을 해야 한다.

물론 스마트한 인재를 채용해 일을 하면 되지 않느냐고 생각할 수도 있다. 직원을 채용하면 되는데 굳이 왜 사서 고생을 하느냐고 생각할지 모른다. 물론 말은 쉽다. 나도 한때 인재를 채용하면 내가 일을 하지 않아도 된다고 생각했다. 단언컨대 이 생각은 내 인생 최대 실수 두 가지 중 하나였다.

틸리도 대에서 면접과 관련한 아주 흥미로운 논문을 발표한 적이 있다. 면접관이 피면접자를 만난 뒤 10초 동안의 촬영 영상을 다른 사람들에게 보여 주고 면접관이 그를 채용했는지의 여부를 예측하게 한 것이다. 결과는 예상대로였다. 10초짜리 영상을 본 사람들은 피면접자의 채용 여부를 대부분 맞혔다. 다시 말하면, 대부분의 면접관들은 상대방을 채용할지 안 할지를 10초 만에 결정한다는 것이다. 이는 곧 자신과 비슷한 사람을 채용한다는 뜻이다. 한마디로 우리가 알고 있는 대부분의 기업 채용 과정이 그다지 전문적이지 않다는 현실을 보여 주는 것이다. 내가 직원들을 채용할 때도 이와 같은 오류를 저질렀을 것이다.

결론적으로 스타트업 사장들은 직원을 고용하든 안 하든 회사 업무를 모두 꿰고 있어야 한다는 것이다. 그것도 전문가 수준으로 말이다.

내가 춘천 마라톤을 완주하며 배운 것

Chapter 8

천천히 간다고 걱정할 필요는 없다.
정말 걱정해야 할 것은 멈춰 있는 것이다.
- 미상

나는 30대 중반에 마라톤에 도전했다. 5킬로미터, 10킬로미터 등 단축 마라톤을 뛰어 보지도 않고 곧바로 42.195킬로미터에 도전했다. 조선일보 춘천 마라톤이었다. 결과는 비록 5시간 넘게 걸렸지만 완주였다. 초반 30킬로미터까지는 2시간 30분이 걸렸는데, 후반 체력 조절에서 실패했다. 그리고 이듬해 다시 도전했다. 체력 분배를 하려고 했지만, 초반에 너무 느리게 달린 탓인지 후반에 또 지치고 말았다. 그래도 다시 완주를 했다. 그 뒤로는 마라톤을 하지 않고 철인3종 경기를 위해 수영을 열심히 했다. 지금도 수영을 하면 쉬지 않고 3킬로미터 정도는 갈 수 있다.

나는 마라톤을 완주했다는 것을 큰 자랑으로 여긴다. 어릴 적 심장병을 앓았기 때문이다. 꽤 오랜 시간 약을 먹어야 했는데, 그 병력 때문에 고등학교 때까지는 1000미터 달리기를 해 본 적이 없다. 그런데 나는 이게 특혜를 받는 것이 아니라 큰 차별 대우를 받는다고 생각했다. 그래서 대학교 때부터 운동을 시작했다. 꾸준히 노력한 결과 마라톤을 완주한 것이니, 이 정도면 자랑삼아 이야기해도 되지 않겠는가.

마라톤은 출발부터 돌아오는 순간까지 자신의 두 발만을 의지해야 한다. 그리고 혼자 마라톤에 참가했다면 출발과 동시에 돌아오는 순간까지 말 한마디 나눌 수 없다. 중거리 달리기를 해 본 사람들이라면 일정 거리를 달리고 나면 이른바 '러너스 하이'라는 것이 존재한다는 사실을 알 것이다. 러너스 하이는 어느 정도 달리면 달려도 힘들지 않는 순간이 오는 것을 의미한다. 몸에서 분비되는 엔도르핀 덕분이라고 한다.

나는 25킬로미터 구간까지는 전혀 힘들지 않게 뛰었다. 문제는 그 다음이었다. 춘천 마라톤에는 27킬로미터에서 30킬로미터까지 회차 버스가 있다. 대회 주최 측이 운영하는 이 버스를 타면 출발했던 경기장으로 돌아갈 수 있다. 마라톤에 처음 참가한 초보자들은 이 버스를 상당히 많이 이용한다. 달릴 수 있는 데까지 달리다 더 이상은 무리라고 판단되면 버스 타고 돌아와 같이 참가한 사람들과 춘천 닭갈비 파티를 즐기는 것이다. 나 역시 처음 참가했을 때는 버스를 탈까 말까 고민했다. 하지만 끝까지 뛰기로 마음먹었다. 어떤 일이 찾아올지 모르고 말이다.

마라톤의 진정한 고통은 30킬로미터부터 시작된다. 회차 버스도 끊기고 해가 저물기 시작한다. 그리고 배가 고프고 춥다. 요즘 춘천 마라톤은 오전 10시부터 출발하는 것으로 알고 있는데, 내가 참석했을 때는 11시 출발이었다. 선수들이 출발한 뒤 일반인이 출발할 때까지는 1시간이 걸린다. 그러니까 일반인은 대부분 12시에 출발하는데 5시가 되면 교통 통제는 해제되고 만다. 되도록 그 안에 경기장으로 돌아와야 하는 것이다. 그러나 더 큰 문제는 기온이다. 10월의 마지막 주말 춘천은 오후 5시가 되면 기온이 빠르게 내려간다. 민소매 상의와 반바지는 땀을 흘린 뒤 찾아오는 한기를 견디기에 역부족이다. 따라서 상황은 그야말로 처절해진다. 게다가 체력은 더 큰 문제다. 내 두 발이 아니면 출발한 경기장으로 돌아갈 방법이 없는 것이다. 걷든 뛰든 가야 한다. 그 누구도 도와줄 수 없는 상황이다. 마라톤을 하다 보면 '인생은 마라톤'이라는 말이 절로 나온다.

정글에서 혼자 일을 시작하는 것은 마라톤을 시작하는 것과 같다. 그 누구도 당신을 도와줄 수가 없다. 스스로 모든 것을 해야 한다. 조직에서는 조직 틈 속으로 숨을 수 있지만, 세상에 혼자 남게 되면 숨을 곳이 없다. 비가 내리면 비를 맞아야 하고, 눈이 내리면 눈을 맞아야 한다.

혼자 일하는 사람들에게 가장 어려운 것

혼자 일하면서 가장 어려운 점은 상황 판단이다. 주변 상황들을 빠르게 판단해야 한다. 어떤 것이 기회이고 어떤 것이 위험인지를 판단해야 한다. 그리고 그 가운데에서 새로운 길을 찾아내야 한다. 자기가 무언가를 잘한다고 하더라도 이미 시장 상황은 그 기술과 능력을 필요로 하지 않을 수 있다. 이미 시장에서 퇴화되고 쓸모없는 기술이라고 여기는 것이라면, 과감하게 포기하고 새로운 것을 찾아야 한다. 그런데 자신을 객관적으로 판단한다는 것이 결코 쉬운 일이 아니다. 역량을 과신했다가 역사 속으로 사라진 역대급 기업이 수없이 많다. 하물며 개인은 오죽하겠는가. 개인은 기업보다 훨씬 더 주관적이고 편향적인 의사 결정을 한다. 인간은 애매하고 위험한 상황에 직면하면 종종 행동주의 경향을 보인다. 축구 경기에서 페널티킥 상황을 생각해 보자. 키커가 공을 차면 골키퍼는 자동적으로 한쪽 방향으로 움직인다. 왼쪽이나 오른쪽, 둘 중하나다. 골키퍼의 95퍼센트는 좌우 어느 한쪽으로 몸을 날린다. 하지만 페널티킥 중 28퍼센트는 한가운데 서 있는 것이 합리적인 판단이라고 한다. 그냥 가운데 서 있으면 30퍼센트 정도는 선방할 수 있다는 말이다. 골키퍼들이 이를 모를 리 없다. 하지만 그들은 움직여야 한다. 어느 한쪽으로라도 움직여야 여론의 뭇매를 피할 수 있기 때문이다.

혼자 일할 때 두 번째 어려운 점은 의사 결정이다. 나는 사업을 시작한 지 10년이 훌쩍 넘었고 혼자 일한 지도 몇 년이 지났지만 의사결정은 아직도 어렵다. 물론 몇 번 크게 실패해 본 경험이 있기 때문에 더 조심스러운 점도 분명히 있다.

예컨대 사업 제휴를 해야 할 경우 어떤 회사와 해야 하는지, 언제해야 하는지를 결정해야 한다. 상품이나 서비스를 만들면 기업 대상으로 판매해야 하는지 혹은 개인 대상으로 판매해야 하는지 선택하기도 어렵다. 같은 상품이나 서비스라도 기업에게 판매할 때와 개인고객에게 판매할 때는 전략 자체도 다르지만 비용과 수익도 완전히달라진다. 특히 개인 고객에게 판매할 때는 일정 부분 서비스를 어떻게 무료로 제공할지도 고민해야 한다. 그리고 투자를 받아야 하는지 말아야 하는지도 결정해야 한다. 이렇게 나열하면 그야말로 끝이 없다. '아무 결정도 하지 않는 것이 결정이다'라고 말하는 사람들도 있지만 실제 상황에서 그런 순간은 그리 길지 않다. 언젠가는 결정의 순간이 다시 찾아오기 때문이다. 결국 결정을 해야 하는데, 그 어떤 결정이라도 리스크는 존재하게 마련이다. 그리고 그 리스크는 감당해야 한다.

의사 결정을 누군가 해 준다는 것은 상상할 수 없는 일이다. 그들은 의사 결정에 책임을 지지 않는다. 조언을 하더라도 그것은 조언일 뿐이다. 따라서 늘 객관적으로 판단하고 생각할 수 있는 힘을 키워야 한다. 그 끝은 없다. 일을 마치는 순간까지 계속되지 않을까 싶다.

마지막은 외로움이다. 혼자 일하면 혼자 즐길 수 있는 방법을 찾아야 한다. 무엇보다 혼자 있는 것을 즐겨야 한다. 주변에 늘 사람들이 있는 환경을 만드는 것도 도움이 된다.

기술 발전에 더 민감해져야 하는 이유

세상은 지금 우리로 하여금 혼자 일하게 만드는 플랫폼을 건설 중이다. 이렇게 말하면 새로운 퍼블릭 클라우드를 기반으로 한 새로운 플랫폼이라고 생각할 수도 있겠지만, 그것은 아니다. 내가 말하는 플랫폼은 우리가 살아 숨 쉬고 있는 온 세상을 말한다. 당신이 일하고 있는 사무 환경이기도 하고, 사람들과 연결된 소셜 네트워크이기도 하다. 또 당신이 속해 있는 기업의 문화 그리고 사회 전반에 깔려 있는 인식의 토대이기도 하다.

다른 식으로 표현한다면, 세상이 우리를 혼자 일하게 만드는 데에는 구조적인 측면이 있다는 말이다. 사람들이 혼자 일하는 데는 여러 이유가 있다. 혼자 창업하고 싶어서 또는 조직에서 왕따라서 혹은 진짜 혼자 일해야 하는 프리랜서라서 등등 이유는 가지각색이다. 그러나 그렇게 된 데는 구조적인 원인과 환경들이 복합적으로 작용했다.

구조적인 측면에서 가장 중요하게 다루고 인식해야 하는 것이 바로 기술 발달의 문제다. 나는 엔지니어나 프로그래머가 아니다. 사회 과학과 인문학 분야를 공부했을 뿐이다. 내가 알고 있는 기술의 진보도 대부분 거장들의 어깨너머로 배운 것이다. 그럼에도 불구하고 나는 기술 문제에 매우 민감하다. 기술이 우리 사회 구조를 엄청나게 바꿀 것이라고 믿기 때문이다.

예컨대 10년 안에 자율 주행 시스템과 전기 자동차는 하나의 자동차에 구현될 가능성이 높다. 어떤 자동차 회사가 먼저 상용화에 성공할지, 그에 따라 자동차 업계가 어떻게 재편될지는 그 분야에 있는 사람들의 관심거리일 것이다. 나는 자동차를 좋아하지만 어느 회사가 우위를 점할지에 대해서는 크게 관심이 없다. 대신 어떤 국가 혹은 어느 도시에서 이 시스템이 먼저 가동될지에 대해서는 관심이 많다. 왜냐하면 자율 주행 시스템과 전기 자동차가 결합하면, 예컨대 택시 산업은 양분될 것이다. 자본력이 있는 회사는 자율 주행 시스템으로 바꾼 첨단 운영 시스템을 갖게 되겠지만, 가난한 회사들은 여전히 인간이 운전해야 하는 고전적인 운영 방식을 따를 것이다. 택시 산업을 예로 들었지만, 자동차로 움직이는 모든 운송 산업이 이에 해당될 가능성이 높다.

정작 문제는 그다음 단계다. 그리고 나는 거기에 더 관심이 많다. 바로 도시 운영 시스템이다. 자율 주행 자동차가 움직이기 시작하면 도시의 운영 방식은 지금과는 달라져야 한다. 건물을 지을 때도 그 많은 주차장이 필요 없다. 새로 짓는 건물은 주차장의 연면적을 다시 고려해야 한다. 도시의 교통량도 줄어들 것이다. 당연히 신호 체계도 바뀌어야 한다. 그렇다면 이 모든 것은 누가 예측하고 설계해야 하는 것일까? 그리고 도시 운영 시스템이 바뀌면 얼마나 많은 신흥 세력이 생겨나고, 얼마나 많은 사람이 직장을 잃게 될까? 분명한 점은 기술을 개발하는 일은 엔지니어와 프로그래머들의 몫이겠지만, 그로 인해 파생되는 문제를 해결하는 일은 우리의 몫이라는 것이다. 게다가 한국은 이런 시스템을 도입하는 선두 그룹에 속할 것이기에 이는 더욱 중요한 문제다.

만약 내가
사업을 다시 한다면
이들처럼

Chapter 9

오늘 남들이 하지 않는 일을 하면
내일 남들이 할 수 없는 것을 할 수 있다.
 - 제리 라이스

글로벌 디자인 그룹 펜타그램이라는 회사가 있다. 회사는 회사인데, 우리가 알고 있는 회사와는 많이 다르다. 혼자 일하는 사람들이 만든 회사라고 할 수 있다. 1970년대에 세계적인 그래픽 디자이너, 산업 디자이너, 건축가 등 3명이 각자의 자율과 독립을 포기하고 그룹을 만든 것이다.

펜타그램이 만들어진 요인은 크게 세 가지였다. 첫째, 당시 글로벌 제조사들이 생겨나기 시작하면서 디자이너들이 그들을 상대로 일을 해야 했는데, 개인이다 보니 동등한 입장에서 일하기가 어려웠다. 둘째, 고객의 문제에 빠르게 대응하는 협력체가 필요했다. 단순히 상명하달로 움직이는 조직이 아니라 전문가들이 모인 집합체가 필요했던 것이다. 셋째, 원래 뛰어난 사람들이 모이면 조직이 통제되지 않는다. 따라서 앞의 두 가지를 만족하는 조직이 만들어지려면 전혀 다른 차원의 조직이 필요했다.

펜타그램은 그 전에는 찾아볼 수 없던 조직의 형태를 갖추었다. 전원 합의체로 운영되며, 펜타그램 파트너로 등록된 디자이너는 자신의 실적과 관계없이 동일한 수준의 급여와 인센티브를 받는다. 또 모든 사업을 공유하고 평등과 관대함을 가지고 일을 처리한다. 펜타그램의 파트너로 인정받기가 매우 어려워 지난 40년간 160명만이 함께하고 있다.

펜타그램과는 전혀 다른 차원의 조직이 있다. 바로 테러 조직이다. 테러 조직은 매우 강력한 생명력을 갖고 있다. 그동안 인간은 테러 조직을 제거하기 위해 엄청난 노력을 쏟아부어 왔다.

최근 유럽에서도 테러 조직 IS로부터 심각한 테러를 받고 IS 격퇴를 위한 연합군을 결성하는 등 애를 쓰고 있지만 이들은 아직도 잘 지내고 있는 듯하다.

도대체 테러 조직은 어떻게 생존하고 있는 것일까? 네트워크 프랜차이즈 모형에서 답을 찾을 수 있다. 이 모형 덕분에 IS를 비롯한 여러 테러 조직이 확고한 형태를 갖춘 하나의 조직이라기보다는 세계적인 조직 원리 겸 오픈 소스 브랜드로 자리매김하고 있는 것이다.

테러 조직의 생존이 가능한 두 번째 요인은 그들의 성공 자체가 소박하다는 것이다. 테러 조직의 목표는 전통적인 군사적 의미로 승리하는 것이 아니다. 예컨대 IS는 미국이나 서구 선진국들을 상대로 전면전을 할 수 없다. 군대의 규모와 자금 그리고 장비 등 모든 면에서 열세이기 때문이다. 그래서 그들은 적을 당황하고 기진맥진하게 만드는 데 목표를 둔다. 이렇게 만들어진 전략을 '스워밍'이라고 한다.

규모가 작고 고도로 분산돼 있는 다수의 공격팀을 활용해 비군사 목표물을 동시다발적으로 공격하는 것이다. 이런 공격 방식은 규모가 큰 단일 공격을 막기 위해 고안된 방어 전술을 무력화한다. 다시 말해 지금 우리가 알고 있는 군대 조직은 대부분 규모가 큰 군대의 공격에 대비하기 위해 만들어진 것이다. 대테러 조직에 대한 공격을 염두에 두고 만든 군대가 아니라는 말이다.

최근 테러 조직에 맞서기 위해 미국의 군대가 네트워크화 전략으로 바뀌고 있다. 미국의 군대 조직 구조가 바뀌면 기업들도 새로운 전략으로 조직을 편성한다. 조직 전문가들은 대략 10년 안에 이런 조직 문화가 확산될 것으로 보고 있다.

펜타그램과 테러 조직에는 몇 가지 공통점이 있다. 우선, 서로 가치를 공유하며 도전적 야망을 품고 있다는 점이다. 물론 펜타그램의 야망과 테러 조직의 야망은 다르지만, 아무튼 그들의 야망인 것은 맞다. 두 번째는 야망이 협업으로만 달성 가능하다는 것이다. 발전을 위해 꾸준히 학습하고, '나'보다는 '우리'를 우선시하며, 집단 정체성을 유지할 책임을 갖고 있다는 것도 공통점이다. 한마디로 그들은 성공할 수 있는 규범적 문화를 갖고 있다는 것이다.

보통 우수한 인재들이 모여야 일을 잘 수행할 거라고 생각한다. 또 팀을 만들 때는 강력한 리더십을 발휘할 수 있는 훌륭한 리더가 있어야 한다는 전문가 의견도 적지 않다. 이를 경영학에서 '단속 평형 모델'이라 하는데, 한마디로 '나를 따르라'고 외치는 리더가 있어야 한다는 것이다. 이런 모델에서는 팀원들의 개인적 성향은 그리 중요하지 않다고 여긴다.

혼자 일하는 정글에서도 울타리와 동료를 가질 수 있다

그런데 구글이 여기에 도전장을 내밀었다. 도대체 팀은 어떻게 구성되어야 하는지, 누가 리더를 맡아야 하는지를 조사한 것이다. 앞에서 설명한 인간분석팀의 아리스토텔레스 프로젝트다. 그런데 의외의 결과가 나왔다. 팀의 성과는 우수한 인재 혹은 유능한 리더와는 상관이 없다는 것이다. 팀의 성과를 만드는 것은 바로 규범, 문화였다. 얼마나 자유를 허용하는지, 회의 시간에 모두에게 동등한 발언 기회를 주는지, 팀장의 의견에 반박할 수 있는지 등이 그 팀의 성과를 좌우한다는 것이다.

그렇다. B급 인재가 A급 전략을 만드는 것은 바로 어디에서 승부를 겨룰 것인지에 대한 선택의 문제로 귀결된다. B급 인재가 A급 인재와 나란히 시험장에 앉아 문제를 풀어 능력을 판별해야 하는 것이라면 매우 불리할 수 있다. 특히 어려운 문제가 나오면 B급 인재들은 A급 인재들에게 뒤질 수밖에 없다. 그러나 사회에 나오는 순간 시험장에서 그들과 실력을 겨뤄야 할 일은 없다. 우리는 더 이상 시험 점수로 판단되는 존재가 아니기 때문이다.

정글에서는 진짜 실력으로 붙어야 하는 진검승부가 벌어질 수 있다. 만약 당신이 B급 인재라 하더라도 자유로운 문화가 존재하는 정글에서 당신을 지지하는 세력과 연합한다면 어떨까? 자유롭게 상상하고 당신이 잘할 수 있는 방법과 당신이 좋아하는 인재들과 연합하는 것이다. 그렇게 할 수 있다면, 당신의 상대가 어떤 존재든 두렵지 않을 것이다.

B급 인재는 지금까지 비즈니스계에서 통용되던 게임의 규칙을 바

꿔야 한다. 펜타그램은 작은 개인들이 모여 거대한 군집을 이루고 글로벌 기업들을 상대로 일을 하고 있다. IS와 같은 테러 조직은 잘 알려진 스워밍 전략을 활용해 전 세계에서 전투를 하고 있다. 당신은 무엇을 하려고 하는가?

그래도 아직까지 '혼자'라는 것에 큰 부담을 가지고 있을 것이다. 최근 미국에서 시작한 오픈 스페이스 제공 업체인 위워크가 국내 사무실 오픈을 코앞에 두고 있다. 아마도 이 책이 출간될 즈음에는 강남을 선두로 사무실 대여를 시작할 것이다. 위워크는 특히 협업할 수 있는 공간들을 제공하는데, 특별한 것은 '커뮤니티 매니저'가 존재한다는 점이다. 이들의 임무는 사무 공간을 관리하는 것이 아니다. 위워크 공간에 들어오는 사람들이 참여할 수 있는 온라인 공간을 만들고, 이 공간에서 협력하는 방법들을 서로 제안할 수 있도록 하는 것이다.

위워크에 커뮤니티 매니저가 존재한다는 것은 매우 큰 상징적인 의미를 가진다. 그들 나름대로 새로운 규범과 문화를 갖는 조직을 만들어 낸다는 의미다. 지금까지 개인은 조직을 나오면 홀로 정글에서 생존하기가 힘들었다. 협력하고 상생할 수 있는 울타리와 동료가 없었기 때문이다. 하지만 이제는 세상이 변하고 있다. 세상 밖에서 또 다른 사람들이 모여 새로운 세상을 만들고 있는 것이다.

오늘도 가슴속에
사표를 품고 사는
사람들에게 :

무엇을

Part 4

어떻게 준비할

것인가

많은 사람이 견디기 힘든 직장을
떠나지 못하는 이유는
무엇을 해야 할지 모르기 때문이다.
그들이 아는 것이라고는 지금처럼 사는 게
정답은 아니라는 것이다.
당신 이야기처럼 들리는가?

—잭 웰치, 《잭 웰치의 마지막 강의》

나는 돈이 없다고 생각하는 사람들에게 :

돈은 세 번째로
중요한 것이다

Chapter 1

자기 삶의 노예가 되어 자기 생활과 시간도
통제하지 못하는 사람이 어떻게 돈의 주인이 된단 말인가.
─ 손정의

현대 사회에서는 돈이 많고 적음으로 신용 평가를 받고 그 결과에
따라 모든 것이 결정된다. 가진 자와 가지지 못한 자로 나뉘는 것이
다. 따라서 돈이 없다는 것은 누구나 상상하기 싫은 일이다.

사업을 준비하는 사람 혹은 혼자 일하려고 하는 사람들 대부분 돈
이 많아야 제대로 할 수 있다고 생각한다. 사실 사무실을 구하고 직원
을 채용하며 자동차와 명함을 만드는 등 사업을 하려면 당연히 돈이
필요하다. 따라서 '사업'이라는 말을 떠올리면 곧 '돈'이 떠오르게
마련이다. 돈이 있어야 사업을 할 수 있고 돈이 없으면 사업을 할 수
없다는 것이 불변의 공식인 셈이다.

나는 이 공식에 이의를 제기하고자 한다. '돈이 없어도 사업을 할
수 있다' 혹은 '돈이 없어도 혼자 일할 수 있다'라고 주장하면 당신
은 나에게 '무슨 미친 소리를 하는 거냐'라고 할 것이다. 특히 매월

급여를 받아 생활하고 있다면 그 누구도 급여를 주지 않는 상황에서 혼자 일하라는 말은 자칫 먼 나라 이야기로 들릴 것이다.

내 주변에는 창업을 꿈꾼다고 말하는 사람이 많다. 그들은 기회만 주어진다면 언제든지 창업을 하겠다며 너스레를 떤다. 하지만 그들은 늘 '돈'에서 걸린다. 아이디어도 있고 시장 상황도 충분하고 같이 일할 만한 회사들도 있지만 의사 결정의 종착역은 결국 돈이다. 자신에게 매월 필요한 자금이 얼마이기 때문에 이 정도 자금을 벌어들일 수 있는 상황이 된다면 바로 회사를 나와 일하겠다고 말하는 사람들도 있다. 그들의 말은 논리적으로 타당하고 당연히 그래야 한다고 생각하기 쉽다. 한마디로 그들은 매월 고정 급여 이상을 받을 수 있는 일을 찾고 있는데, 세상 어디에도 그런 일은 존재하지 않는다. 그리고 그런 일이 만약 존재한다면 세상 그 누가 그 일을 마다하겠는가.

물론 자금 여유가 있고 그만큼 풍족하게 누릴 수 있다면 더할 나위 없다. 하지만 사람들 대부분 돈이 부족하다. 나도 마찬가지다. 그렇다면 우리 같은 사람들은 평생 원하지 않는 회사 생활만 하면서 살아야 하는가? 그렇지 않다. 나 역시 금수저를 물고 태어나지 않았다. 사업을 하기 전에는 남들처럼 직장 생활을 했다. 그것도 첫 직장에서는 정부 지원 인턴이라고 해서 한 달에 60만 원을 받았다. 그러던 내가 사업을 하고 처절하게 실패도 해 보고 지금은 다시 일어나고 있다. 아무것도 없던 나에게 다시 해가 뜨고 있는 것이다. 그러니까 적어도 돈 문제에 대해서라면 내 이야기가 정답은 아닐지라도 적어도 해답은 될 것이라고 생각한다.

사실 돈에 대해서는 여러 생각이 교차하지만 솔직한 몇 가지를 이야기해야 할 것 같다.

첫째, 혼자 일하는 데 돈이 많을 필요는 없다. 많은 사람이 돈이 많아야 한다고 오해를 하는데, 내 경험으로 본다면 돈은 그렇게 중요한 요소가 아니다.

이 결론에 도달하려면 우선 버려야 할 고정 관념이 있다. 사업은 좋은 사무실을 구하고 사업자 등록증을 만든 다음 직원을 채용해 규모 있게 해야 한다는 고정 관념이다. 사업을 하겠다는 사람들 대부분 이런 상황을 상상할 것이다. 상상해 보면 폼 나는 일이지만, 현실은 다르다. 일단 사무실을 구하고 직원을 채용하면 고정 비용이 엄청나게 늘어난다. 특별한 일도 없이 한 달에 수천만 원의 자금이 필요한 상황이 되는 것이다. 웬만한 스타트업들이 이런 적자 상황을 오래 버텨 내기는 쉽지 않다. 그렇게 시작해도 잘 유지되는 사업도 분명 있겠지만, 실제 그런 일은 거의 존재하지 않는다고 생각하는 편이 낫다.

대개 돈이 없는 경우에는 투자를 받아 자금 문제를 해결하려고 한다. 사무실과 직원, 자동차를 갖추기 위해 투자가 필요하다고 생각하는 것이다. 그런데 투자 받을 때는 좋지만, 한 가지를 알아야 한다. 세상에 공짜는 없다는 사실이다. 사업이 잘되면 정말 좋은 일이고 감사할 일이다. 그러나 그렇게 성공할 가능성이 얼마나 될까? 단언컨대 아주 극소수만이 성공을 한다. 흔히 사람들은 대기업에서 하는 일들은 대부분 성공한다고 생각하지만, 그 내부를 들여다보면 엄청나게 많은 프로젝트가 시도되고 실패를 거듭한다. 조직과 네트워크가 적은 개인은 두말할 나위도 없다. 누구나 실패할 수 있고 나라고 예외가 아니라는 생각을 가져야 한다.

따라서 생각의 출발부터 잘못된 것이라는 생각을 해야 한다. 문제를 해결하기 위해 투자를 받는 대신 문제 자체를 만들지 않으면 된다. 그냥 혼자 일하는 것이다. 생각을 바꾸면 된다. 다시 말하지만 조직이 아니라 혼자 일한다는 생각을 하면 된다. 그러면 투자를 받아야겠다는 생각이 사라질 것이다.

나는 아직도 이 부분에 대한 과거 나의 의사 결정에 매우 큰 아쉬움이 남는다. 내 지식이 짧았던 탓이다. 사업 초기에 나는 직접 발로 뛰고 움직이는 역할을 했다. 직원을 두기도 했지만 나 스스로 한 일이 정말 많았다. 그런데 시간이 지나면서 나는 '사장'이 되기를 원했고, 이때부터 내가 가진 자금을 모두 쏟아 넣기 시작했다. 내가 가진 모든 것을 투자하고 은행 융자를 받기도 했다. 조직을 키워야 성공할 수 있다고 생각한 것이다. 돌이켜 보니 이는 중요한 패인이었다. 무엇인가 문제가 풀리지 않는다고 생각될 때 모든 것을 내려놓아야 했다. 혼자 할 수 있는 일은 혼자 하는 것이 맞다. 혼자 한다고 결정하면 크게 투자할 일도 주변 사람들을 괴롭힐 일도 없다.

돈이 그렇게 많이 **필요하지 않은 이유**

이런 이야기를 할 수 있는 것은 사업 환경이 변했기 때문이다. 예전과는 전혀 다르다. 내가 하고 있는 콘텐츠 사업에 대한 이야기를 해 보자. 내가 콘텐츠를 만들기 시작하고 기업용 서비스를 준비한 것은 2008년이었다. 당시에는 벤처 기업이 콘텐츠를 만들겠다고 하는 것 자체가 아이러니였다. 콘텐츠를 만들어야 하는 직원과 자금이 필요하고, 서비스를 할 수 있는 플 랫폼이 필요했기 때문이다. 그때는 국내에 아이폰이 들어오기 전이 고 스마트폰에 대한 플랫폼이 전무했다. 2009년부터는 스마트폰 앱 개발자들의 연봉이 천정부지로 뛰었다. 콘텐츠를 만든다고 해도 서 비스 플랫폼을 쉽게 구축할 수 없는 상황이었다. 하지만 지금은 완전 히 다르다. 플랫폼은 넘쳐 난다. 대형 포털 사이트부터 중소기업이 개 발한 것까지 수십 개의 플랫폼을 찾을 수 있다. 그런데 그들이 가지고 있지 못한 것이 바로 콘텐츠다. 알다시피 플랫폼과 콘텐츠는 한쪽이 라도 없으면 서비스를 할 수 없다. 따라서 예전처럼 플랫폼을 만든다 고 수천 혹은 수억 원을 투자할 필요가 없는 것이다. 콘텐츠 비즈니스 를 하고 싶다면 그저 콘텐츠만 만들면 된다.

둘째, 돈에 대해서는 오랜 시간이 지난 뒤에야 깨달았는데, 돈을 보 고 사업을 하지 말라는 이야기는 사실이었다. 나는 이렇게 말하는 사 람은 그저 겸손해 보이고 싶거나 돈 욕심이 없는 사람처럼 보이고 싶 기 때문이라고 생각했다. 하지만 오랜 시간이 지나 그것이 사실임을 깨달았다.

솔직히 자금 투자도 많이 하고 직원들도 채용하다 보니 돈 욕심이 났다. 성공하려면 좋은 차를 몰아야 한다고 해서 멋진 외제차도 샀고, 좋은 사무실도 얻었다. 그러다 보니 돈 욕심이 드는 건 자연스러운 일 이었다. 내가 투자하는 만큼 벌어야겠다고 생각한 것이다. 하지만 욕 심을 내면 낼수록 일은 더 꼬여만 갔다. 좋은 선택을 내리지도 못했 고, 객관적인 선택을 내리지도 못했다. 그리고 모든 걸 잃고 말았다.

그 후 남은 것은 정말 아무것도 없었다. 더 이상 욕심을 부릴 수 없을 만큼 그야말로 밑바닥을 찍었다. 그러고 나니 무엇을 해도 욕심이 생기지 않았다. 지금 생각해 보면 다 잃고 난 뒤 머리가 가장 맑았던 것 같다. 어떤 것에도 욕심이 없으니 그 어떤 판단에도 자유로웠고, 내가 즐길 수 있으니 아무런 욕심도 내지 않을 수 있었다. 그런데 신기한 건 그렇게 하니까 일이 성공하기 시작했다는 점이다.

셋째, 돈이 필요하면 방법은 얼마든지 있다. 이 말은 역설적으로 돈으로 사업하지 말라는 말이다. 혼자 일한다는 것은 자본의 힘을 빌려서 일을 하는 것이 아니다. 당신이 가지고 있는 장점, 잘하는 것 그리고 당신의 경험과 네트워크를 통해 일을 하는 것이다. 따라서 돈이 좌우할 일이 아니다. 하지만 일을 시작하면서 돈이 필요하면 방법은 얼마든지 있다. 특히 최근에는 크라우드 펀딩이라는 것도 있다. 얼마 전 나도 크라우드 펀딩을 받아 보지 않겠느냐는 제안을 받았는데 거절했다. 그동안 어려웠지만, 이제는 나 스스로 일어날 수 있는 방법을 찾았기 때문이다.

넷째, 돈보다 더 중요한 자유, 당신에게는 자유가 있다. 최근 기업들이 찾아낸 조직의 성공 원칙 중 기존 리더십 전문가들이나 경영학자들이 주장하던 것과는 다른 점이 하나 있다. 바로 자유다. 구성원들에게 자유를 보장해 주었을 때 성과가 난다는 사실을 확인한 것이다.

혼자 일한다고 결정하면 모든 것이 두렵고 혼란스러울 것이다. 특히 돈이 없다면 마음의 여유마저 무너지고 만다. 어떤 일을 하더라도 마음이 조급해질 수 있다. 하지만 상황을 뒤집어 보면 당신에게는 자유가 있다. 그 무엇을 하더라도 아무도 제지하지 못하는 진정한 자유말이다. 그 자유는 돈과 맞바꿀 수 없을 만큼 가치가 있다.

나는 회사를 떠나서 할 수 있는 일이 없다고 생각하는 사람들에게 :
회사는 절대
그런 사람을
붙잡지 않는다

Chapter 2

능력이 부족해서 못하는 일보다
자신감이 없어서 못하는 일이 더 많다.
의심은 충분히 할 수 있는 일을 불가능하게 만든다.
— 빌 벨리칙

　　나는 혼자 일한다. 그러다 보니 내가 함께 일하는 회사들의 조직원
들과 끊임없이 커뮤니케이션을 해야 한다. 말 그대로 '1 대 100'이다.
큰 회사에는 보통 재무팀, 상품기획팀, 운영팀, 개발팀 등이 있지만,
나는 혼자다. 매일매일 엄청난 메일이 날아온다. 그리고 그 메일은 모
두 확인해야 할 일 혹은 내가 무엇인가를 해 줘야 하는 일을 포함하고
있다. 아무리 작은 일이라도 여러 개가 모이면 시간이 많이 걸린다.
하지만 그들은 이동우콘텐츠연구소라는 회사에 요청하는 일이지 나
개인에게 요청하는 일이 아니므로 그들에게 하소연을 할 수도 없다.
나는 혼자 대응하고 있지만, 그들은 떼로 덤비는 것이다.

　　나는 한동안 내가 혼자 일하고 있다는 사실을 떠벌리지 않았다. 자
랑삼아 이야기할 수 있는 것도 아니고 굳이 공개하지 않아도 된다고
생각했다. 그저 내가 할 일을 만족스럽게 하면 된다고 여겼다. 물론

이 생각에는 아직도 변함이 없다.

그러다 어느 순간 내가 혼자 일하고 있다는 사실을 공개해야겠다는 생각을 하게 됐다. 제휴 관계를 맺고 있는 회사 담당 팀장에게 솔직히 털어놓았다. 그의 반응은 두 가지였다. 하나는 오히려 더 신뢰가 간다는 것이었고, 다른 하나는 어떻게 그 많은 일을 혼자 할 수 있느냐는 것이었다. 어쨌든 그 후 서로를 조금 더 이해하게 된 측면이 있다. 그리고 이 책을 쓰는 중에 고객사 담당 부장에게 혼자 일한다고 이야기했다. 이런 책을 쓰고 있어서 업무의 우선순위를 조정할 필요가 있다고 하자 그 역시 응원의 메시지를 보내 주었다.

나는 이렇게 일을 한다. 혼자 콘텐츠를 만들고 그 콘텐츠를 가지고 영업을 하고 제휴를 맺는다. 제휴를 맺으면 당연히 커뮤니케이션의 빈도가 높아지고 해야 할 일이 늘어나게 마련이다. 하루에도 몇 번씩 여러 출판사의 편집장이나 마케팅 부장과 통화를 하고 온라인 서점 담당 팀장과 메일을 주고받는다. 또 고객사 담당 팀장부터 팀원들까지 모두 응대해야 하고 행정적인 업무 처리도 해야 한다. 그리고 지금은 틈을 내 책도 쓰고 있다.

그렇다면 이제 반대로 조직에 대한 이야기를 해 보자. 대부분 혼자 일하는 것보다 조직에서 일하는 것이 좋다고 말한다. 조직에 대한 충성도가 높아서인지 조직에서 나올 용기가 없어서인지는 알 수 없다. 그렇다면 몇 가지 질문에 대해 생각해 보자. 당신은 조직으로부터 어떤 도움을 받는가? 당신이 어떤 프로젝트를 진행할 때 조직으로부터 큰 도움을 받은 적이 있는가? 있다면 어떤 도움이었는가? 조직이 별로 도움이 안 되었다면 반대로 생각해 보자. 조직이 도움을 주기는커

녕 혹시라도 당신에게 방해가 된 적은 없는가? 당신이 어떤 프로젝트를 준비할 때 시기와 질투로 바라본 사람은 없었는가? 당신이 너무 똑똑하다고 견제하는 김 과장, 최 부장은 없었는가? 회식 자리에서 술 적게 마신다고 핀잔하고 일찍 간다고 구박하는 사람은 없었는가? 또는 조직에서 자기만 살기 위해 권모술수를 쓴다거나 당신이 만든 아이디어를 가로챈 상사는 없었는가?

회사에 존재하는 세 가지 부류의 인간들

조직이라는 곳은 정말 신기하고 재미있는 곳이다. 물론 반어법이다. 대부분의 조직에는 일류, 이류 그리고 삼류의 사람들이 존재한다. 하지만 대부분 자기들이 일류라고 생각한다. 그러나 냉정하게 보면 일류는 그리 많지 않다. 일류는 아주 극소수에 불과하다. 그리고 그 일류는 아주 잘 자라야 끝까지 일류로 남을 수 있다. 조직의 나쁜 규범과 문화에 젖어 버리거나 동화되어 버리면 그의 일류적인 상상력과 두뇌는 나쁜 데 쓰일 가능성이 크다. 우리는 머리 좋은 사람들이 악역을 맡으면 얼마나 나쁜 악당이 되는지 잘 안다.

그렇다면 이류는 어떨까? 이류는 그 특성이 재미있다. 이류는 일류를 알아보지 못하고 자신보다 실력이 떨어지는 사람만 채용한다. 그래야 자신이 조금이라도 돋보이기 때문이다. 한마디로 교활한 사람들이다. 게다가 스스로를 일류라고 생각하는 사람이 많다.

반면 삼류는 이류와 다르게 겸손하다. 삼류는 자신이 삼류라는 것을 안다. 물론 삼류도 이류와 마찬가지로 일류를 알아보지 못하지만 일류만 채용하는 경우가 많다. 삼류는 일류와 삼류를 혼동하는 일은 없기 때문이다. 즉 삼류는 겸손이라는 장점을 가지고 있는 것이다.

대부분의 조직에는 이류가 가장 많다. 이류들의 문제점은 매우 많다. 우선 그들은 자신의 능력을 과대평가하는 것으로 유명하다. 그러면서 다른 사람들의 뛰어난 장점을 인정하거나 알아보지 못한다. 물론 자신의 무능함도 알지 못하는 경우가 많다. 이 문제는 생각보다 심각하다. 이류가 판을 치면 조직에 암울한 미래가 찾아오게 된다. 이류는 조직 공동의 목표는 나 몰라라 하고 자신의 업무만 처리하는 경우가 많다. 잘하면 다행이지만 그것도 문제다. 타인의 장점을 알아보지 못하는 탓에 조직을 엉망으로 만들어 놓기 때문이다. 더 큰 문제는 그가 속한 조직, 회사가 커졌을 때다. 그는 자기 자신이 회사의 크기라고 생각하는 경향이 짙다. 자신이 곧 회사이고 그 거대함의 크기를 누린다고 생각한다. 한마디로 거만하기가 이를 데 없다. 아마도 주변에서 이런 사람들을 본 적이 있을 것이다. 그들은 자기가 다니는 회사가 대단하다는 것을 알고 있다. 그러나 그가 대단한 사람은 아니다.

나는 사무실에서 모 회사의 레이저 프린터를 사용하고 있다. 네트워크 프린터라 해당 업체에서 직접 설치해 주기 위해 사무실을 방문한 적이 있다. 그런데 나는 그만 깜짝 놀라고 말았다.

"저는 이 건물 잘 안 와요."

"왜요? 이 건물에서 무슨 일이라도 있으셨어요?"

"이 건물에 M 컨설팅이 있잖아요. 전에 30분 늦게 갔다고 뺨을 맞았거든요."

프린터가 고장이라고 해서 방문했는데, 좀 늦었다고 뺨을 맞았다는 것이다. 그것도 리셉션 데스크에서 일하는 직원에게 말이다. 우리는 이런 사람들을 주변에서 어렵지 않게 볼 수 있다. 그야말로 인재, 인간 재앙이다.

다시 문제의 본질로 돌아와 보자. 당신은 조직을 떠나 할 수 있는 일이 없을 것이라고 생각하지만, 역설적으로 조직에서 당신을 그렇게 만든 것은 아닐까? 영화 〈트루먼쇼〉의 주인공이 '나는 바다를 무서워해'라는 생각을 하게 된 것처럼 당신의 능력이 출중함에도 불구하고 조직에서 그렇게 만들어 놓은 것은 아닐까? 사실 냉정하게 보면 조직에서 당신에게 큰 도움을 준 것은 그리 많지 않을 것이다. 매달 받는 급여? 그 정도는 당신이 무엇을 해도 벌 수 있다. 하지만 이 문제를 뒤집어 해석하면 안 된다. '내가 얼마나 잘났는데, 조직은 나를 몰라봐'라는 식으로 생각해서는 안 된다는 말이다.

나는 당신이 조직이라는 테두리를 의식하지 않기를 바란다. 조직 안에 있다면 그 안에서 승승장구하기를 바라고, 조직 밖에 있다면 정글에서 살아가는 법을 배우기를 바란다. 나는 조직 밖에서 잘 살아남는 사람은 조직 안에서도 훌륭하게 살아남을 것이라고 생각한다.

더닝-크루거 효과

1999년 코넬 대 교수인 저스틴 크루거와 데이비드 더닝은 흥미로운 심리학 연구를 진행했다. '사람들은 자신이 아무것도 모른다는 사실을 모른다'는 것이었다. 여기에서 인식에는 세 가지 종류가 있다는 사실을 기억해 둘 필요가 있다. 첫 번째는 '우리가 알고 있다는 것을 아는 것'이고, 두 번째는 '우리가 모른다는 것을 아는 것'이며, 마지막 세 번째는 '우리가 모른다는 것을 모르는 것'이다. 크루거와 더닝이 연구했던 주제는 바로 세 번째다. 그리고 이 명제는 실제로 존재하는 것으로 밝혀져 화제가 되었다. 이것을 '더닝-크루거 효과'라고 한다.

저스틴 크루거와 데이비드 더닝은 학생들을 대상으로 실험을 했다. 각자 자신의 능력을 얼마나 높게 평가하는지를 연구한 것이다. 결과는 어땠을까? 학생들은 자신의 실제 능력과는 상관없이 자기 평가에 높은 점수를 주었다. 뿐만 아니라 최하위 성적을 받은 학생들은 스스로를 더 과대평가하는 경향이 있었다. 더닝-크루거 효과는 정신이나 마음에 병이 있는 사람들이 선택하는 오류가 아니다. 우리 대부분이 이 효과에서 자유롭지 못하다는 것을 의미한다. 이는 학생들에게만 적용되는 것은 아니다. 기업에서 일을 하는 성인들도 더닝-크루거 효과에서 자유롭지 못하다. 특히 기업에서 직무평가와 관련해 자기 스스로 평가를 하는 경우가 있는데, 능력이 없는 구성원들이 오히려 자신을 과대평가하는 경우가 많고, 능력이 많은 구성원은 오히려 자기 자신을 과소평가하는 경우가 많다.

두 사람은 이 연구로 2000년 이그노벨상Ignobel Prize을 수상했다. 이그노벨상은 하버드 대의 과학 잡지《기발한 연구 연감》이 그해에 가장 기발하고 엉뚱한 연구에 수여하는 상이다.

나는 창의적이지 않다고 생각하는 사람들에게 :
어차피 세상을 바꿀 천재는
극소수에 불과하다

Chapter 3

> 창의적인 사람들은 실제로 뭔가를 해낸 사람이 아니라
> 자신의 여러 가지 경험 중 몇 개를 연결한 사람일 뿐이다.
> — 에드윈 캐트멀

'상자 밖에서 생각하기think outside the box'라는 말이 있다. 기업들이 창의력 증진 워크숍을 할 때 9개의 점을 끊어지지 않는 선으로 연결할 것을 요구하면서 수십 분 동안 창의력 훈련을 하는 경우에 자주 등장하는 말이다. 아마도 기업 연수원이나 학교에서 이런 숙제를 주면서 문제의 정답을 찾으라고 했을 것이다. 그러고는 혼자 혹은 팀 단위로 고민할 시간도 준다. 그때 정확한 답을 내놓지 못했다면 아마도 좌절했을 것이다. '역시 나는 창의적이지 않아'라고 되새겼을지도 모른다. 하지만 틀렸다. 당신이 아니라, 그 강사가 틀렸다는 말이다. 그가 당신을 속인 것이다.

'상자 밖에서 생각하기'라는 말은 1960년대 기업 문화에서 생겨난 것으로 알려져 있다. 제2차 세계 대전이 끝나고 기간산업에 이어 소비재 산업이 엄청난 부흥을 겪기 시작할 때였다. 당시는 새로운 상품

: 221

을 만들고 시장을 개척해 나갈 새로운 방법들이 필요했는데, 이때부터 50년 이상 '창의력이 필요하다'라는 문구는 대표적인 슬로건이 되었다.

냉철한 시각으로 보면 '상자 밖에서 생각하기'는 조직의 논리와는 맞지 않는다. 이것을 현실적인 의미로 다시 표현한다면 '조직 밖에서 생각하기' 정도가 될 것이다. 조직 안에서는 조직의 규범과 문화를 따라야 하는데, 조직 밖에서 생각하기라는 것이 과연 가능할까? 이는 곧 지금까지의 관행을 깨고 새로운 방법과 도전을 만들어야 한다는 뜻인데, 기존 조직의 문화를 생각해서는 해답이 나올 수 없다. 그럼에도 불구하고 수많은 사람이 50년 이상 '상자 밖에서 생각하기' 때문에 적잖은 상처를 받았을 것이다.

창의력과 관련해서 우리를 바보로 만드는 것이 하나 더 있다. 바로 브레인스토밍이다. 이는 기업에서 보통 회의 시간에 창조적인 아이디어가 발현되지 않을 때 궁여지책으로 사용하는 것이다. 어떤 기업들은 브레인스토밍을 잘하기 위한 교육 과정을 만들어 전 직원을 가르치기도 하고, 일상생활에서 브레인스토밍을 하겠다며 노력하는 기업도 많다. 결론부터 이야기해 보자. 브레인스토밍은 쓸모없는 방법이다.

브레인스토밍은 1950년대 광고 회사 임원이던 알렉스 F. 오스본이 만들어 전파시킨 개념이다. 브레인스토밍은 '뇌를 사용해 창의적 문제를 폭풍처럼 공격하는 것'이라는 의미로 붙인 이름이다. 즉 회의에 참가한 여러 사람이 특공대가 되어 동일한 목표물을 과감히 공격한다는 것이다.

알렉스 F. 오스본은 함께 근무하는 광고 회사 부하 직원들의 창의성이 뒤떨어진다고 불만이 많았다. 그는 어떻게 하면 직원들이 창의적인 아이디어를 낼 수 있을까 항상 고민했다. 그러던 어느 날 여러 사람이 함께 아이디어를 내 광고를 만들던 중 집단의 창의성은 광고 품질을 높이고 그만큼 좋은 광고를 만들어 낼 수 있다는 사실을 파악했다. 그는 이 문제에 대해 좀 더 연구한 뒤 창의적 사고를 할 수 있는 일반 과정을 만들어 냈고, 이것을 모든 유형의 문제에 적용할 수 있을 것이라며 호언장담하기 시작했다. 그에게는 창의적 문제를 해결할 수 있는 알라딘의 요술 램프가 바로 브레인스토밍이었던 것이다.

1953년에 출간된 《당신의 창의력》에서 그는 처음으로 '브레인스토밍'이라는 용어를 사용했다. 그리고 이후 서구 사회에 널리 전파되기에 이르렀다. 결국 브레인스토밍은 아이디어를 만들어 주는 보증 수표로 자리매김하며 미국 산업 사회에서 확실하게 자리를 잡았다. 미국 재무부 직원들이 집단으로 모여 40분 동안 브레인스토밍을 통해 저축 채권을 판매할 백세 가지 아이디어를 생각해 낸 사건은 큰 성공 신화로 꼽힌다. 이를 계기로 듀폰, IBM, 미국 정부를 포함한 기업과 기관들이 브레인스토밍 기법을 따르기 시작했고, 그 결과 브레인스토밍은 수많은 비즈니스에서 만병통치약이 되었다.

그 후 브레인스토밍과 유사한 사고 개념이 많이 등장했다. 예컨대 수평적 사고 방법, 디자인 사고, 트리즈, 전자적 브레인스토밍 등은 그 후 개발된 방법론들이지만, 이들의 뿌리는 모두 브레인스토밍이다. 그렇지만 20세기 말에 이르면서 아무도 브레인스토밍을 누가 만들었는지 묻지 않게 되었다. 브레인스토밍 자체가 창의적 아이디어를 만드는 동사이자 명사 또는 은유의 표현으로 굳어졌기 때문이다.

그러다 알렉스 F. 오스본이 브레인스토밍에 근본적인 결함이 있다고 밝혔다. 즉 브레인스토밍은 아주 구체적이고 협소한 문제를 풀어내는 방법론이라는 것이다. 다시 말해, 아주 작은 문제, 이를테면 워크숍을 가려는데 어디로 갈 것인지, 새로 개발되는 프로토타입의 제품을 무엇이라고 할 것인지 등에 대한 해법을 찾는 데 필요한 것이라는 주장이었다. 따라서 '지금 우리 회사가 나아가야 할 비전은 무엇인가?'와 같은 기업 내의 거대한 문제들은 브레인스토밍으로 풀 수 없다는 것이다.

무너지는 창의성의 신화들

창의력을 둘러싼 여러 가지 정설은 수십 년이 지난 지금 완전히 깨지고 있다. 2015년 영국의 케빈 애슈턴은 '창조는 특별한 사람들의 전유물이 아니며, 그저 평범한 사람들이 이루어 낸 결과물'이라고 주장했다. 그는 조직은 창의적인 결과물들을 폄하하고 배척한다고 주장하면서 조직에서는 원래 창의적인 인물들을 반기지 않는다고 했다.

2016년 2월, 애덤 그랜트 교수는 《오리지널스》에서 창의적이고 독창적인 사람들에게는 몇 가지 특징이 있다고 주장했다. 첫째, 그들은 웹브라우저로 파이어폭스나 크롬을 사용하는 사람들이다. 심리학자들의 연구 조사 결과에 의하면 그들은 익스플로러나 사파리를 사용하는 사람들보다 재직 기간이 15퍼센트 길고, 결근할 확률이 19퍼센트 낮으며, 자신의 일을 원하는 방식으로 재창조하는 사람들, 즉 주도력이 있는 사람들이라고 한다. 구글 크롬 사용자가 전 세계에 9억 명 정도라고 최근 발표되었으니 그렇다면 70억 인구 중 9억 명은 창의적이라는 이야기가 되는 것인가? 둘째, 창의적이고 독창적인 사람들은 일을 미룬다. 흔히 우리는 자기 관리에 철저한 사람들은 일을 빨리 시작할 거라고 생각한다. 하지만 창의적이고 문제 해결에 뛰어난 사람들은 미루는 습성이 있다는 것이다. 여기에는 단서가 있다. 해야 할 일을 머릿속에 담아 둔 채 게임을 하거나 노는 것이다. 그렇게 하면 창의성이 높아진다는 것이다. 셋째, 가족 중에서 서열이 낮은 형제들이다. 다시 말해 형제 중에서 첫째가 아니라 둘째 혹은 셋째 등 후순위자라는 것이다. 심리학자들이 야구 선수 중 출생 서열이 낮은 선수가 도루를 시도할 가능성이 열 배 이상 높다는 사실을 발견한 것이다. 그런데 서열이 낮은 후순위자들은 각 분야에서 위험을 감수하고 과학적인 변혁을 지지할 확률도 높다는 사실이 밝혀졌는데, 결국 이런 패턴이 나타나게 된 것은 부모의 양육 유형이 후순위로 가면서 변하기 때문이라는 것이다.

창의성은 똑똑한 사람들의 전유물이 아니라는 주장은 케빈 애슈턴, 애덤 그랜트와 같은 학자들을 중심으로 빠르게 퍼져 나가고 있다. 한마디로 창의적이라는 것은 대단한 일도 아니고 그렇게 유세 떨 일도 아니라는 말이다. 게다가 이제는 세계 공동 경제 체제를 위해 '특허 제도'도 폐지해야 한다는 움직임이 일고 있다.

반면 창의적인 것과 관련해 어려운 일이 여전히 남는다. 바로 창의적인 아이디어인지 아닌지를 판단하는 일이다. 조직에서 이는 보통 경영진의 몫이다. 하지만 창의력과 관련한 석학들은 경영진은 절대 창의적인 아이디어를 제대로 판단할 수 없다고 주장한다.

따라서 당신은 자신이 창의적인지 아닌지를 고민하기보다는 다음 두 가지를 실행하면 된다. 첫 번째, 당신이 아이디어 브로커라고 생각하는 것이다. 여러 가지 경험을 뒤섞는 것이다. 당신의 경험과 새로운 산업 분야를 결합하면 된다. 동영상 편집과 책을 섞어 새로운 북리뷰를 만들었듯이 그저 남들이 하지 않은 것을 하면 된다. 세상에 없는 새로운 것을 발명해야 한다는 강박증에서 벗어나는 것이다. 두 번째, 어떤 일이 있더라도 당신이 경영진이라고 생각하지 않기를 바란다. 당신이 혼자 일한다면 당신의 창의력은 무궁무진할 것이다. 그러나 누군가에게 일을 시키는 순간, 바쁘다는 핑계로 혹은 이제는 성공했으니 좀 쉬고 싶다는 욕심에 직원을 두고 일을 시키기 시작하는 순간, 당신의 뇌는 굳어 버리고 말 것이다.

나는 경험이 없다고 생각하는 사람들에게 :

모든 준비를 마치고
시작하는 사람은 없다

Chapter 4

경험을 현명하게 사용한다면,
그 어떤 일도 시간 낭비는 아니다.
– 오귀스트 로댕

　새로운 일을 시작하거나 새로운 경험을 하게 될 때 혹은 회사를 그
만두고 나와 혼자 서야 할 때 우리에게는 긴장과 설렘 혹은 두려움이
엄습한다. 경험해 보지 못했으니 어떤 기분이 들지, 어떤 일이 벌어질
지 모르기 때문이다. 좋은 기대에 대한 설렘일 수도 있지만, 나쁜 일
에 대한 두려움과 공포일 수도 있다. 보통 인간은 행복과 즐거움보다
는 공포와 두려움에 대해 더 많은 신경을 쓴다. 이는 생존과 관련한
일을 더 많이 찾으려는 뇌의 반사적인 노력 때문인데, 혼자 일하는 것
에 대해서도 이와 같이 두려움과 공포가 먼저 떠오를 것이다. 자연스
러운 반응이다. 그러나 그것은 우리의 감정일 뿐이다. 게다가 나쁜 것
은 좋은 것보다 원래 다섯 배나 더 큰 영향을 준다고 한다. 그러니까
우리가 나쁜 것에 영향을 받고 염려하는 것은 당연한 일이다.

　혼자 일하는 것은 누구나 처음 겪는 일이다. 게다가 그 누구와도 상

의할 수 없는 상황이다. 혼자 일한다는 것은 각자가 선택하는 방법이기 때문에 일일이 조언을 구할 수가 없다. 그 누군가에게 내 상황과 그에 맞는 생각이나 판단을 늘어놓으려고 하면 하룻밤도 모자랄 것이다. 그렇게 한다 해도 그가 제반 사항을 이해할지는 미지수다.

경험이 많든 적든 시행착오는 누구에게나 일어난다

내가 동영상 북리뷰를 만들기로 했을 때도 마찬가지였다. 일단 주변 사람들 모두 말이 너무 많았다. 서비스의 이름을 이렇게 해야 한다거나, 앞뒤 시작은 이렇게 하는 게 좋겠다, 혹은 10분은 길기 때문에 짧게 3분짜리로 만들어야 한다는 등 조언이 끊이지 않았다. 그러다 어느 회사 본부장이 자기 회사에 독점권을 달라고 요구했다. 기업들을 위한 교육 서비스를 20년 이상 제공해 온 회사이니 믿을 만하기도 했다. 그래서 서둘러 계약을 맺었다. 그러나 몇 개월이 지나도록 아무런 성과가 없었다. 기다리다 못해 나와 서비스 플랫폼을 운영하는 회사의 팀장과 상무 그리고 그 본부장이 함께 만났다. 마케팅 계획은 어떻게 되고 결과는 언제쯤 볼 수 있느냐고 묻자 그는 "두어 달 더 영업해 보고 이 사업이 될지 안 될지 결정할 예정입니다"라고 답했다. 우리는 경악할 수밖에 없었다. 이 사업을 하고 안 하고의 결정권이 그에게 주어진 것이 아니기 때문이다. 결정권은 시스템을 투자한 플랫폼 운영사와 콘텐츠를 만들고 있는 나에게 있었다. 결국 그 회사와 제휴 관계를 끌고 가는 것은 의미가 없다고 판단했다.

사업을 하다 보면 어떤 결정이 실수로 밝혀지는 일이 비일비재하다. 특히 어느 회사와 제휴할지, 언제 할지, 어떤 조건으로 할지는 사업의 승패를 좌우하는 요인이다. 그토록 중요한 일이지만, 늘 혼자 결정해야 한다. 물론 두렵겠지만 그럴 필요 없다. 같이 논의할 사람이 많으면 좋은 결과가 나올까? 내 경험상 그런 것 같지는 않다. 주변에 사람이 많으면 권력 다툼, 이견, 아부와 아첨이 생기기 때문이다. 물론 여럿이 함께 결정하면 나름대로 좋은 점도 있다. 결정한 사람들이 공동 책임을 지게 되므로 결과가 나쁠 경우 무리 속에 숨을 수 있다는 것이다.

큰 기업의 사장들은 고민이 될 때마다 전혀 관련 없는 다른 전문가들에게 묻기도 하고 컨설팅도 받는다. 내가 알고 지내는 한 소호 전문가는 우리나라에서 꽤나 유명한 방송인이기도 했다. IT와 트렌드에 밝으니 여러 기업체 사장이나 회장들이 그를 똑똑하게 여겼다. 그래서 새벽이 되면 알 만한 기업 회장들에게서 전화를 받곤 했다.

"이런 사업을 가져오려고 하는데, 자네 생각은 어때?"

물론 그가 무료 컨설팅을 해 준 것은 아니겠지만, 큰 조직을 거느린 회장들이 새벽마다 이렇게 전화를 한다는 것은 의사 결정이 얼마나 어려운지를 보여 주는 단편적인 예라 하겠다.

우리가 갖고 있는 편향 중 '정보 편향'이란 것이 있다. 정보 편향은 무조건 많은 정보를 가져야만 마음의 안정을 찾는다는 말이다. 얼마나 많은 정보를 찾아야 마음의 안정이 오느냐에 대한 기준은 없다. 대개는 안정이 오지 않는다. 그래서 계속 정보를 찾는다. 정보 편향을 가진 사람들은 어떤 의사 결정을 해야 할 때 정보만 찾는다. 찾고 또 찾는다. 의사 결정은 도대체 언제 하려는지 모르겠다.

혼자 일한다는 것이 어렵고 까다로운 것은 혼자 일하는 과정, 즉 제안서를 만들고, 사람들을 만나고, 내가 만들고자 하는 상품이나 서비스를 만드는 것 자체가 아니다. 혼자 일하는 데 있어 가장 어려운 점은 의사 결정이다. 조직 안에 있거나 조직 밖에 있거나 의사 결정은 똑같이 어렵다.

그런데 더 중요한 문제는 의사 결정은 경험이 쌓인다고 해서 나아지지 않는다는 것이다. 원숭이도 나무에서 떨어질 때가 있듯이 사람도 의사 결정에서 실수할 때가 있다. 공부를 많이 하거나 수십 년간 회사를 운영하며 키워 온 경험도 의사 결정이라는 벽 앞에서는 아무런 의미가 없다. 오히려 큰 성공을 거둔 사람들이 의사 결정에서 더 큰 실패를 불러오는 선택을 하기가 쉽다. 나는 처음에는 의사 결정은 시간이 지나면 더 슬기롭게 할 수 있으리라 생각했다. 더 많은 책을 읽고 더 많은 경험을 하면 더 합리적인 의사 결정을 내릴 수 있다고 생각한 것이다. 그러나 그것은 꿈이었다. 시간이 지나고 더 많이 배운다고 해서 더 나아지지 않는다.

상황이 애매할 때 사람들은 간혹 '마음의 외치는 길'로 따라가라고 한다. 좋다. 좋은데, 그 마음이라는 것이 도무지 말을 하지 않으니 알 수가 없다. 그래서 나는 의사 결정에 대한 세 가지 기준을 갖게 되었다. 첫째, 욕심을 부리지 말자는 것이다. 어떤 상황에서든 욕심을 내면 실패를 부르는 결정을 내리게 된다. 둘째, 어떤 의사 결정이라도 내가 감수한다는 원칙이다. 내 결정에 따르는 결과는 그것이 무엇이든 내가 감수해야 한다. 셋째, 서둘러 결정하지 말자는 것이다. 그 자리에서 바로 내려야 하는 의사 결정도 있겠지만, 대개 촌각을 다투는 일은 흔치 않다. 결정이 쉽지 않을 때는 하루 이틀 그냥 묵혀 둔다. 안개가 걷히고 상황이 보일 때까지 말이다. 때로는 상대방에게 다소 긍정적인 말을 남겼더라도 그것에 좌우되어서는 안 된다. '아니다' 싶은 건 끝까지 아닌 경우가 많다.

나는 기술이 없다는 사람들에게 :
한글만 읽을 수 있다면
못할 일은 없다

Chapter 5

정말 중요한 일이라면
성공 가능성이 낮아도
시작해야 할 때가 있다.
– 일론 머스크

나는 엔지니어도 그래픽 디자이너도, 동영상 편집자도 아니다. 하지만 지금 나는 필요한 일을 모두 하고 있다. 솔직하게 고백하면 정말이다. 지금까지는 고객사나 제휴사에서 "이 동영상은 누가 만드나요?"라고 물으면 얼버무리거나 아웃소싱을 하고 있다거나 별도의 팀이 있다고 이야기해 왔다. 하지만 이제는 말할 수 있다. 사실 모든 것을 내가 만들고 있다.

내가 만든 동영상은 '10분 독서'라는 이름으로 기업과 개인 고객들에게 서비스되고 있다. 인터넷 서점에도 '10분 독서' 콘텐츠의 일부 내용을 맛보기로 오픈했으니 책을 좋아하는 독자들이라면 본 적이 있을 것이다. 동영상 제작에 관한 모든 일, 디자인과 오디오 녹음, 그리고 편집까지 내가 직접 한다. 당신이 영상 전문가라면 별것 아니라고 할 수도 있겠지만, 영상 전문가가 아니라면 신기할 것이다. 결론은 간단하다. 내가 할 수 있으니 당신도 할 수 있다는 것이다. 이제 그 모든 과정을 내가 어떻게 하게 됐는지를 자세하게 알려 주고자 한다.

2008년 콘텐츠 비즈니스를 하겠다고 마음먹고 나서 처음 채용한 직원과 함께 용산으로 카메라를 사러 갔다. 요즘에는 용산전자상가가 을씨년스럽지만, 당시만 해도 많은 사람이 몰리면서 평일 낮에도 북적거리는 곳이었다. 우리는 소니 브랜드의 6밀리미터 테이프가 들어가는 캠코더를 샀다. 카메라를 세울 수 있는 삼각대까지 총 900만 원이나 되는 거금을 투자했다.

문제는 그다음이었다. 사무실에 와서 포장을 뜯고 카메라를 멀뚱히 쳐다만 보다가 어떻게 촬영해야 하는지, 어떻게 편집해야 하는지를 연구해야만 했다. 둘 다 동영상 촬영이나 편집을 해 본 적이 없었기 때문이다. 첫 촬영을 하고 나서 컴퓨터에 데이터를 쏟아부었는데, 하드웨어 속도가 따라 주지 않아 하루 동안 컴퓨터가 정신을 못 차린 적도 있다. 당시 컴퓨터 사양이 영상 편집을 처리하기에는 역부족이었던 것이다. 아무튼 2008년은 내가 영상을 처음 접한 시기였다.

그 뒤로는 영상 편집은 내가 하지 않았다. 직원들이 열심히 일을 했고, 나는 주로 어떤 영상을 만들어야 하는지에 대해 지시만 했을 뿐이다. 그렇게 몇 년이 흘렀고 결국 나는 혼자 남게 되었다. 이제는 그 무엇이라도 해야만 했다. 컴퓨터 앞에 앉았다. 다시 동영상 콘텐츠 만드는 일을 택한 것이다. 과거와 다른 점이 있다면, 내가 책을 읽고 정리한 뒤 디자인을 해서 동영상을 만들었다는 것이다.

하지만 중대한 문제가 있었다. 첫째, 일을 시킬 수 있는 직원이 없었다. 그야말로 아무도 없었기 때문이다. 둘째, 만약 직원이 있더라도 어떤 영상을 어떻게 디자인하고 만들어야 할지는 내 머릿속에 있는데, 그것을 제대로 알려 줄 방법이 없었다. 그러니까 직원이 없는 것도 내가 직접 영상을 만들게 된 동기가 되었지만, 만약 직원이 있었더라도 영상을 만들기까지는 한참 입씨름을 했을 것이다.

선택은 분명했다. 그냥 혼자 하는 것이었다. 오히려 아무도 없으니 내용에 관해 내가 알고 있는 점을 충분히 살릴 수 있었다. 사실 보통 북리뷰 동영상들은 영상 전문가들이 만든 탓에 시각적으로는 좋지만 내용을 충실하게 전달하지 못한다는 단점이 있다. 또 보통 경제연구소에서 만드는 북리뷰 동영상들은 업무가 철저히 구분되어 있기 때문에 빠르게 만들어 낼 수도 없고 내용을 충실하게 전달하기도 힘들다.

사람들에게 익숙한 동영상 포맷은 화면 한쪽에 사람이 등장하고 그의 뒤에 텍스트와 이미지가 번갈아 나오면서 전개되는 것이다. 이런 영상을 본 적이 없다면, 뉴스에 나오는 일기 예보를 생각하면 된다. 이런 영상을 만들기 위해서는 몇 단계를 거쳐야 한다. 우선 화면에 나오는 강사가 책의 내용을 요약정리하고 자신이 녹화할 때 말할 원고를 작성한다. 그리고 그 원고를 프롬프터라는 장비에 올리고 나면 강사는 자신의 원고를 읽어 내려가지만 실제로는 카메라를 응시하는 화면으로 만들 수 있다. 보통 뉴스 앵커들은 이런 장비를 이용해 방송을 한다. 이렇게 만든 동영상 원본으로 편집을 하는 것이다. 그런 다음 뒤에 들어갈 화면을 디자인한다. 보통은 그 책을 본 적이 없는 디자이너가 원고 내용에 의지한 채 디자인을 한다. 그렇게 만들어진 두 가지, 즉 강사가 말하는 화면과 디자인된 화면을 섞으면 우리가 보는 보통의 북리뷰 동영상이 된다. 뉴스 시간에 나오는 일기예보는 미리 만든 디자인 화면과 기상 캐스터 화면을 합성한 것이다.

북리뷰 동영상은 이런 과정을 거치려면 시간이 많이 걸린다. 아무리 시간을 줄여도 2주 안에 만들기가 쉽지 않다. 실제 보통 경제연구소들이 만드는 북리뷰 동영상은 책이 나오고 나서 3개월 혹은 6개월 정도가 걸린다. 절대 빠르게 만들 수 없는 프로세스 탓이다.

기술보다 더 중요한 것

나는 이 과정을 단축하기로 했다. 나 혼자 일을 해야 했기 때문인데, 시간이 지나고 보니 오히려 그것이 큰 장점이 되었다. 북리뷰를 만들 때 가장 어려운 일 그리고 시간이 가장 많이 필요한 일은 역시 책을 읽는 것이다. 전체 프로세스에서 80퍼센트는 책을 읽는 데 투자해야 한다. 두 번째는 내용을 정리하는 것이다. 스토리를 만들고 핵심 내용을 정리하는 데 15퍼센트 정도의 시간이 필요하다. 마지막 세 번째가 동영상 제작을 위해 투자하는 시간인데, 이것은 5퍼센트 정도다.

흔히 동영상 제작은 편집 기술이 뛰어난 전문가들만 할 수 있는 일이라고 생각한다. 물론 전문가들이 제작하면 더 뛰어난 품질의 동영상을 만들 수 있을지도 모른다. 하지만 북리뷰에서 중요한 것은 화려한 화면이 아니라 정말 필요한 내용을 정확하게 전달하는 것이다. 여기에 3D 입체 영상이나 미세한 그래픽 편집 기술은 필요가 없다. 그저 생각을 바꾸면 된다. 내가 지금은 컴퓨터로 이렇게 글을 쓰고 있지만, 내가 생각하는 것을 영상으로 만들면 되는 것이다.

이렇게 내가 직접 동영상을 편집하고 있다고 말하면 아직도 신기해하는 사람이 많다. 솔직히 말해 그냥 하면 된다. 요즘 프로그램들은 기능들이 너무 좋아졌다. 웬만한 매뉴얼이나 교본이 없더라도 이것저것 눌러 보면서 배우면 된다. 실제로 나는 그렇게 배웠다. 다시 말하지만 나는 대학에서는 법학을 공부했고, 대학원에서는 저널리즘을 공부했다. 기계와는 전혀 무관한 공부를 했다. 하지만 지금은 초보적인 동영상 편집자들보다 더 나은 결과물들을 만들어 내고 있다. 기술이 좋아서가 아니다. 동영상에서 필요한 것만을 추구하기 때문이다.

전 세계가 IT로 시끄럽다가 지금은 사물 인터넷 그리고 인공 지능으로 그야말로 난리다. 그러다 보니 이제는 인문학 전공자를 줄이고 공학 분야를 더 확대하겠다고 한다. 하지만 냉정하게 생각해야 한다. 내가 처음 직장 생활을 할 때, 아니 사업을 시작할 때만 해도 홈페이지를 만든다거나 IT와 접목한 일을 하려면 애를 먹었다. 그러나 지금은 완전히 다른 세상이다. 해외 사이트를 뒤져 보면 HTML5를 이용한 홈페이지 자동 생성 서비스를 어렵지 않게 찾을 수 있다. 인터넷을 할 수 있는 사람이라면 누구나 점심 먹고 퇴근하기 전까지 자신의 홈페이지를 만들 수 있다. 물론 모바일 서비스까지 말이다.

아직도 기술이 없다고 한탄한다면 당신이 너무 나태한 것은 아닌지, 너무 용기가 없는 것은 아닌지 생각해 봐야 한다.

기술의 진보와 혼자 일하는 것의 관계

  기술의 진보는 혼자 일하는 것과 밀접한 관계가 있다. 머지않아 세상의 많은 인력이 인공 지능 로봇으로 빠르게 대체될 것이다. 이미 테슬라는 160대의 로봇으로 하루 400대의 자동차를 생산하고 있고, 인더스트리얼퍼셉션이 개발한 상자를 옮기는 로봇은 인간이 결코 따라잡지 못할 정확성을 자랑한다. 애플 제품의 제조사로 잘 알려진 폭스콘은 100만 명의 노동자 전체를 로봇으로 전환하기로 했다. 지금도 실리콘밸리 작은 창고 안에서는 우리가 상상하지 못하는 혁신들이 일어나고 있다. 학자마다 혹은 연구 기관마다 조금씩 차이는 있지만 대략 인류가 가진 직종 중 47퍼센트는 향후 20년 안에 로봇으로 대체될 것이라는 예측이 나오고 있다.

  솔직히 말해 나는 로봇이 세상을 어떻게 바꿀 것인지보다 이런 변화를 대하는 사람들의 무관심이 더 놀랍다. 대부분의 사람들은 기술 발달이 자신과는 크게 관련이 없다고 생각하는 듯하다. 그러나 이제 생각을 바꾸어야 한다. 모든 직종과 모든 문화에서 영향을 받을 것이다. 냉철하게 본다면 현재 기업에서 일을 하는 것은 대부분 컴퓨터다. 모든 것은 컴퓨터에서 컴퓨터로 파일과 텍스트로 이동한다. 이 과정에서 사람의 손을 거치는 것이 얼마나 될까? 엄밀히 따져 보면 그리 많지 않다. 그래서 실리콘밸리에는 회사 업무를 자동으로 파악해 모든 것을 인공 지능으로 대체하는 기술을 개발한 회사도 존재하는 것 아니겠는가. 6년 동안 프로그래밍으로 업무를 자동화해 놓고 업무 시간에는 게임을 하거나 인터넷 서핑을 하다가 발각돼 해고된 프로그래머가 최근 화제가 되기도 했다. 그가 받은 연봉은 1억 원이 넘는다.

그런 의미에서 기술의 진보는 양날의 칼이다. 기술의 진보로 인해 일자리가 없어지기 때문에 수많은 사람이 일터에서 쫓겨날 운명이 될 것이다. 그러나 반대로 생각해 보면 우리가 혼자 일할 수 있는 것도 기술 발달 덕택이다. 그러니까 현재 기술 발달은 사람들을 일터에서 몰아내는 역할을 하는 동시에 우리가 혼자 일할 수 있게 만드는 시스템인 셈이다.

나는 인간관계가 협소하다는 사람들에게 :
그게 바로 장점이다

Chapter 6

싫어하는 사람들을 집에는 들이지 않으면서
왜 머릿속에는 넣고 사는가?
- 히시 칸

나는 2008년 연세대 언론홍보대학원에 입학했다. 공부를 더 해야
겠다는 생각이 앞섰다. 공부가 그토록 재미있다는 것을 새삼 느낀 시
간이었다. 대학원에 다니는 5학기 동안 책을 다섯 권이나 냈으니, 공
부를 하고 생각하는 방법에 대해 나름대로 많이 배운 것 같다. 직장인
들이 다니는 대학원들이 그렇듯이 그곳에서 많은 사람을 만났다. 술
자리도 자주 가졌다. 보통 수업이 끝나면 밤 10시가 넘는다. 같이 술
한잔하자고 모이면 밤 11시고, 1차가 끝나면 새벽 1시, 2차가 끝나면
새벽 3시가 된다. 대학원에서는 그런 일정을 '황새'라고 했다. 술을
'황혼부터 새벽까지' 마신다는 의미다. 그때는 정말 술을 많이 마시
고 많은 사람과 어울렸다.

사람에 대한 갈증은 대학원을 졸업한 후에도 여전했다. 많은 사람
을 만나야 사업에 성공한다는 이야기는 비즈니스계에서 정설이다.

그래서 경영자들은 별로 유익하지 않은 조찬 강의를 듣기 위해 새벽부터 움직인다. 국내 유수의 교육 기관에서는 최고 경영자를 위한 조찬회를 호텔에서 연다. 그야말로 구름처럼 몰려온다. 이런 모임은 저녁 시간에도 있다. 아침 행사는 각자들의 일정 때문에 9시 정도에 마치고 재빠르게 헤어지지만, 저녁에는 다르다. 주변 술집을 찾아 헤매는데, 12시가 넘어야 끝날 때도 있다. 그리고 이런 일정은 주말에도 이어진다. 주말에는 주로 골프 모임이다.

나 역시 이런저런 모임에 많이 참석했고 골프도 해 봤다. 하지만 지금은 하지 않는다. 그 무엇도 하지 않는다. 사람을 많이 만나는 것이 도움이 되지 않는다는 것을 깨달았기 때문이다. 특히 나는 모든 SNS를 하지 않는다. 인맥 쌓는 데 투자하지 않기로 결정하고 나서 모든 SNS, 즉 페이스북, 인스타그램, 카카오톡, 카카오스토리, 블로그, 링크드인까지 모두 탈퇴했다. 그룹 모임을 위한 네이버 밴드도 물론이다.

사람들은 네트워킹을 매우 소중하게 여긴다. 소중한 정도가 아니라 목숨을 거는 듯 보이는 사람도 많다. 이런 현상이 빚어진 것은 네트워킹과 자기 계발을 강조해 온 자기 계발 강사들과 그들 책의 영향도 크다. 그들이 내세우는 것은 '성공학'이다. 성공학의 기본은 실력보다 우선 네트워킹이다. 실력을 키우는 것보다는 새로운 사람들을 만나 연결하고 그 가운데에서 기회를 찾는 것이다. 성공한 사람들은 네트워킹을 통해 유토피아를 찾는 사람들에게는 거부할 수 없는 상징이다. 열심히 하면 나도 그 사람처럼 성공할 수 있다고 생각한다. 이와 같은 현상은 직장인들부터 최고 경영자에 이르기까지 세대와 신분을 막론하고 폭넓은 인식으로 자리하고 있다.

네트워크가 성공을 보장해 주지는 않는다

그러나 내 생각은 좀 다르다. 나는 네트워크를 형성한다고 해서 성공이 보장된다고는 생각하지 않는다. 내가 가진 진정성이 무엇인지, 내가 가진 실력이 무엇인지가 중요하다. 성공은 내가 알고 있는 사람들에 의해서가 아니라 내가 가진 진정성과 능력에 의해 좌우된다.

현대인들은 어떤 상황이나 상대에 대한 판단 능력이 과거 사람들보다 월등하게 뛰어나다. 수많은 사람을 접해 본 덕에 웬만한 경력을 가진 사람들은 상대를 한 번 봤을 뿐인데도 그들의 성향을 읽어 내는 데 실수가 없다. 또 그들은 상대가 자기에게 쓸모가 있는지 없는지를 구분하는 아주 대단한 기술을 가지고 있다. 한마디로 이런 선수들한테 네트워킹을 목적으로 하는 사람이 나타나면 바로 '아웃'이다. 이런 사람들은 대략 두 가지 특징을 가진다. 첫째, 자신이 대단한 사람이 아닌데도 대단한 사람이라고 여긴다. 앞서 이야기한 큰 기업의 이류들이 이런 경우가 많다. 둘째, 이들은 전화를 잘 받지 않는다. 제아무리 직급이 높더라도 요즘에는 서로 통성명하고 인사한 사람에게서 전화가 오면 전화를 받는 것이 예의다. 하지만 이런 사람들은 전화를 잘 받지 않는다. 바쁜 일이 있어서 그럴 수도 있겠지만, 그런 일이 6개월간 열 번 정도 반복되면서 결국 전화를 안 받는다는 사실을 확인하게 된다. 실제 나도 그런 경우가 있었다. 2015년 전국인재개발원장 연합회에서 강의를 한 적이 있다. 그 자리에 있던 국내 라면 회사 연수원장과 인사를 나눈 적이 있다. 몇 가지 상의할 게 있다며 한번 보자고 했는데, 나중에 알고 보니 그건 그냥 인사치레였다. 사람들이 헤어질 때 흔히 '우리 언제 술 한잔하자'라는 말을 건넸을 뿐인데 내가 과한 반응을 보인 것일 수도 있다. 어쨌든 그에게 6개월간 전화를 몇 번 했지만, 결국 연결은 안 되었다. 그리고 그의 전화번호는 내 폰에도 더 이상 남아 있지 않다. 셋째, 그들은 사람을 빠르게 판단하고 더 이상 재고하지 않는다. 그들이 워낙 많은 사람을 만나기 때문에 그저 '원 오브 뎀'일 수 있기 때문이다.

네트워킹을 반대하는 다른 이유도 있다. 바로 시간이다. 네트워킹을 하려면 온라인에서의 활동은 불가피하다. 블로그에 글을 남기고 페이스북을 하고 인스타그램도 해야 한다. 또 직장인들이 많이 사용하는 링크드인도 꼼꼼히 봐야 한다. 예컨대 기업에서 강의를 하는 강사들은 어디에서 강의를 하는지, 연수원의 건물은 어떻게 생겼는지, 강의장은 어떤지, 강의를 들은 사람들의 반응은 어땠는지를 실시간으로 보낸다. 더불어 수강생들과의 '인증샷'은 인스타그램으로 직행이다. 대체 그런 시간이 어디서 나지? 나는 무척 궁금할 뿐이다. 그럴 시간이 있으면 잠시 여유를 찾고 생각을 할 수도 있다. 강사가 강의를 준비하는 것이 아니라 자기 홍보에 빠져 있는 것이다. '나는 이런 곳에서 강의하는 사람이니, 어서 나를 불러 봐'라고 외치는 것에 다름 아니다.

하지만 당황스럽게도 이런 행위는 꽤나 효과가 크다. 아무 생각 없는 사람들은 보통 다른 곳에서 강의하는 사람들은 크게 실수하지 않을 것이라 생각하고 그를 강사로 초빙하는 경우가 많다. 따라서 잘나가는 강사는 이런 온라인 홍보를 더 열심히 한다. 그러니 그 효과를 전면 부정할 수는 없다.

하지만 나는 그런 행위보다는 내가 가질 수 있는 시간을 선택했다. 스마트폰을 붙들고 하루 종일 수시로 입력하면서 사람들의 반응을 살피는 일을 하지 않는다. '좋아요'라는 페이스북의 아이콘이 사람들의 마음을 얼마나 흔들어 놓는지를 알기 때문에 나는 그렇게 하고 싶지 않았다. 특히 혼자 일하면 감정을 다스리는 것이 매우 중요하다. 혼자 생각하고 판단하고 다시 여유를 충전하는 것이 무엇보다 중요하다. 이것과 그것을 바꿀 수는 없다.

마이크로 유명인

'마이크로 유명인micro celebrity'은 인터넷과 모바일 애플리케이션으로 중무장한 채 주목받고 싶어 하는 현대인을 뜻한다. 이런 성향을 가진 사람들이 우리 주변에 있는 것, 혹은 우리 자신도 그런 모습을 가지고 있다는 것은 전혀 이상한 현상이 아니다. 누구나 그렇게 행동하고 있기 때문이다. 소셜 미디어를 이용하는 사람이라면 누구나 다른 사람에게 '나'라는 존재를 알리고자 하는 과시욕을 갖고 있다.

마이크로 유명인이 된 현대인들은 자기중심적으로 생각하고 자신을 드러내고 과시하려 데 열중한다. 이들이 온라인에서 글을 쓰는 이유도 청중들에게 주목받고 싶어 하는 '청중 효과' 때문이다.

《콰이어트》의 저자 수전 케인은 현대 사회는 이제 인격의 문화에서 성격의 문화로 이동하고 있다고 주장한다. 다른 사람들이 자신을 어떻게 보느냐에서 한 단계 나아가 '자기소개 문화'로 진입했다는 것이다.

현대인들을 마이크로 유명인으로 만든 첫째 요인은 통신 기술 발달이다. 언제 어디서나 사람들과 연결할 수 있고 글과 사진 및 동영상을 올릴 수 있는 IT 환경 덕분에 자신을 과시할 수 있게 된 것이다.

두 번째 요인은 브랜딩 전문가와 수많은 경제 기사다. 그들은 한결같이 자신의 장점을 파악하고 마케팅하는 방법을 알아내 자기 자신을 PR 해야 한다고 강조한다. 자기만의 이상과 목표를 찾고 이를 위해 노력해야 한다고 강조하는 것도 같은 맥락이다. 나는 소중하며 사랑받을 자격이 있고 특별한 존재로 인식되어야 한다고 생각하는 것도 마찬가지다.

문제는 이렇게 자기를 과시하는 문화는 개인에게게만 그치지 않는다는 것이다. 미국식 과시 문화가 확산되고 있다는 사실은 주목해 봐야 한다. 예컨대 미국 뉴욕에는 수많은 고층 건물이 마천루를 이루고 있다. 1913년 울워스, 1930년 크라이슬러, 1931년 엠파이어 스테이트 빌딩 등을 시작으로 마천루가 형성된 것이다. 모두 자기 과시가 표출되는 문화의 양상이라 해석할 수 있다. 즉 이들은 국가적 수준에서 외부의 인정과 선망을 촉구하는 상징으로 인식된다는 말이다.

　미국의 과시 문화를 받아들이는 각 나라와 도시는 점차 증가하고 있다. 이제는 두바이나 상하이 같은 도시들이 급부상하는 경제력을 바탕으로 지구상에서 가장 높은 건물들을 짓고 있다. 물론 새로운 건물들은 경제력을 과시하고 홍보하는 지위의 상징이다. 이런 현상은 우리나라에서도 예외는 아니다.

실패가 두렵다는 사람들에게 :
내가 모든 것을 잃고
다시 일어서기까지

Chapter 7

실패는 당연하다. 실패하지 않는다면
새로운 일을 하는 게 아니다.
– 니콜라 테슬라

'실패는 성공의 어머니'라는 말은 누구나 알고 있다. 누군가 크게
실패했을 때 조금이라도 위안이 될 수 있는 말일지는 모르겠다. 한때
나도 그런 생각을 했다. 실패는 성공의 어머니라고, 그러니까 괜찮다
고 말이다. 하지만 큰 실패를 겪고 복귀한 뒤로 나는 '실패는 성공의
어머니'라는 말을 믿지 않는다. 토머스 에디슨의 전구 실험 실패 사
례에서 유래되었다는 이 말이 가진 함의를 전면 부정하는 것은 아니
다. 성공한 사람 중 실패를 겪어 보지 않은 사람은 거의 없을 테니 말
이다.

솔직히 나는 실패가 두렵다. 실패의 크기가 클수록 다시 정상으로
돌아오는 것이 그만큼 더 힘들기 때문이다. 실패를 경험해 본 사람이
라면, 적어도 사업을 시작했다가 크게 망해 본 사람이라면, '실패는
성공의 어머니'라고 이야기하는 것이 결코 쉬운 일이 아니라는 사실

을 알고 있을 것이다.

실패와 관련해서는 무엇보다 솔직하게 언급해야 할 것 같다. 나는 2011년부터 거의 모든 것을 잃었다. 콘텐츠 사업은 실패로 돌아갔다. 매출이 전혀 없는 것은 아니지만, 기대에 미치지 못했다. 투자한 만큼의 수익을 기대하기가 어려웠다. 게다가 대형 마트 규제가 시작되면서 모 대형 마트와 진행하기로 했던 온라인/모바일 서비스도 무기한 연장되었고, 우리 회사 애플리케이션을 개발하겠다던 업체는 부도를 내고 사라져 버렸다.

모든 것을 버려야 할 때가 온 것이다. 직원들, 사무실, 그리고 모든 집기를 포기해야 했다. 다 처분하고 단 하나 애플 컴퓨터는 남겼다. 그것마저 포기할 수는 없었다.

모든 것을 잃고 나니 사업을 제휴하던 회사들의 신뢰가 무너지기 시작했다. 안쓰럽고 미안한 표정을 지으면서도 그들에게는 강 건너 불구경일 뿐이었다. 또 친구들, 학교 선후배들, 그리고 마지막으로 가족들의 신뢰도 무너지기 시작했다. 잘나가고 자신만만하던 모습은 온데간데없었다. 말 그대로 '루저'가 된 것이다.

모든 것을 잃고 나서 나는 다시 책을 쓰기 시작했다. 그 책이 바로 《디스턴스》였다. 사람들에게 상처받고 아팠다. 그래서 도대체 사람과 사람 간의 거리는 얼마나 되어야 하는 것인가를 알고 싶었다. 책을 쓰고 싶은 또 다른 마음도 있었다. '당신들이 알고 있는 나는 그렇게 후진 사람이 아니다'라는 것을 증명해 보이고 싶었다. 무엇보다 나 스스로에게 확신을 얻어야 했다. 내가 나를 자신할 수 없다면, 다른 사람들도 나를 볼 때 그럴 것이기 때문이었다. 그래서 정말 열심히 썼다.

《디스턴스》를 쓰면서도 사업 아이템을 계속 찾았다. 그리고 KT와 10개월 동안 신규 사업을 준비했다. 오랜 기간 준비했으나 KT 회장이 불명예 사임을 하는 바람에 물거품이 되고 말았다. 《디스턴스》라는 책이 나오고 한 달이 되지 않아 세월호 사건이 터졌다. 나에게 있던 모든 것이 없어졌다. 그야말로 바닥을 찍었다.

포기하지만 않으면 기회는 온다

실패의 원인은 많다. 이름 없는 무덤이 없는 것처럼 말이다. 수많은 변명을 늘어놓을 수 있을 것이다. 하지만 실패는 실패다. 예상하지 못한 것도 부족하고 실력이 없는 탓이다. 실패를 하게 되면 가장 처절하게 겪어야 하는 것이 있다. 실패를 인정하고 포기하는 것은 내가 아니라 주변 사람들이라는 점이다. 우선 많은 사람이 등을 돌린다. 그리고 다시는 일어서지 못할 것이라 여기며 나를 포기해 버린다.

실패에는 여러 종류가 있다. 크기 또한 다양하다. 작은 실패에 대해서는 쉽게 웃어넘길 수 있다. 넘어졌다 일어나듯이 툴툴 털고 일어나면 된다. 다시 기운을 내서 하면 된다. 그러나 큰 실패는 다르다. 우선, 모든 객관적인 판단 자체가 힘들어진다. 눈에 보이고 귀에 들리는 것이 정상일 때와는 다르게 보이고 다르게 들린다. 상황 판단이 안 되기 때문에 적절한 의사 결정마저 어렵다. 조급해지는 마음이 앞서기 때문이다. 그러다 보면 오랜 시간 공을 들여야 하는 사업은 제대로 할 수 없고, 무엇이든 급하게 결론을 보려고 한다. 게다가 주변 회사들은 일단 상황이 좋지 않은 회사와는 일을 하려고 하지 않는다. '안됐네' 하면서 지나칠 뿐이다. 수렁에 빠진 사람 손잡아 주었다가 자신도 빠질지 모르기 때문이다.

실패의 어두운 그림자가 드리워졌을 때는 술을 잘 마시지 않았다. 그러다 가끔 한잔하면 울기도 했다. 그리고 발걸음은 늘 무거웠다. 도무지 길이 어디에 있는지 찾을 수가 없었다. 실패란 그런 것이다. 영화에서는 실패가 멋지고 아름다운 과정일 수 있다. 하지만 현실은 다르다. 사람들은 실패한 사람들을 가까이하지 않는다. 이미 말했듯이 나보다 먼저 '나'를 포기해 버리는 것이다.

그래서 나는 실패에 대해서는 다른 사람들보다는 조금 더 안다. 지금은 '지옥에서 걸어 나온 남자'라고 웃으며 말하지만, 그 몇 년 동안 '루저'라는 낙인이 찍힌 채 살아가기가 보통 어려운 일이 아니었다.

누구나 실패할 수 있다. 성공하는 사람이 극소수에 불과한 것은 실패라는 늪을 통과하기가 어렵기 때문이다. '실패는 성공의 어머니'라는 장밋빛 희망은 선사하고 싶지 않다. 실패는 실패다. 물론 당신이 조직 안에서 실패하는 것은 괜찮다. 하지만 밖에 나와서의 실패는 회복하기가 쉽지 않다.

그래서 실패하지 않는 방법을 한마디로 설명하지는 못하겠다. 가장 중요한 한 가지만 이야기한다면, 그것은 당신의 마음과 정신이다. 당신 주변의 모든 것이 무너지더라도, 남들이 어떤 말을 하더라도, 세상 모든 사람이 당신을 포기하더라도 당신만큼은 당신을 포기해서는 안 된다. 술 마시고 목 놓아 울어도 좋다. 대신 믿음은 지키고 있어야 한다. 그 누가 뭐라 해도 다시 일어설 수 있다는 믿음 말이다.

실패는 누구에게나 힘들고 두려운 존재다. 하지만 인생을 살면서 피하지 못하는 것 또한 실패일 것이다. 실패를 극복하는 것은 힘들고 어렵다. 그리고 그 늪을 통과하는 사람은 극소수다. 하지만 그 누군가는 그 늪을 통과할 것이다. 실패를 극복하고 성공한 사람이 당신이고 싶다면, 실패가 왔을 때 마음의 중심을 잘 잡아야 한다. 나는 마음이 흔들릴 때면 운동을 하고 잠을 잤다. 당신도 실패에 맞설 강력한 무기 하나 정도 준비해 두면 좋을 것이다.

나는 지금 생활에 만족한다는 사람들에게 :
3년 후에도
좋은 시절이
계속될 수 있을까?

Chapter 8

작은 변화가 일어날 때
진정한 삶을 살게 된다.
— 레프 톨스토이

직장 생활을 할 때는 직장을 옮기는 명확한 기준과 타이밍이 있었다. 간단했다. 내가 더 이상 배울 것이 없다고 판단되면 회사를 그만두었다. 업무가 기준인 적도 있고 사람이 기준인 적도 있다. 사람이 기준인 경우는 대개 직장 상사들이었다. 상사에게 배울 점이 있다면 일이 다소 마음에 들지 않고 고되더라도 회사에 남아 있었다. 그동안 직장 생활을 하면서 좋은 상사를 만나기란 정말 어려운 일이라는 생각이 들었기 때문이다. 그냥 하는 말이 아니라, 진짜 어려웠다. 여러 회사에서 일을 했음에도 불구하고 존경할 수 있는 상사는 단 한 사람 뿐이었다. 그는 피곤한 타입이기는 했다. 술도 마시지 않고 아침 7시면 회사에 출근해서 일을 하고 있으니 '똑부(똑똑하고 부지런한)' 스타일이었던 것이다.

직장 생활 기간을 돌이켜 보면 나름대로 명확한 기준이 있었다고는 하지만, 당시 상황은 혼란 그 자체였다. IMF 시절에 직장 생활을 시작했으니 시장은 모든 것이 재편되고 있었고, 곧이어 닷컴 버블이 오면서 '도대체 어떤 일을 해야 살아남을 수 있는 것인가'라는 생각을 할 수밖에 없었다. 게다가 내 학벌이 그렇게 좋은 것도 아니라서 커다란 경쟁 압력 속에서 살아남기 위해서는 끊임없이 나 자신을 다시 포장하는 것도 필요했다. 피곤하고 여유가 없는 삶이었지만, 지나고 보니 얻은 것도 있었다. 그렇게 긴장하면서 살다 보니 '내성'이라는 것은 느껴보지 못한 듯싶다.

'내성'이라는 개념이 널리 퍼져 있는 곳은 약물 세계다. 내성을 이해할 수 있는 가장 좋은 예가 모르핀이다. 모르핀은 병원에서 고통스러워하는 환자들에게 주사하는 약물이다. 하지만 모르핀은 시간이 지나면 약효가 사라져 다시 주사해야 하는데, 계속 투여하다 보면 어느 순간 효과가 없어진다. 내성이 생긴 탓이다.

내성이 이렇게 약물 세계에만 존재하는 것으로 생각하는데 실은 그렇지 않다. 내성은 어디에나 존재한다. 다이어트를 하거나 건강식을 먹을 때 혹은 인간관계를 맺을 때도 내성이 존재하고, 조직을 운영하는 데에도 내성이 존재한다. 예컨대 운동을 할 때도 같은 운동만 반복하면 언젠가는 내성이 생기면서 운동 효과가 없어지는 순간이 온다. 그래서 몇 년 전부터는 크로스핏이라는 운동법이 유행이다. 크로스핏은 여러 가지 운동의 순서와 조합을 바꿔 가며 하는 것이다. 크로스핏과 같은 운동이 유행하는 건 바로 그 새로움 때문이다.

조직도 마찬가지다. 직원들에게 아무리 좋은 업무 환경을 만들어 주어도 혹은 업무 만족도를 아무리 높여 주어도 언젠가는 내성이 찾아오게 마련이다. 이것은 하물며 전 세계에서 가장 입사하고 싶어 하는 회사인 구글에서도 마찬가지다.

구글에는 업무 환경과 관련한 원칙이 하나 있다. 업무 시간의 80퍼센트만 일에 집중하고 나머지 20퍼센트는 개인적으로 관심 있는 분야를 연구하라는 것이다. 그것이 운동이어도 좋고 다른 업무여도 상관없다. 이쯤 되면 하루 종일 업무에 시달려야 하는 직장인들에게는 꿈의 직장인지도 모른다. 하지만 그렇지 않다. 최근 구글은 지속적으로 또 장기적으로 직원들을 만족시키기는 어렵다는 결론을 내렸다고 발표했다. 아무리 좋은 환경과 최고의 연봉을 제공해도 안 되는 건 안된다는 사실을 깨달은 것이다. 그래서 구글은 최후의 수단을 내놓았다. 직원이 사망하면 그 배우자에게 10년 동안 연봉의 50퍼센트를 지급하겠다는 것이다. 구글은 이 프로그램에 대한 반응이 좋다며 자찬하는 분위기다. 직원들이 배우자를 위해서라도 열심히 일해야겠다는 동기가 생겼다는 말이다. 구글에서 일하다 사망하는 직원이 과연 몇 명이나 있을지는 모르겠지만, 아무튼 그 좋은 직장이라는 구글에도 내성이 찾아오게 마련인 것이다.

좋은 환경이 슬럼프를 만든다

우리도 마찬가지다. 우리도 똑같은 내성, 즉 고원 효과를 겪는다. 영어로는 '플래토 이펙트'라고 한다. 편안하고 여유롭고 행복한 환경에서 살다 보면 어느 순간까지 성장하던 우리는 정체 현상에 빠지고 만다. 자아에 대한 인식도 부족해지고 의식도 나태해지면서 평범한 사람이 되어 버리는 것이다. 다른 말로 '슬럼프'라고 할 수도 있다.

문제는 사람들이 고원 효과의 존재나 위력을 잘 느끼지 못한다는 데 있다. 고원 효과는 자연의 중력이나 마찰력처럼 어디에나 존재한다. 다만 우리가 알아차리지 못할 뿐이다. 게다가 고원 효과는 우리를 서서히 잠식해 가는 위력을 갖고 있다. 매일매일 조금씩 잠식하기 때문에 잘 알아차릴 수도 없다.

당신이 만약 지금 생활에 만족하고 있다면 그것은 내성이나 고원 효과와도 상관있을 것이다. 당신이 지금 편안한 상황이라면 그것은 당신이 그동안 노력한 과정에 대한 보상이며, 그 보상이 오래 지속될 것이라고 생각할 수도 있다. 아니면, 그 상황이 지속될지 아닐지에 대한 시간 개념이 없을 수도 있다. 그렇다면 문제가 더 크다. 시간 개념이 없다는 것은 곧 자기의 현재 위치를 파악하지 못하는 것이기 때문이다.

나는 요즘 몇 년 후에는 과연 무엇을 해야 할까를 고민하고 있다. 사실 안정을 찾아가고 있다고 생각한 것은 그리 오래된 일이 아니다. 지금은 책을 읽고 리뷰하는 일을 하고 있지만, 인공 지능 시대가 가까워 오면서 이 일도 안전지대가 아니라는 생각이 든다. 무슨 일을 어떻게 해야 할지 지금부터 고민해야 한다. 나에게도 새로운 도약이 필요한 시점이 오고 있는 것이다.

물론 새로운 도약을 준비한다고 해서 그것이 늘 좋은 결과로 이어지는 것은 아니다. 과거에 내가 그랬다. 오프라인 강연회 사업을 하다가 어느 순간 새로운 것을 찾았는데, 그것이 바로 콘텐츠 비즈니스였다. 사실 방향은 맞았는데, 방법이 틀렸다. 그렇게 많은 인원이 필요한 것도 아니었고, 그렇게 큰 자금을 투자하지 않아도 될 일이었다. 결국 그 사업은 내게 큰 상처만 남기고 말았다.

그래서 선택이 어렵다. 지금 상황에서 무엇인가를 바꾸기 위해 선택하지만 그것이 오히려 최악의 선택이 될 수도 있기 때문이다. 하지만 더 나쁜 것은 아무것도 선택하지 않는 것이다. 그냥 아무 생각 없이 선택할 생각조차 하지 않는 것이 가장 큰 문제다.

나는 선택에 대해서는 유별난 원칙을 하나 갖고 있다. 내 주변 상황 또는 심리적으로 힘들다고 생각될 때는 아무런 판단도 내리지 않는 것이다. 그냥 묵묵히 참는다. 그 누군가 선택을 강요하고 다그치더라도 아무런 선택도 하지 않는다. 그런 원칙을 세운 것은 내가 심리적으로 힘들 때 내린 선택이 한 번도 좋은 결과를 가져다주지 않았기 때문이다. 그러니까 이럴 때 선택을 하지 않는 것과 아무 생각이 없어서 선택하지 않는 건 다른 것이다.

혹시 지금 당신이 만들어 놓은 행복한 환경이 꿀맛일 수도 있다. 그런 상황은 충분히 즐겨야 한다. 하지만 그 상황을 너무 즐기지 않기를 바란다. 당신도 내성으로부터 자유롭지 않기 때문이다. 또 지금의 상황을 반전시켜 줄 완벽한 상황을 기다리고 있다면 그 완벽주의도 과감하게 버려라. 세상 그 무엇도 당신을 위해 완벽한 계획을 세워 주지 않기 때문이다.

혼자 일하는 것을
피할 수 있는
사람은 없다

Chapter 9

나머지 인생을 설탕물이나 팔면서 보내고 싶습니까?
아니면 세상을 바꿔 놓을 기회를 갖고 싶습니까?
- 스티브 잡스

세상은 갈수록 어려워져만 간다. 기술은 따라갈 수 없을 만큼 빠르게 발전하고 있고, 기업 간 경쟁은 제로섬 게임으로 치닫고 있다. 각 나라의 무역 장벽이 없어지고 전 세계 물류 비용이 저렴해진 탓에 물건을 제대로 만들어 이익을 챙기겠다는 생각은 허황된 꿈인지도 모른다. 게다가 지구상에 사람이 너무 많은 탓인지 천재가 너무나 많다. 예전에는 특정 분야의 전공자가 영어를 유창하게 하면 '글로벌 인재'라는 딱지를 달 수 있었다. 하지만 요즘에는 전세가 역전됐다. 영어권 나라에서 태어난 외국인이 전문가급의 실력과 유창한 한국어를 구사하며 나타나기 시작했다. 게다가 각 분야 박사급이나 MBA 출신들도 셀 수 없이 많다. 이제는 웬만한 스펙으로 그들과 경쟁하는 것은 거의 불가능에 가깝다.

조직에서는 조금 안전하지 않겠는가 싶지만, 그렇지도 않다. 40대

중반이 되면 무언의 압력들이 들어오기 시작한다. 임원으로 승진할 사람과 승진하지 못할 사람이 구분되기 시작하는 것이다. 나이가 들수록 지출은 늘어만 가고, 회사에서의 고용 안정성은 이제 그 누구도 지켜 내기 어려운 상황이다. 그렇다고 조직에서 나와 퇴직금과 있는 돈을 다 투자해 사무실을 구하고 직원을 채용해 자기 사업을 시작하는 것은 위험 부담이 너무나 크다. 성공 가능성을 그 누구도 보장해 주지 못하기 때문이다.

생각의 방향을 적극적으로 돌려 보자. 세상에서 떠밀려 혼자 일하는 것이 아니라, 나 스스로 할 일을 찾고 어떤 일이든 혼자 해 나가는 것을 선택하는 것이다. '피할 수 없다면 즐겨라'라는 말은 이럴 때 쓰는 것 아닐까.

예전에는 새로운 일을 추진하기 위해서는 사람이 많을수록 좋다고 여겼다. 수많은 기업의 회의실에 그토록 많은 의자가 놓여 있는 것이 이를 잘 대변해 준다. 하지만 최근 들어 조직들은 몇 가지를 인정할 수밖에 없는 상황이다. 우선, 조직 내에서 강조되던 '집단 지성'은 상상 속에만 존재할 뿐 그것을 현실화하는 일이 불가능하다는 것을 깨닫게 되었다. 집단 지성은 이상적인 목표일 뿐 제대로 구현될 수 없는 아이디어라는 것이다. 게다가 조직의 아이디어를 위해서는 조직 내부에 있는 사람들보다는 조직 외부에 있는 사람들의 참신한 아이디어가 실질적으로 도움이 된다는 것에도 동의하고 있다. 그동안 자신들이 믿고 있던 인적 자산과 경쟁력에 대해 심각한 의구심을 갖게 되었다는 의미다.

또 사업을 추진하는 데 많은 조직이 필요하지 않다는 것에도 동의

하고 있다. 이것은 다분히 IT 기술이 발달했기 때문에 가능한 일이다. 여러 사람이 할 수 있는 일들을 빠른 컴퓨터로 대체하고 있고, 로봇과 알고리즘을 동원해 자동화하고 있다. 일각에서는 이제 기업 비즈니스의 최종적인 목적지는 관리자 한 사람이 모든 것을 운영하는 1인 기업 체제가 될 것이라고 이야기하고 있다. 농담이 아니다. 일본의 한 초밥 체인점은 260개 정도인데 각 지점에는 관리자가 없다. 모든 것이 자동화되어 있고 중앙 관리 센터에서 컨트롤하고 있기 때문이다. 맥도날드도 이미 1991년에 매장 자동화를 완성했지만, 아직은 각 나라의 최저 임금 수준이 높지 않기 때문에 시행을 서두르지 않을 뿐이다. 만약 인건비가 올라가면 맥도날드도 완전 자동화를 시작할 것이다.

혼자라는 것을 인정하면 변하는 것들

어려운 세상에서 살아가는 방법은 여러 가지가 있다. 남다른 기술과 지식으로 조직에서 승승장구할 수도 있고, 멋진 회사를 만들어 성공 가도를 달릴 수도 있다. 또는 식당이나 카페를 운영하거나 책을 쓰고 강의를 하는 것도 한 방법일 수 있다. 각자가 선택할 수 있지만, 여기에는 한 가지 분명한 공통점이 있다. 조직에 있든지 혹은 조직에서 나와 회사를 만들든지 결국은 혼자 일하는 것을 피할 수는 없다는 사실이다.

물론 혼자 일해 보지 않아 두렵고 불안할 것이다. 그러나 반대로 생각하면, 당신은 이미 혼자 일하고 있었다. 혼자 계획서를 만들어야 했고, 혼자 실적을 올려야 했고, 작은 의사 결정도 혼자 내려야 했다. 성공한 프로젝트에 대해서는 칭찬을 받았겠지만, 실패한 프로젝트에 대해서는 혼자 책임을 져야 했다. 당신은 그렇게 혼자였지만, 단지 그것을 인정하지 않았기 때문에 혼자였다는 사실을 기억하지 못하는 것이다.

혼자라는 것을 인정하고 나면 의외로 마음이 편안해진다. 실제로 나는 혼자 일하고 있지만 외롭다는 생각은 안 든다. 우선 외롭다고 느낄 만한 시간이 없고, 그렇게 한가하도록 사람들이 내버려 두지를 않는다. 규모가 큰 프로젝트를 진행할 때 과거에는 그 일을 해낼 수 있는 사람을 찾았지만, 지금은 찾지 않는다. 그 일을 할 사람이 나밖에 없다는 것을 알고 있기 때문이다. 따라서 이 사실을 마음 깊이 인정하고 나면 실제로 마음이 더 편안해진다. 주변을 둘러봐도 도움을 청할 사람이 없으면 외롭고 힘들다. 하지만 역설적이게도 나 혼자 노력하면 더 많은 사람이 함께해 준다. 실제로 그렇다. 당신이 혼자 일하게 되면 더 많은 사람이 모여든다. 당신의 능력과 판단력 그리고 당신의 자립심을 대단하다고 인정하기 때문이다.

알고리즘

알고리즘은 어떤 문제를 해결하기 위해 정해진 일련의 절차나 방법을 의미한다. 우리는 구글에서 데이터를 누리고, 아마존에서 추천하는 책들을 읽고, 넷플릭스에서 추천하는 영화나 드라마를 감상한다. 페이스북 같은 소셜 네트워크는 우리가 알고 있을 만한 사람 혹은 관심 가질 법한 뉴스를 클리핑해 준다. 페이스북에서는 새로운 인물을 추천해 주는데, 잘 모르는 사람이 나중에 보니 같은 건물 옆 사무실에 근무하는 사람이어서 깜짝 놀란 적도 있다.

아마존에서는 초창기에 두 부서가 경쟁을 벌였다. 한 팀은 책을 읽고 검토해서 사람들에게 추천해 주는 편집 인력으로 구성되어 있었다. 말 그대로 인간의 직관을 살려 책을 추천하는 일을 하는 사람들이었다. 다른 한 팀은 아마존 고객을 대상으로 책을 추천하는 알고리즘을 개발하는 일명 개인화 팀personalization team이었다. 개인화 팀에는 책을 추천해 주는 인력 대신 아마봇Amabot이라는 무기가 있었다. 자동 추천 알고리즘인 것이다. 아마존 경영진은 이 두 팀이 단기와 장기에 걸쳐서 어떻게 성과를 창출하는지, 그리고 궁극적으로 어떤 팀에 더 투자해야 하는지를 판단하려고 했다. 이 경쟁의 승자는 어느 팀이었을까? 예상대로 당연히 개인화 팀이었다. 인간의 직관을 가지고 아무리 애써 봤자 아마봇을 이기지는 못했다. 결국 편집 인력으로 구성된 팀은 해체되어 팀원들은 다른 팀으로 전출되거나 퇴사를 했다. 남은 건 알고리즘이었다.

우리가 사는 세상은 이미 알고리즘으로 가득 차 있어서 우리는 그 안에서 자유로울 수 없다. 알고리즘이 인간보다 우월하게 상황을 판단한다는 사실은 이미 오래전부터 알려진 이야기다.

1954년 심리학 교수 폴 밀은《임상적 예측 대 통계적 예측:이론적 분석과 근거 검토》라는 논문 같은 제목의 책을 냈다. 제목은 복잡하지만 내용은 간단했다. 알고리즘과 상담 교사에게 고등학생들의 기말고사 성적을 예측하게 한 뒤 그 결과를 비교한 내용이었다. 한마디로 인간이 우월한지, 알고리즘이 우월한지를 비교한 것이다. 상담 교사들은 45분 동안 학생들과 면담을 한 뒤 모든 적성 검사 자료와 고등학교 전체 성적을 검토했다. 반면 알고리즘은 고등학교 전체 성적과 한 번의 적성 검사 자료만 검토했다. 이 결과도 당연히 알고리즘의 승리였다. 알고리즘은 정확히 14건 중 11건에서 학생들의 기말고사 성적을 정확히 예측했다. 믿기 힘들지만, 폴 밀 교수가 책을 낸 시점은 1954년이다. 그로부터 반세기 이상이 흐른 지금 알고리즘은 얼마나 더 발달했을까?

세계적인 동영상 스트리밍 업체 넷플릭스는 알고리즘을 가장 잘 활용하는 회사 중 하나다. 2013년 2월, 넷플릭스는 최초로 오리지널 콘텐츠 제작에 나섰다. 바로 〈하우스 오브 카드〉였다. 미국의 정치 드라마였는데, 한국에서도 꽤나 많은 사람이 열광한 '미드'였다.

이 드라마를 제작하게 된 배경은 눈여겨볼 만하다. 〈하우스 오브 카드〉는 2500만 넷플릭스 이용자의 데이터를 수집하고 알고리즘을 적용해 만든 드라마였다. 넷플릭스는 제작비 1억 달러를 투자하면서도 시나리오 검토 과정을 거치지 않았다. 이용자들이 선호하는 배우인 케빈 스페이시에게 주연을 맡기고, 그들이 즐겨 보는 영화의 감독인 데이비드 핀처에게 감독을 맡겼으며, 그들이 즐겨 보던 영국 BBC의 〈하우스 오브 카드〉를 리메이크한 것이다. 단지 데이터 결과만 믿고 1억 달러를 투자해 대박을 만들어 낸 것이다.

그런가 하면 영국의 에파고긱스라는 회사는 새로 만든 영화가 박스 오피스에서 흥행 매출을 얼마나 올릴 수 있는지를 판단한다. 물론 알고리즘의 계산은 쉽지 않다. 알고리즘을 개발하기 위해 텔레비전 프로그램 순위를 예측하던 전문가들을 영입했는데, 영화 예측에는 무려 3007만 3680개나 되는 입력 사항이 존재한다. 그리고 여기에 데이터를 입력하면 영화가 얼마나 흥행할지 예측할 수 있다.

할리우드 배우들이 결혼하면 언제 이혼할지를 예측하는 알고리즘도 있다. 영국의 통계학자 가스 선뎀은 별도의 공식으로 만든 알고리즘을 개발했는데, 실제 이 알고리즘은 결혼한 커플이 언제 이혼하는지를 예측한다. 웃을 일이지만, 그 정확도가 꽤 높다. 알고리즘은 톰 크루즈와 케이티 홈즈의 이혼을 예측했고, 윌 스미스와 제이다 핑킷의 운명도 정확히 예측했다. 이 알고리즘이 그들의 이혼을 예측하는 건 단순한 우연이 아니다. 여기에는 남편과 아내의 나이부터 서로 몇 개월을 알고 지냈는지, 또 남편이 구글에서 어떤 검색을 하는지까지 다양한 데이터가 포함된다.

우리는 이런 세상에 살고 있다. 아마존 같은 기업은 고객의 성향과 과거 구매 이력 등을 통해 어떤 소비 성향을 지니고 있는지 분석하고 그에 맞춰 광고를 보여 준다. 안면 인식 기술을 통해 SNS의 개인 정보나 포스팅을 분석하고 맞춤형 광고를 보여 주려는 기업도 있다. 직원을 채용할 때도 트위터나 페이스북의 과거 포스팅 이력을 분석하는 실리콘밸리 기업이 늘고 있다. 알고리즘은 이 어려운 일을 인간보다 더 정확히 해낼 능력이 있기 때문이다.

또 한편으로는 우리에게 아무 생각 없이 살아도 충분히 살 수 있는 세상이라는 생각을 심어 주기도 한다. 알고리즘 덕분에 그야말로 아무 생각 없이 살아도 저절로 알아서 일이 진행되는 것처럼 느껴진다. 하지만 그럴수록 알고리즘이 만든 현실에서 깨어나야 한다. 당신이 무엇을 할 수 있는지, 무엇을 할 것인지를 스스로 생각해야 한다는 말이다.

Part 5

내가 혼자 일하며

깨달은

언제나 통하는

인생의

기술 9

세상에서 가장 해내기 어려운 것,
성공 여부가 가장 의심스러운 것
그리고 다루기가 가장 위험한 것은
새로운 질서를 도입하는 것이다.

—니콜로 마키아벨리, 《군주론》

나만의
스타일을
만들어라

Chapter 1

자신의 꿈을 위해 일하지 않는 사람은
남의 꿈을 위해 일해야만 한다.
– 토니 개스킨스

나는 혼자 일하지만 내가 일하는 상대는 아직까지 모두 회사들이다. 한쪽은 출판사들과 인터넷 서점이고, 다른 한쪽은 수백 명 혹은 수만 명의 직원이 일하는 기업이다. 또 그들에게 새로운 교육 서비스를 제공하는 온라인 교육 플랫폼 회사들도 있다. 아직까지 내가 같이 일하는 제휴사들 중에는 프리랜서나 혼자 일하는 기업은 없다. 내가 만드는 콘텐츠의 특성 때문이다. 물론 다른 산업에서도 혼자 일하는 기업들이 있겠지만, 아직 외부에 잘 알려지지 않아 모를 수도 있다.

혼자 일하는 사람들은 무엇보다 자신만의 스타일을 만들어야 한다. 스타일을 만들 때 첫 번째 고려할 점은 카테고리다. 사람들은 보통 '1인 기업가'라는 개념을 많이 사용한다. 그리고 1인 기업가들의 리그를 만들어 네트워크를 형성하기도 한다. 나는 군이 '1인 기업가'라고 할 필요는 없다고 생각한다. 어차피 일을 시작하고 시장에서 인정받는 플레이어가 되면 그가 1인 기업가인지 혹은 여러 명의 대표인지는 그다지 중요한 문제가 아니기 때문이다.

혼자 일하는 사람들이 먼저 정해 둘 것이 있다. 어떤 산업에서 일할 것인지 그중에서도 하고 싶은 분야는 무엇인지를 정해야 한다. 나는 책이라는 거대한 콘텐츠 산업에서 새로 나온 책을 리뷰하는 작은 일을 선택했다. 혼자 일하기 때문에 스스로 감당할 수 있는 부분을 택한 것이다. 또 비즈니스 파트너들을 마음속으로 정해 두어야 한다. 내 경우에는 대부분 기업들이었다. 그건 다르게 표현하면 소셜 미디어를 통한 제휴나 일하는 방식들에 대해서는 잘 몰랐다는 의미다. 내가 조금이라도 더 잘 알고 있는 것은 전통적인 기업들이었기 때문에 비즈니스를 통해 제휴를 맺고 업무 방식에서도 전통적인 방식을 따른 것이다.

소셜 미디어를 비롯해 개인 간 거래가 활발한 시장에서도 혼자 일하는 것은 충분히 가능하다. 그리고 이제는 그 영역대가 무한대로 펼쳐지면서 경계가 무너지고 있는 것도 사실이다. 예컨대 웹툰 작가, 디자이너, CF 감독, 성우, 컨설턴트 등은 과거에는 해당 분야에서만 잘 알려져 있었으나 이제는 소셜 미디어와 전통적인 비즈니스계를 넘나들며 활약하고 있다.

중요한 것은 자신에게 맞는 것을 선택해야 한다는 점이다. 나도 페이스북이나 링크드인 혹은 트위터를 통한 네트워크 구축에 대해 생각해 보지 않은 것은 아니다. 그러나 나에게는 맞는 방식이 아니라고 판단돼 모든 채널을 닫아 버렸다. 언젠가는 다시 소셜 미디어 채널을 열 수도 있겠지만, 현재로서는 계획이 없다.

두 번째 고려할 점은 일하는 방법이다. 일하는 방법은 매우 포괄적인데, 우선 일하는 장소와 시간대를 고려해야 한다. 어느 장소에서 일할 것인지, 어느 시간대에 일할 것인지를 결정해야 한다. 1인 기업가라고 알려진 사람들은 보통 정해진 자리 없이 이동하는 '디지털 노마드족'인 경우가 많지만, 어떤 비즈니스를 하느냐에 따라 다를 수 있다. 시간 역시 같은 맥락이다. 같이 일하는 사람들과 보조를 맞춰서 결정해야 한다.

　일하는 방법에 대해서는 더 많은 것을 고려해야 한다. 사람들과 일을 할 때 그들의 퍼포먼스를 얼마나 신뢰할 것인지는 매우 중요한 문제다. 나는 처음에는 완벽하게 신뢰했지만, 지금은 사람은 신뢰하되 퍼포먼스는 눈에 보이는 것만을 믿는다. 일은 자기가 원하는 대로 되는 경우가 많지 않기 때문이다. 또 사람들과 커뮤니케이션하는 방식과 당신이 집중해야 하는 시간대에 대한 조율도 필수적이다. 혼자 일하는 사람들에게는 어떻게 움직이느냐가 매우 중요하다. 당신이 일을 시작하면 회사가 움직이기 시작하는 것이고, 당신이 일에서 멀어져 있으면 당신 회사는 쉬고 있는 셈이다.

　세 번째는 당신이 사용하는 장비에 대한 고려다. 나는 사무실과 집에서 노트북과 스마트폰 모두 애플 제품을 사용하고 있다. 모든 제품은 최신형이고, 컴퓨터 운영 체제와 프로그램 버전은 늘 똑같이 업그레이드를 한다. 한마디로 언제 어디서든 일할 수 있는 환경을 만들어놓았다는 말이다.

　혼자 일하는 사람들에게 장비는 제일 중요한 무기 중 하나다. 이는 아무리 강조해도 지나치지 않다. 그런데 의외로 많은 사람이 장비를 중요하게 생각하지 않는다. 컴퓨터는 예전에 사용하던 것을 대충 쓰면 되지 굳이 돈을 들여 새로 구입할 필요가 없다고 생각한다. 물론 돈을 써야 하는 일이니 그건 당신이 판단할 문제이기는 하다. 하지만 사람의 퍼포먼스를 가장 빠르고 쉽게 올릴 수 있는 방법이 장비에 투자하는 것이라면, 당신은 어떤 판단을 내릴 것인가?

실제로 장비는 실력을 가장 빠르고 쉽게 키워 주는 무기다. 우선 속도에 대한 것은 비교 대상이 되지 않는다. 같은 작업을 하더라도 빠른 컴퓨터에서의 작업은 시간을 훨씬 줄여 주고 스트레스를 덜 받게 한다. 그러나 장비는 속도 이상의 것을 좌우한다. 바로 운영 체제다. 나는 마이크로소프트 윈도에서 사용할 수 있는 파워포인트나 워드 프로그램은 조직 생활할 때만 썼다. 지금은 애플의 키노트 혹은 페이지스를 사용하고 있다. 나름 명확한 이유가 있다. 파워포인트 대신 키노트에서 작업을 하면 시간이 3분의 1로 줄어든다. 게다가 컴퓨터 시스템 자체가 만들어 내는 경쟁력도 있다. 파워포인트에서 작업한 것과 키노트에서 작업한 것에는 질적인 차이가 있다. 스티브 잡스가 애플 월드 행사에서 발표할 때 사용한 프로그램이 키노트였다는 사실을 아는 사람들이 있을 것이다. 그들은 파워포인트와 키노트가 질적으로 다르다는 것을 안다. 하지만 키노트를 적극적으로 사용하려는 사람은 많지 않다. 어떤 프로그램을 어떻게 사용하는지에 따라 경쟁력에 차이가 난다는 것을 알고는 있지만, 많은 사람이 파워포인트를 사용하고 있으니 주류를 따르는 것이기도 할 테고 새로운 것에 투자하고 배울 용기가 없어서이기도 할 것이다. 당신이 원한다면 그렇게 살아도 된다.

그런데 당신이 새로운 시스템에 자주 관심을 가져야 하는 이유가 있다. 바로 인공 지능이다. 앞으로 10년 안에 사무직 근로자를 인공지능으로 대체할 것이라는 것이 전문가들 의견이다. 문제는 지금 우리가 사용하는 시스템에서 업그레이드가 될 것이라는 점이다. 지금부터라도 이 시대의 최첨단에 서야 한다. 그래야만 혼자 일하는 당신이 수많은 조직을 거느린 공룡보다 훨씬 유리한 고지에 설 수 있다. 그리고 그 길이 당신이 생존할 수 있는 길이라는 사실을 염두에 두어야 한다.

AtoZ 전략:
모든 것을 내가
직접 해결하는 이유

Chapter 2

남이 열심히 하고 있는 일을 함부로 말하는 사람은
어떤 일도 소중히 여기지 못한다.
— 하일권

혼자 일하는 것의 핵심은 말 그대로 A부터 Z까지, 즉 내가 만들고
자 하는 최종 결과물까지의 모든 과정을 혼자 할 수 있어야 한다는 것
이다. 하지만 지금까지 우리는 반대로 배웠고 그렇게 훈련받았다. 스
스로 잘할 수 있는 분야를 선택하고 그 분야의 전문가가 되면 사회와
조직이 우리에게 그 분야에서 일할 수 있는 권한을 부여해 주었다. 그
렇게 우리는 사회에 진출했다. 이는 커다란 사회의 아주 작은 부품이
되었다는 것을 의미한다.

사회에 진출했다는 것은 개인에게는 행복한 일이지만, 여기에는 우
리가 생각하지 못했던 부분들이 존재한다. 대부분의 사람들은 자신
이 시간을 투자해서 만들었던 그 모든 것이 사회에서 어떻게 사용되
는지, 사람들은 그것을 어떻게 인식하는지를 알 수가 없다. 이것은 현
대 사회의 구조적인 문제 탓인데, 우리가 아주 작은 부분만을 다루고

있기 때문이다.

그러나 과거에 인류는 그렇게 살지 않았다. 장인들은 나름대로의 기술과 경험을 가지고 자신이 만들 수 있는 최상의 물건을 만들었다. 일반인들은 그들을 존경했고, 덕분에 그들은 전통 사회에서 장인의 맥을 이어 갈 수 있었다. 예컨대 마차를 만들거나 장신구 혹은 도자기를 만들던 장인들은 당대에 유명한 산업인이자 예술가였던 것이다. 하지만 현대 사회로 접어들어 대량 생산과 대량 공급이 중요해지면서 장인에 대한 존경심은 사라지고 말았다. 우리 삶에 분업화가 찾아온 것이다. 모두들 자기가 맡은 일을 열심히 하면 되고, 다른 것은 신경 쓰지 않아도 상관없었다.

AtoZ 전략은 모든 것을 스스로 만들고 해결하는 방법으로 돌아가는 것을 의미한다. 혼자 일하면서 가장 어려운 점이 바로 이렇게 일하는 것이 아니겠느냐고 생각하겠지만, 그렇지는 않다. 오히려 이렇게 일하는 것은 쉽다. 시간과 노력을 투자하면 전문가가 될 수 있기 때문이다.

사실 나도 혼자 모든 것을 해내기까지 많은 고민을 했다. 혼자 모든 것을 해 본 경험이 없었기 때문이다.

'과연 내가 할 수 있을까?'

'다른 사람들은 이 일을 어떻게 할까?'

생각이 꼬리에 꼬리를 물기 시작하면 끝이 없었다. 그러다 보니 시간이 아까워 하루라도 빨리 시작하고 싶었다. 방법을 찾고 시작한 것이 아니라 무작정 시작한 것이다. 그리고 하나씩 무언가를 만들고 다시 수정하고 다시 만들기를 반복했다. 혼자 일하는 즐거움을 찾기 시작한 순간이었다. 일을 하기 전 아무리 생각을 해 봐야 내가 잘할 수 있는 것은 생각하는 방법을 터득하는 것뿐이었다. 우리가 머릿속으로 상상해서 그 모든 것을 알아차린다면 얼마나 좋을까. 하지만 신은 우리에게 그런 능력은 주지 않았다.

일단 혼자 일하는 데 가장 중요한 AtoZ 전략을 완성하는 것은 시간 투자와 노력에 있다. 최선의 노력과 시간을 투자해야 한다. 물론 그것은 나에게도 어려웠듯이 당신에게도 처음에는 어려울 것이다. 나는 어렵다고 느낄 때면 늘 버릇처럼 '나에게 어려우면 다른 사람에게도 어려울 것이다'라는 생각을 했다. 한마디로 누구에게나 마찬가지라면 거기에는 왕도, 지름길도 없다는 말이다. 그저 묵묵히 지금 하고 있는 일에 최선을 다해야 한다.

그래서 이제는 자신 있게 AtoZ 전략에는 몇 가지 장점이 있다고 말할 수 있다. 첫 번째, 혼자 일하기 시작하면 아무도 상상해 내지 못한 새로운 방법을 찾아낼 수 있다. 앞서 이야기한 나카무라 슈지를 떠올려 보자. 그는 전 세계 글로벌 기업들의 최첨단 연구소와 그 연구소에 소속되어 있는 수백 명의 연구 인력이 수십 년 동안 해내지 못한 청색 LED를 개발해 노벨 물리학상을 받았다. 그가 남긴 기록에는 혼자 일할 때는 좌충우돌하게 되지만 결국 아무도 생각해 내지 못한 새로운 방법들을 찾아내게 된다고 적혀 있다. 솔직히 그의 기록을 처음 보았을 때는 혼자 일하는 것에 대한 확신이나 즐거움을 찾지 못한 상태였다. 그러나 지금은 왜 그가 그렇게 이야기했는지 이해할 수 있게 되었다. 혼자 일하면 사람들의 눈치나 의구심을 완전히 배제하게 된다. 내가 가는 길이 곧 길이 되는 것이다.

두 번째, 무엇보다 업무 시간을 줄일 수 있다. 이것이 혼자 일하는 것의 가장 큰 장점이 아닌가 싶다. 나 혼자 할 수 있는 일은 스스로 해결하는 것이 가장 좋다. 조직 생활을 해 보면 주변 사람들은 늘 '바쁘다'는 말을 입에 달고 산다. 하릴없이 바쁘고 여유가 없다. 그들에게 무언가를 부탁하면 일단 볼멘소리를 들어야 하고 일이 된다고 해도 그 결과물을 제대로 보장하기가 어렵다.

세 번째, 내가 원하는 최고의 제품과 서비스를 만들어 낼 수 있다. 혼자 일하면 일의 완성도에 대한 기준이 매우 높아진다. 모든 책임을 스스로 져야 하기 때문이다. 내 이름이 걸린 문제이기 때문에 완성도를 높이는 것은 당연한 일이다.

사람들과 협력해서 일을 할 때는 이 부분이 만족스럽지 못할 때가 많다. 누군가에게 무엇인가를 요청할 경우 그가 과연 성심을 다해 해 줄까? 과연 그런 천사표가 있을까? 그런 사람을 찾기는 쉽지 않다. 사람들은 그저 대충대충 일한다.

내가 만드는 북리뷰 '10분 독서'를 생각해 보자. 10분 독서를 만들기 위해서는 음원이 필요하고, 이미지가 필요하다. 원칙적으로 본다면 책의 내용을 이해한 사람이 배경 음악을 고르고, 책의 내용을 완벽히 이해한 사람이 동영상 콘텐츠에 필요한 이미지를 선택해야 한다. 그러나 현실에서 사람들은 그렇게 일하지 않는다. 어쩌면 불가능한 일일 것이다. 콘텐츠 기획자가 책을 본다는 것은 그럴 수 있다고 치자. 하지만 영상 편집자나 디자이너에게 책을 읽고 난 뒤 영상을 편집하거나 디자인을 하라고 하면 어떨까? 현실에서는 그렇게 해 본 적도 없고, 그렇게 일할 수 있는 시간도 허락되지 않는다. 그러나 나는 다르다. 나는 책을 읽고 그 책에 맞는 배경 음악과 이미지를 선택할 수 있다. 이미 나는 책의 내용을 알고 있기 때문에 시간을 조금만 투자한다면 이런 일은 거의 완벽에 가깝게 할 수 있다. 이 작은 차이가 아무것도 아닌 듯하지만, 결과물을 보면 커다란 차이가 있음을 알 수 있다.

MH 전략:
되든 안 되든
일단 저지르면
길이 보인다

Chapter 3

인생은 우리가 했던 수많은 선택의 결과물이다.
지금 인생에 불만이 있다는 것은
이제부터 더 나은 선택을 해야 한다는 뜻이다.
– 앙드레 오스카 발렌베리

'10분 독서' 콘텐츠를 50개 정도 완성했을 즈음 SK아카데미 김홍묵 원장이 내게 '참 용감하다'라는 말을 했다. 나는 그저 웃어넘겼다. 의미를 정확히 파악한 것은 아니지만, 나쁜 뜻이 아니고 좋은 의미임이 분명했기 때문이다. 때로 어떤 대화는 한참이 지나서야 그 의미를 깨닫게 되는 경우도 있다. 나는 시간이 꽤 흐른 뒤에야 내가 무모할 정도로 무식하고 용감했다는 사실을 알게 되었다.

내가 만드는 동영상에는 화면과 소리가 들어가는데, 화면을 디자인하거나 내레이션을 녹음하고 편집하는 일 모두 오로지 내가 만든 기준에 따랐다. 영상을 만드는 일은 오래 했지만, 영상 전문가들이 만드는 표준적인 작업과는 거리가 멀다. 또 내레이션을 녹음하고 편집하는 일도 성우들과 가깝게 지냈을 뿐 실제 그들이 일하는 내면으로 들어가 따라 해 본 적은 없다. 쉽게 말해 전문가는 아니었지만 전문가인 것처럼 행동하고 있었던 셈이다. '무식하면 용감하다'는 표현 말고 달리 표현할 방법이 없다. 나중에야 김홍묵 원장이 내게 한 말의 속뜻을 이해하고 한동안 낯이 뜨거웠다.

그러나 오랜 시간이 흐른 지금 나는 반대로 생각하고 있다. 만약 내가 그렇게 용감하지 않았다면 지금과 같은 결과물은 만들지 못했을 것이다. 한 권의 책을 제대로 리뷰하기 위해서는 기획자, 디자이너, 영상 편집자 그리고 내레이션을 하는 성우까지 책의 내용을 충분히 파악하고 있어야 한다. 예를 들어 성우가 내용을 완전히 이해한 뒤 말로 전달하는 것과 그렇지 못한 상태에서 앵무새처럼 말하는 것은 영혼의 깊이가 다르기 때문이다. 배경 음악을 고르거나 디자인하는 일, 그리고 영상을 편집하는 일 역시 마찬가지다. 그런 측면에서 본다면 내가 영상 콘텐츠를 만드는 새로운 기준을 만든 셈이기도 하다.

내가 하고 싶은 말은 두 가지다. 우선, 용감해져야 한다는 것이다. 내 식대로 표현하면 MH 전략, 즉 '맨땅에 헤딩'이다. 일을 시작하면서 과연 성공할 것인가라는 생각은 해 보지 못했다. 그럴 만한 여유가 없었다. 수많은 사람의 비난과 욕설을 들으면서 일을 해야 했으니, '내가 용감해져야 하는가'라는 낭만적인 고민은 사치였다. 그냥 무조건 닥치는 대로 해야 하는 현실이었기 때문이다.

그 과정을 지나고 보니 나름 괜찮았다고 생각한다. 물론 무조건 자신감을 갖는 것하고는 많이 다르다. 자신감은 자신이 할 수 있다는 생각이 명확한 것이다. 많은 사람이 수많은 자기 계발서의 지침대로 '나는 할 수 있다'를 외친다. 할 수 있다고 외치며 목표를 정한 뒤 그 목표를 향해 달려간다. 그러나 나의 MH 전략은 자신감과는 조금 다르다. 자신이 무엇을 할 수 있는지 정확히 모르지만, 그냥 하는 것이다. 주변의 시선이나 내면의 감정 따위는 중요한 잣대가 아니다. 잘할 수 있다는 자신감은 없지만, 그 자리 그 시점에서 할 수 있는 최선을 다한다.

한때 사람들은 어떤 자동차를 타고 다니는지, 어떤 옷을 입는지 혹은 어떤 브랜드의 가방을 들었는지를 중요하게 따지곤 했다. 자존감이 약한 사람은 수천만 원이 넘는 금빛 장식의 시계와 럭셔리한 소품들로 자신을 치장하곤 했다. 명품이 자기 자신이 어떤 사람인지 말해 줄 것이라고 믿었다. 하지만 이제 명품으로 자신을 표현하는 세상은 과거가 되어 가고 있다. 게다가 혼자 일하는 사람들에게 겉치레는 중요하지 않다. 겉모습은 누구나 따라 할 수 있다. 돈만 있으면 해결되기 때문이다. 세상이 절대 따라 할 수 없는 것, 그것은 바로 당신이 가진 내면의 깊이다. 당신이 해야 할 일은 그 깊이를 이해해 주는 사람들을 만나고 그들과 함께 세상의 한 부분을 이루는 것이다. 물론 어떤 사람들은 그 깊이를 이해하지도 못할뿐더러, 세상이 요구하는 보편적인 기준을 당신에게 요구할지도 모른다. 혹시라도 그런 것이 불편하다면 거절하면 된다. 그는 당신의 깊이와 존재 가치를 보지 못하는 사람이니 그를 가까이한다고 해서 크게 도움되는 일도 없다.

MH 전략의 또 다른 측면은 무조건 많이 시도하라는 것이다. 언제까지? 일단 성공할 때까지 그리고 성공한 뒤에는 그 성공을 뒤집는 상품과 서비스를 만들 때까지. 그 후에는 또 새로운 것을 만들 때까지. 한마디로 죽는 날까지, 당신이 할 수 있는 한 오래다.

최근 '10분 독서'를 온라인 서점에 올리면서 댓글 이벤트를 한 달간 진행했다. 반응이 매우 폭발적이었다. 10명 중 1~2명은 똑같은 목소리에 동일한 패턴이라며 비판하기도 했지만, 잘 만든 할리우드 블록버스터도 영화 팬들에게 뭇매를 맞는 것을 생각해 보면 나는 아주 만족할 만한 평가를 얻은 셈이다.

하지만 그 콘텐츠는 한 번에 그렇게 만든 것이 아니다. 10년간 라디오에서 책 소개 방송을 틈틈이 했고, 8년 전 한 출판사로부터 책 백 권을 리뷰해 달라는 요청을 받고 만들어 준 적도 있다. 물론 그때의 영상 콘텐츠를 지금 보면 창피해서 숨어 버리고 싶을 정도다. 그리고 온라인 세계 어디엔가 올라가 있는 북리뷰를 보면 손이 오글거린다.

무엇을 만들든 단계적으로 발전할 수밖에 없다. 지금 이 순간 새로운 무엇인가를 만들었다 해도 일정 시간이 지나면 새로움은 퇴색하게 마련이다. 구닥다리가 되는 것이다. 그때는 다시 새롭게 만들어야 한다.

최근 창의적인 결과물을 만들기 위해서는 무조건 많이 만들어야 한다는 의견이 대세다. 역사적으로 최고로 창의적이었다고 인정받는 예술가, 발명가들조차도 수많은 작품 중 단지 몇 개만 인정받았을 뿐이다. 예컨대 피카소의 작품 목록에는 유화 1800점, 조각 1200점, 도자기 2800점, 그리고 드로잉 1만 2000점이 있다. 하지만 우리가 알고 있는 피카소 작품은 그중 몇 개에 불과하다.

당신이 무언가를 이루기 위해 죽을힘을 다하지 않고 있다면, 당신은 너무나 적은 노력으로 큰 성공을 꿈꾸는 욕심쟁이일 뿐이다. 혼자 일하는 사람이 성공하기 위해서는 죽을힘을 다해 노력하고 끊임없이 다시 시도해야 한다.

불필요한 약속은
단호하게 거절하라

> 시간이 없다고 말하지 말라.
> 우리는 알베르트 아인슈타인, 파블로 피카소, 테레사 수녀,
> 레오나르도 다빈치, 토머스 에디슨이 가졌던
> 시간과 똑같은 시간을 가지고 있다.
> – 잭슨 브라운 주니어

시간은 우리가 소유한 것 중 가장 귀한 것이다. 한번 지나간 시간은 다시 돌아오지 못하기 때문이다. 하지만 그토록 소중한 시간에 높은 가치를 부여하면서도 시간을 사용하는 방식을 두고 깊이 고민하는 사람은 드물다. 돈은 아끼고 현명하게 사용하려고 하면서 시간에 대해서는 의식도 하지 않는 태도가 일반적이다. 시간이란 눈에 보이지도 않고 저축할 수도 없으며, 누구에게나 공평하게 주어진다는 평등의 개념 때문인지도 모르겠다.

인류가 심리학에서 시간을 연구한 것은 불과 2세기 전이다. 시계는 오래전에 발명되었지만, 시간과 인간의 마음에 대해 연구를 시작한 것은 불과 최근의 일이다. 시간에 대해서는 몇 가지 미스터리가 존재한다. 우선 시간을 연구했던 학자가 거의 없었다는 점이다. 그리고 지금껏 심리학자들이 시간에 대해 연구하면서 알게 된 것은 사람들마

다 시간에 대한 가치관이 모두 다르다는 점이다. 시간에 대한 철학이 사람마다 다르다는 뜻이다. 마지막은 여러 가지 시간에 대한 철학, 예컨대 과거나 현재 그리고 미래 중 어떤 특정한 시간 철학을 선택할 때는 단점과 장점이 존재한다는 점이다.

당신도 짐작하겠지만, 혼자 일하는 사람들에게 가장 중요한 것은 바로 시간이다. 혼자 일하는 사람들이 시간에 대해 갖는 목표는 분명하다. 그들은 보통 사람들보다 업무량이 절대적으로 많기 때문에 남들보다 더 많은 시간을 확보해야 한다. 불필요한 시간은 최대한 줄여야 한다. 그렇다면 어떤 시간들을 줄여야 할까? 내가 찾은 답은 바로 사람들을 만나는 시간이다.

냉철하게 일과를 생각해 보자. 보통 조직 생활을 하는 사람들은 아침 9시부터 저녁 6시까지는 공식적으로 일하는 시간으로 생각한다. 총 9시간이지만, 점심 식사를 위해 1시간 30분 정도가 필요하다. 그렇다면 오전 2시간 30분과 오후 5시간 정도가 남는데, 실제로 이 시간들을 꽉 채워서 일을 할 수 있는 초집중력의 소유자는 거의 없다. 이메일을 확인하고 통화하는 시간도 필요하다. 사람들과 커뮤니케이션하는 시간이 절대적으로 필요한 법이다. 또 혼자 일을 하는 사람들은 무엇인가에 시간을 투자해 자신만의 제품과 서비스를 만들어야 한다. 이런 식으로 시간 계산을 하다 보면 포기해야 할 일은 단 하나다. 바로 사람들을 만나는 일이다.

사람들을 만나는 것, 비즈니스에서는 우리가 업무 미팅이라고 부르는 이것은 시간을 잡아먹는 킬러다. 예컨대 강북 사무실에서 강남에 있는 고객사를 방문해 미팅을 한다고 해 보자. 오후 2시 미팅이라고 하면 적어도 오후 1시에는 출발해야 한다. 그리고 2시부터 시작된 미팅은 보통 1시간 정도 소요되는데 그럼 벌써 오후 3시가 되고, 다시 사무실로 돌아오면 오후 4시. 미팅 하나를 위해 3시간이나 투자해야 하는 셈이다. 그리고 실제로는 그보다 조금 더 걸린다.

물론 아주 중요하고 반드시 만나서 해결해야 하는 일이라면 미팅을 하지 않을 수 없다. 그러나 하루 중 3시간 이상을 투자한다는 것은 시간적으로는 엄청난 투자라는 생각을 가져야 한다. 만약 하루에 미팅이 2개 정도 있다면 그날은 하루 전부를 미팅으로 보내야 한다. 결국 그런 날은 야근을 해야 하는데, 예정에 없던 야근을 하게 되면 다음 날은 또 피곤함으로 시작해야 한다. 이렇게 해서는 도무지 해결책이 보이지 않는다.

시간은 늘 상대적이다. 시간적 여유가 있는 사람에게 시간은 늘 여유의 상징인지도 모른다. 하지만 혼자 일하는 사람들은 시간과 다투어야 한다. 하루의 일정을 살피고 어느 시간에 무엇을 할지를 결정하면 반드시 해낸다는 생각으로 일을 해야 한다. 따라서 업무 시간에 연예 뉴스를 본다거나 사람들과 쓸데없이 잡담을 나눈다거나 점심시간에 맛집을 찾아 이동을 한다는 것은 내겐 꿈에 가까운 일이다.

나는 집중할 수 있을 때 초집중하는 스타일이다. 보통 새벽 4시 30분이나 5시에는 기상을 한다. 그리고 출근을 하는 시간은 아침 6시다. 회사까지는 30분 정도가 걸리는데, 아침에는 주로 이메일을 보내거나 업무를 위한 계획을 짠다. 8시부터 9시 30분까지는 헬스장에서 운동을 한다. 그 뒤 퇴근하기 전까지 주로 제휴사들과 통화를 하고 이메일을 주고받는 등 일을 한다. 외부 약속이 있다면 3시간 정도를 빼내야 하기 때문에 하루 일정에 대한 전면 조정을 해야 한다. 아침 운동을 줄이거나 이메일을 저녁에 보내거나 혹은 그날 해야 하는 일을 미루거나 빠르게 처리하는 방법을 선택한다. 그리고 퇴근은 보통 6시 전에 한다. 6시 넘어 퇴근하면 길에 버려야 하는 시간이 많다. 그럴 시간이 있으면 차라리 잠을 자는 게 낫다. 퇴근 후에는 주로 책을 본다. 저녁이 되면 내 전화기는 울리지 않는다. 아무도 나를 찾지 않는다는 말이다.

혼자 일을 하다 보면 이리저리 불려 다니는 경우가 많다. 어디에 기회가 있는지, 누구를 만나야 하는지에 대한 확신이 없기 때문에 기웃거리는 것은 자연스러운 일이다. 하지만 생각을 바꾸어야 한다. 철저하게 당신의 시간을 확보하고 집중해야 하는 일에 시간을 투자해야 한다. 물론 처음에는 주변 사람들이 그런 당신을 인정하지 않을지도 모른다. 하지만 당신이 100만 명이 대신할 수 없는 일을 해낸다면 사람들은 당신의 시간 철학을 존중하게 된다. 그것이 당신만의 시간 철학을 만들고 지켜야 하는 명확한 이유다.

시간관리에대한철학

심리학에서 시간을 연구한 것은 불과 200년도 되지 않았다. 시간이 중요하다는 것을 알고는 있었지만, 인류가 시간에 대해 연구하기 시작한 것은 최근의 일이다. 사회 심리학자 로버트 레빈은 각 도시에서의 삶의 속도를 측정하고 그 속도가 사람을 어떻게 변화시키는지 연구했다. 연구 결과 도시가 움직이는 속도는 도시 규모가 커지면서 더 빨라졌으나 삶의 속도가 빨라질수록 사람들은 남을 돕지 않는 것으로 나타났다. 그만큼 우리에게 시간이란 중요하다는 것을 역설적으로 증명한 셈이다.

시간에 대해서는 몇 가지 역설이 존재한다. 우선, 시간에 대한 개인의 철학은 의사 결정에 강력한 영향을 끼치는 요인 중 하나지만 사람들은 보편적으로 그것을 알아차리지 못한다는 점이다. 각 개인은 과거, 현재, 미래에 대해 부정이나 숙명 혹은 초월적인 입장을 취하지만, 그것이 우리에게 어떤 영향을 주는지에 대해서는 모른다는 뜻이다. 두 번째, 각 개인이 과거, 현재 혹은 미래 중 하나에 집중하고 있을 때는 부정적인 측면이 긍정적인 측면을 훼손하게 된다는 점이다. 과거에 대해 긍정적인 시간관을 갖거나, 현재에 대해 쾌락적 시간관을 갖는 것, 그리고 미래 지향적인 시간관을 갖는 것은 모두 나름대로의 장점을 가지고 있다. 하지만 이 특정 시간관에 집중하게 되면 그 장점이 반감될 수 있다는 말이다.

시간관은 행동과 생각으로 습득되는 것이기 때문에 인간은 각기 다른 시간관을 갖고 있다. 사람들끼리 다툼이 발생할 때 많은 경우는 시간에 대한 철학이 다르기 때문이다. 시간관을 바꾸지 못하는 것은 아니다. 우리에게는 시간에 대한 편견을 조절할 힘이 있다.

시간관을 좌우하는 과거, 현재, 미래에 대해 간략히 살펴보자. 과거는 실제 일어난 일이지만, 사실 자체보다는 해석이 중요하다. 우리는 자신이 진실이라고 믿는 기억을 바탕으로 살아간다. 프로이트의 정신 분석과 행동주의 심리학파가 등장한 것도 과거 때문이다. 그런데 긍정적이건 부정적이건 과거의 기억에 몰두한다면 당신은 과거 지향적인 사람이다. 과거의 일을 생각하면 일단 안전한 느낌이 든다. 즐거웠던 일들을 회상할 때는 더욱 그렇다. 하지만 우리 앞에는 늘 새로운 모험이 기다리고 있다. 과거에 묶인 사람은 위험을 감수하며 기회를 잡으려 들지 않는다. 그저 현상을 유지하고 변화를 피하려고만 한다.

한편, 현재 지향적인 사람은 미래의 가치를 낮게 생각한다. 다음 주에 100만 원을 받는 것보다 오늘 10만 원을 받는 것을 선호한다. 학자들은 현재 지향성이 가난한 사람들의 특성이라고 말하기도 한다. 시대 상황도 이와 무관하지 않다. 우리는 현재 지향적으로 살아갈 수밖에 없는 시대에 놓여 있기 때문이다. 정치와 경제의 불안은 가정의 불안으로 이어지고, 많은 사람이 손에 쥐고 있는 것만 믿게 되었다. 물론 현재 지향적인 사람은 현재를 즐길 줄도 안다. 삶의 중심이 현재에 있기 때문이다.

미래는 우리가 직접 경험할 수 없다. 그래서 미래는 심리적으로 만들어진 상태라고 일컬어진다. 미래 지향적인 사람은 계획안, 보상, 성공을 마음에 그리며 살아간다. 미래 지향적 시간관은 경쟁을 부추기는 현대에서 강점을 발휘하기에 유리하다. 미래 지향적이 된다는 것은 현재 삶이 주는 위안이나 일시적인 쾌락, 온종일 놀고만 싶은 유혹을 멀리한다는 뜻이다. 그리고 현재의 확실성, 흑백 논리, 이분법적 사고에서 멀어져 가능성의 세계로 들어서는 것이다.

일주일 내내 해도 지겹지 않은 일을 선택하라

Chapter 5

마음 내킬 때만 일한다면 인생에서
일할 수 있는 시간은 얼마 되지 않는다.
– 제리 웨스트

'월화수목금금금.'

내가 농담처럼 하는 말이다. 실제로 나는 일주일에 7일을 일한다. 사실 나에게 여가는 존재하지 않는다. 혼자 일하는 사람들을 위한 두 번째 시간 철학은 바로 여가 활동은 필요 없다는 것이다.

1900년대 초 산업 혁명 시대가 시작되면서 도시가 만들어지고 공장이 생겨났다. 사람들은 도시로 모여들고 프롤레타리아의 삶은 피폐해져 갔다. 자유에 대해 눈을 뜨게 되면서 주중 노동 시간에 제한이 생기기 시작했다. 이때 시작된 노동 시간에 대한 계급 간 투쟁은 현재 진행형이다.

원래 인류는 1900년대 초까지만 해도 여가 활동을 추구하지 않았다. 휴가는 모두 종교와 관련되어 있었고, 노동 시간은 무제한이었다. 생활 자체가 일이자 생존이었기 때문이다.

어쩌면 나는 과거로 돌아가 산업 혁명 이전 시대의 생활 방식을 따르고 있는지도 모르겠다. 눈을 뜨면 일하기 시작해 하루 종일 여러 가지 일을 번갈아 가며 해야 한다. 주중 낮에는 외부 사람들과 협력하는 일을 주로 하고 저녁이나 밤 그리고 주말에는 나 혼자 해야 하는 일을 주로 한다. 그래서 나는 일주일을 '월화수목금금금'이라고 부른다. 토요일과 일요일은 나에게 중요한 요일이 아니다. 오히려 주말이 부담스럽게 느껴지기도 한다. 샌드위치 휴일 등으로 연휴가 길어지면 곤혹스럽다.

나는 북리뷰 동영상을 일주일에 한 편씩, 1년에 쉰두 편을 만들고 있다. 한 주도 쉬지 않고 만든다. 동영상을 한꺼번에 여러 편 만들어 놓고 여행이라도 다녀오면 어떻겠느냐고 조언해 주는 사람들도 있다. 하지만 그건 내가 하는 일의 특성을 모르고 하는 소리다. 매주 새로운 책이 나오는데 몇 편을 한꺼번에 만들어 놓으면 새로 나오는 책을 다루기가 어렵다. 출판사마다 다르긴 하지만 대작인 경우 꼭꼭 숨겼다가 한 방에 터뜨리는 마케팅 전략을 사용하기도 하기 때문이다. 물론 혼자 일하더라도 나처럼 매주 일정한 결과물을 만들어야 하는 것이 아니라면 여행이나 여가 활동을 즐길 수 있을 것이다. 또는 내가 좀 더 스마트한 사람이라면 이것저것 다 챙길 수도 있을 것이다.

여가 생활을 줄이고 일을 하는 것에는 단순하지만 강력한 경쟁력이 존재한다. 모두가 공감할 수 있듯이 부지런한 사람은 당해 낼 수가 없다. 오래전 본 영화 중 아직도 기억에 남는 영화가 있다. 바로 〈록키 4〉다. 미국과 소련의 핵 주먹들이 대결한다는 설정 그리고 록키의 친구이자 라이벌인 아폴로의 죽음에 대한 복수를 한다는 것 자체는 그야말로 유치했다. 그러나 소련의 핵 주먹은 190센티미터가 넘는 돌프 룬드그렌이 맡았고, 미국의 핵 주먹은 177센티미터의 실베스터 스탤론이 맡았으니, 당시 젊은 남성들에게는 최고 인기 있는 영화 중 하나였다. 영화에는 이런 장면이 있다. 록키가 소련으로 떠나기 전날 밤 아내가 "가면 그놈한테 맞아 죽어요"라고 소리를 친다. 그러자 록키는 "그놈이 날 죽이려면 죽을 각오를 하고 달려들어야 할 거야"라고 말한다.

무슨 일에서든 경쟁에서 이기려면 죽을 각오를 하고 달려들어야 한다. 혼자 일하는 사람에게는 시간도 자원이다. 누군가 나와 같은 콘텐츠로 승부를 걸겠다면 나와 비슷하거나 그 이상의 시간을 들여야 한다. 나 역시 마찬가지다.

혼자 일하는 것은 집중력의 싸움이기도 하다. 집중력은 컨트롤하기가 매우 어렵다. 사람의 마음은 생각대로 움직여지지 않기 때문이다. 아주 사소한 일로 상처를 받아도 일이 손에 잡히지 않는 경우가 많다. 아마 당신도 경험해 봤을 것이다.

나는 주말에도 일을 한다. 그러다 보니 주중의 집중력이 이어져 좋은 점이 많다. '월요병'이라는 말이 있을 정도로 보통 직장인들은 월요일 아침을 싫어한다. 하지만 나에게 월요일은 별다른 의미가 없다. 단지 평소와 같은 시간에 출근하면 길이 많이 막히기 때문에 30분 정도 서둘러 나갈 뿐이다.

사람들은 내게 언제 쉬느냐고 묻는다. 그럼 나는 '밤에는 항상 잠을 잔다'고 말한다. 실제로 밤은 절대 양보할 수 없는 시간이다. 밤에 쉬지 않으면 다음 날 집중력에 문제가 생긴다. 그래서 아무리 저녁에 집중이 잘되고 일이 잘 풀리더라도 절대 밤샘을 하지 않는다. 밤샘을 하면 그날은 일을 많이 할 수 있지만 적어도 며칠은 피곤함과 싸워야 하기 때문이다.

때로는 내가 일중독이 아닐까 걱정이 되기도 한다. 너무 일만 하고 사는 것은 아닐까 싶다. 맞다. 나는 어느새 노는 방법도 잊어버렸다. 그런데 또 한편으로는 지난 몇 년 동안 내가 저지른 실수에 대한 반성문을 아주 길게 쓰고 있는지도 모른다는 생각이 든다. 지금까지 내가 만든 북리뷰 동영상은 백 편이 넘는다. 책 한 권이 평균 300페이지 정도니 3만 페이지를 읽고, 2000장 정도의 화면을 디자인하고, 1000분 동안 내레이션을 녹음한 것이다. 그리고 이 모든 일을 2년 동안 했다. 내게는 침묵의 시간이자 반성의 시간이고 세상으로 복귀하고자 노력한 투쟁의 시간이었다.

나는 자는 시간을 제외하고 내가 활용할 수 있는 시간의 80퍼센트 정도는 일하는 데 쓰면 좋겠다는 생각이 든다. 혼자 일하는 사람으로서 내가 내린 시간에 대한 결론이다. 혼자 일하는 사람은 직장인들처럼 근로 조건이니 근로 시간이니 하는 볼멘소리를 하소연할 데가 없다. 자기 자신이 회사이기도 하고 개인이기도 하기 때문이다.

그래도 기준은 필요하다. 내 생각에 80퍼센트 정도는 일에 집중하고 투자할 수 있을 것 같다. 그렇다면 나머지 20퍼센트는 무엇을 해야 할까. 아무 생각 없이 쉬기, 영화 보기, 사람들과 만나 이야기 나누기. 나에게는 이런 일들이 아직은 꿈이다. 하지만 당신은 충분히 할 수 있을 것이다.

한 번에
한 가지 일에만
집중하라

✕ NOW

Chapter 6

> 바꾸려고 노력하지 않은 것에 대해서는
> 불평할 자격이 없다.
> – 마틴 루서 킹 주니어

혼자 일하기 위해 시간에 대한 철학을 만들고 불필요한 시간을 줄인다고 해서 문제가 모두 해결되는 것은 아니다. 불필요한 만남을 줄이고 필요하지 않은 일에 시간 투자를 하지 않는 것은 쉬운 일에 속한다. 이보다 조금 더 어려운 일이 있다. 바로 집중력에 대한 문제인데, 해결책은 단순하다. 개처럼 사는 것이다.

15년 동안 개를 키웠다. 그 녀석 이름은 '쫄병'이었다. 물론 나는 '대장'이었다. 녀석은 가끔 사람처럼 행동하기도 했다. 그런데 녀석에게는 큰 장점이 있었다. 밥 먹을 때는 밥만 먹는다. 큰 실수를 저지르고 혼날 때는 밥 생각은 안 하는 것 같았다. 잠을 잘 때도 별다른 고민이 없어 보였다. 특별한 문제가 없는 한 녀석은 아무 생각이 없는 듯 늘 실실 웃었다.

인간인 우리는 그렇게 살지 못한다. 일단 생각과 걱정이 너무 많다.

불편한 감정이 들면 그 감정이 우리를 며칠 동안 괴롭힌다. 일이 잘 안 되었을 때의 기억은 또 매우 오래간다. 새로운 일을 시작할 때는 과거에 실패한 경험이 떠오르면서 왠지 불안해진다. 머리가 단순해져서 아무 생각이 없으면 좋겠지만, 우리 머릿속 구조는 매우 복잡하다. 외부 환경에 민감하게 반응하고 가까운 사람들의 감정 변화에도 신경이 써진다.

내가 많은 것을 잃고 일을 다시 시작할 때 가장 어려운 점은 이런 정신적인 문제들과 싸우는 것이었다. 여러 가지 문제가 연이어 터지면서 감당하기가 어려울 정도였다. 문제는 그 와중에도 일을 해야 한다는 것이었다. 불편한 감정들을 꾹 누른 채 일을 하기가 쉽지 않았다.

인간은 원래 멀티태스킹에 매우 취약한 존재다. 여러 분야에 동시에 집중할 수가 없다. 런던 대 정신의학연구소에서 발표한 인포마니아 연구에 따르면 창의적 작업을 하는 동안 이메일을 확인하면 순간 IQ가 10점 떨어진다고 한다. 이는 36시간 동안 잠을 자지 못했을 때의 수치이고, 마리화나를 피웠을 때보다 두 배 많은 수치다.

오늘을 사는 우리는 수많은 정보로 인해 주의력이 분산되고 그로 인해 일에 대한 집중력이 떨어진다. 뿐만 아니라 인간이 주의를 지속하는 강도와 시간은 한정되어 있다. 결국 승패는 주의력을 어떻게 지켜 나갈 것이냐에 따라 결정된다 해도 과언이 아니다.

물론 멀티태스킹이 나쁘지 않다고 이야기하는 사람들도 있을 것이다. 그러나 연구 결과를 보면 멀티태스킹은 생각만큼 긍정적이지 않다. 캘리포니아 대 어바인 분교에서 정보학을 강의하는 글로리아 마크 박사에 따르면, 일단 주의가 다른 곳으로 쏠리면 당초에 하던 작업으로 돌아가는 데 최대 23분이 걸린다고 한다.

많은 연구 결과 멀티태스킹은 긍정적인 요소보다 부정적인 요소가 더 많다는 게 드러났다. 스탠퍼드 대 아이얼 오퍼 교수가 최근에 수행한 연구에 따르면 대량의 미디어 콘텐츠를 소비하는 이른바 헤비 멀티태스커들은 쓸데없는 정보에 쉽게 눈을 돌릴 뿐만 아니라, 옆길로 샌 뒤 당초의 작업으로 돌아오는 데도 보통 사람들보다 현저히 느린 모습을 보였다. 유타 대에서 실시한 별도의 연구 결과는 멀티태스킹의 달인이라 자처하는 사람들이 사실은 310명의 연구 대상 중 가장 서투른 멀티태스커임을 보여 주었다. 헤비 멀티태스커들은 스스로 가벼운 멀티태스커라고 부르는 사람들보다 주의 분산을 차단하는 능력이 현저하게 떨어졌다.

멀티태스킹이 심각한 문제라는 것을 알게 된 일부 글로벌 회사들은 이메일이 없는 시간 혹은 회의 없는 날을 만들어 시행하고 있다. 예컨대 인텔, 딜로이트앤투시 같은 회사들은 이메일이 없는 날을 시험 시행하기도 했다. 특히 인텔은 두 지사에서 화요일 오전 4시간을 이메일 없는 시간으로 정해 큰 성과를 거두었고, 이메일을 하루 두 차례만 확인하라고 충고하는 회사들도 내부 갈등이 사라지고 업무 집중도가 높아지고 있다고 한다.

내 해결책은 간단하다. 개처럼 사는 것이다. 일할 때는 일만 하고, 운동할 때는 운동만 하고, 밥 먹을 때는 밥만 먹는 것이다. 그러려면 무엇보다 하나에 집중하면 다른 것은 돌아보지 말자고 다짐해야 한다. 단순히 다짐만 하더라도 효과가 있다.

각각의 일에 대해 공간이나 시간으로 구분하는 방법도 있다. 예컨대 책을 읽을 때는 카페로 가고, 제안서 작업은 사무실에서 하는 방식이다. 공간이 아니라 시간으로 구분해도 괜찮다. 시간을 정해 놓고 그 시간까지 집중해서 하는 것이다. 정해진 시간까지 목표한 작업을 완료하지 못했더라도 다음 일로 넘어가야 한다.

잠을 자는 것도 하나의 방법이다. 잠은 우리의 뇌를 리셋하는 가장 좋은 방법이라고 알려져 있다. 무언가 걱정이나 근심 혹은 정신적인 충격으로 인해 집중이 되지 않는다면 적극적으로 잠을 자는 방법이 최선이다. 오래 잘 필요도 없다. 30분만 투자하면 된다.

장비를 이용하는 방법도 있다. 나는 애플워치를 이용한다. 애플워치는 최근 화제가 된 웨어러블 기기 중 대표 주자인데, 아직 판매는 신통치 않다. 나는 스마트폰 알림은 꺼 두고 애플워치만 진동으로 설정해 둔다. 이렇게 하면 전화나 문자가 오더라도 최소한의 집중력만 빼앗긴다.

하기 싫은 일을 최대한 뒤로 미루는 것도 하나의 방법이다. 일을 하다 보면 업무에 필요한 시간과는 상관없이 정신적인 부담을 크게 요하는 일들이 있다. 그것은 사람마다 다르다. 내 경우에는 은행 업무나 관공서 업무인데, 이런 일들은 정말 하고 싶지 않다. 이런 일들은 최대한 미루고 그보다 중요한 일들을 먼저 처리한다.

집중력과 관련한 싸움은 혼자 일하기로 결정하는 순간부터 시작되어 그 후로는 멈추지 않는다. 끊임없는 사투를 벌여야 한다. 자기에게 맞는 방법을 선택해 사투에서 살아남는 수밖에 없다.

너무 많은 인맥은
없는 것이나
마찬가지다

Chapter 7

> 지금 갖지 못한 것을 바라며 갖고 있는 것을 낭비하지 말라.
> 지금 갖고 있는 것은 한때 간절히 갖고 싶었던 것이다.
> — 에피쿠로스

내가 개인적으로 알고 있는 소셜 미디어계의 한 유명인은 페친(페이스북 친구)이 5000명이라고 한다. 페이스북을 하는 사람들에게는 놀라운 숫자일지 모르겠지만, 나는 놀랍지도 부럽지도 않다. 나는 그런 것을 하지 말자는 철학을 가지고 있기 때문이다.

옥스퍼드 대 인류학자 로빈 던바는 인간이 물리적으로 유지할 수 있는 안정된 인맥의 수는 한정되어 있다고 주장했다. 그의 연구 결과에 따르면 인간이 동시에 사회적 관계를 맺을 수 있는 사람은 150명 정도라고 한다. 던바는 인간뿐만 아니라 사회적 연대를 유지하고자 하는 영장류 집단에서도 '150'이라는 숫자가 유효하다는 사실을 밝혀냈는데, 흥미로운 것은 이 숫자가 소셜 네트워크 내에서도 통한다는 점이다. 쉽게 말해 우리가 소셜 미디어에서 무한대로 인적 네트워크를 늘리려고 노력하지만 디지털 세상에서 사회적 관계로 이루어진

측근도 150명을 넘을 수 없다는 의미다.

　내가 소셜 미디어를 사용하지 않기로 결정한 것은 로빈 던바의 연구 결과 때문은 아니다. 나는 그렇게 학구적인 인물이 못 된다.

　시작은 개인적인 내면의 문제였다. 2011년 이후 상황이 많이 어려워지자 사람들과 연결되어 있는 채널이 늘 불편했다. 시도 때도 없이 울리는 카톡 소리는 정말 짜증스럽기까지 했다. 그래서 모든 소셜 미디어에서 탈퇴하기로 결심했다. 페이스북, 인스타그램, 블로그, 밴드, 그리고 카카오톡과 관련된 일체의 서비스를 탈퇴했다. 속이 다 시원했다. 그다음 스마트폰에 저장되어 있는 연락처를 대폭 정리하기 시작했다. 저자와 출판사 그리고 각 기업의 담당자 및 사장 등 6000여 명의 연락처를 200명 정도만 남기고 모두 삭제해 버렸다. 마지막으로 내가 가지고 있던 수많은 명함도 모두 버렸다. 도시 한복판에 살면서 나 혼자만의 무인도를 만든 셈이다.

　물론 그때 지우지 말아야 했던 연락처까지 깡그리 없앤 탓에 최근에 6년 만에 다시 연락하느라 애를 먹은 경우도 있다. 하지만 당시 나는 주변 사람들에게 신경을 쓰고 싶지 않았다. 스스로 일어나지 못하면 알고 있는 사람들에게 짐이 될 뿐이라는 사실을 나는 잘 알고 있었다. 기댈 곳을 없애 버리는 편이 낫겠다고 판단한 것이다.

　'스컹크 워크스'라는 프로젝트 방법론이 있다. 1943년 미국 항공·안보 회사 록히드마틴의 수석 엔지니어는 국방부로부터 독일군이 제트기를 만들어 전쟁에 투입했으니 150일 안으로 제트기를 만들어 달라는 부탁을 받았다. 무리한 일정이었다. 그러나 그는 똑똑한 엔지니어 몇 명을 불러 모은 뒤 마음껏 제트기를 만들어 보라고 지시했다. 그리고 록히드마틴의 거대한 관료 조직의 접근을 철저히 막아 주면서 사람들이 접근하지 못하도록 일부러 아주 고약한 냄새가 나는 공장 옆에서 작업을 하도록 했다. 이렇게 해서 '스컹크 워크스'라는 프로젝트 방법론이 탄생했다. 그들은 결국 143일 만에 제트기를 만들어 냈다. 그 후 수십 년간 여러 전투기를 개발할 때마다 스컹크 워크스를 도입했다고 한다.

스컹크 워크스는 우리 식으로 표현하면 '절에 들어가 모든 연락을 끊고 일을 하는 방법'이다. 한마디로 주변의 모든 채널을 차단하는 것이다. 인간은 원래 단절되었을 때 더 쉽게 위험을 감수하고, 괴상하고 과격한 아이디어를 만들 수 있으며, 실패를 두려워하지 않고 조직 내부의 타성에서 벗어날 수 있다.

내가 택한 방식을 좀 그럴싸하게 표현하면 바로 '스컹크 워크스'다. 주변 모든 채널을 차단한 채 혼자 일하는 프로젝트를 시작했는데, 다행히 성과가 있었다. 혼자 일하는 방법에서 가장 강력한 효과를 발휘하는 것은 역시 외부와 차단되었을 때 발휘되는 집중력이다. 이는 나에게 그 무엇과도 바꿀 수 없는 경험이 되었다. 이 방법은 똑똑하거나 좋은 스펙과는 무관하다. 그저 혼자면 된다.

일과 관련해 나는 몇 가지 원칙을 더 가지고 있다. 우선 영업을 위해 사람들과 술을 마시지 않는다는 원칙이다. 말 그대로다. 술을 마시면 판단력이 흐려지고 다음 날 피곤하다는 단점도 있지만, 영업은 오로지 실력으로 돌파해야 한다는 생각 때문이다. 만약 술 접대를 요구하는 회사가 있으면 그런 경우에는 일을 하지 않으면 된다. 내 철학에 반하면서까지 일을 할 필요가 있을까 싶다. 술은 내가 마시고 싶을 때 내가 원하는 사람들과 내가 마시고 싶은 만큼만 마신다.

또 다른 원칙은 사람과의 관계보다는 나의 내면에 집중하자는 것이다. 시간이 갈수록 스스로 판단하고 생각하고 결정하는 것이 점점 더 어려워진다. 주변 사람들에게 조언을 구해도 또렷한 답을 얻기가 쉽지 않다. 당연한 일이다. 내가 처한 상황의 실마리는 내가 가장 잘 풀 수 있기 때문이다. 따라서 사람들과의 복잡한 관계를 이어 가는 것보다는 나의 내면에 귀를 기울이면서 실력을 쌓는 것이 중요하다.

마지막 원칙은 사람들을 진심으로 대하자는 것이다. 나는 사람들을 만날 수 있는 시간이 많지 않다. 그러다 보니 짧은 시간을 만나더라도 진심을 다해서 그리고 솔직하게 말하고 듣는 편이다.

이렇듯 여러 원칙을 정해 놓고 노력하며 살고 있지만 인맥과 소셜 미디어 그리고 사람들과의 관계와 시간에 대해서는 아직도 고민 중이다. 시간이 지나면 좀 더 긍정적이고 효과적인 방법을 찾을 수 있으리라 믿는다.

던바 숫자

앞에서 언급했듯이 로빈 던바는 인간이 동시에 사회적 관계를 맺을 수 있는 사람은 150명 정도이고, 이 숫자는 인간뿐만 아니라 사회적 연대를 유지하고자 하는 영장류 집단에서도 유효하다고 밝혔다.

던바는 이 숫자에 제한이 가해지는 것은 '그루밍 활동' 때문이라고 주장했다. 동물들은 서로 쓰다듬고 벌레를 잡아 주면서 위생적인 활동과 사회적 결속 활동을 이어 가고, 인간은 대화를 나누면서 그루밍 활동을 한다는 것이다. 던바가 연구한 결과를 토대로 집단 구성원들의 그루밍 활동을 계산해 보면 150명으로 구성된 조직에서는 42퍼센트의 시간을, 200명의 조직에서는 56퍼센트의 시간을 그루밍 활동에 사용해야 한다. 인원이 늘어날수록 조직이 그루밍 활동에 투자해야 하는 시간은 더욱 늘어나게 된다. 그뿐만이 아니다. 200명이 넘으면 조직 간의 갈등과 조율 및 성과 측정 문제는 더 큰 부담으로 다가오게 된다.

물론 경영 시스템을 중요하게 생각하는 경영학자들은 이는 조직 내에 효율적인 커뮤니케이션 시스템을 만들어 놓으면 해결될 문제라고 생각할지 모른다. 하지만 인간은 원래 이렇게 생겨 먹었다. 기원전 1세기 로마 군대도 150명으로 조직되어 있었다. 기원전 1세기와 지금 21세기는 기술 발달 차원에서 본다면 비교할 수 없지만, 우리의 인지 능력은 나아진 게 없다는 말이다.

집단의 효율성을 50년 동안 연구한 학자가 밝힌 연구 결과도 같은 맥락이다. 앞에서 설명했듯이 리처드 해크먼은 조직에서 팀을 꾸릴 때 인원이 많을수록 문제가 많아진다며 한 프로젝트에 필요한 인원은 4~6명이라고 주장했다.

세계적인 기업 구글과 아마존도 마찬가지다. 구글의 CEO 에릭 슈미트는 한 관리자가 7명의 직속 부하 직원을 두는 것이 가장 효율적이라 주장했고, 아마존의 창업자 제프 베조스도 아마존 내부에 '피자 두 판 팀' 규정을 만들었다. 부서의 규모는 피자 두 판이면 충분히 먹을 수 있을 만큼 작아야 한다는 의미다.

사람들이
책을 안 읽을수록
책 읽는 사람이
돋보인다

Chapter 8

독서는 우리가 멈춰도 된다는 생각이 들 때
어디로 가야 하는지 알려 준다.
– 메이슨 쿨리

혼자 일하는 사람들이 치열한 경쟁에서 살아남기 위해서는 어떤 능력을 갖춰야 할까? 최근 우리나라 모 대학에서 모든 학생에게 컴퓨터 프로그래밍의 기초 코딩을 교육하겠다고 선언했다. 컴퓨터 관련 기술을 습득하는 것이 미래 사회의 필수적인 경쟁력이라고 봐도 무방할까? 전 세계를 상대로 비즈니스를 하는 최첨단 기업들의 인적 자원이 대부분 엔지니어라는 사실을 고려한다면 IT 기술 습득이 중요하다고 생각하는 것은 무리가 아니다.

그러나 나는 다른 생각을 갖고 있다. 나는 글을 쓰는 능력 그리고 책을 읽고 지식을 습득하는 능력이 더 중요하다고 믿는다. 우리가 알고 있는 지식은 언제라도 바뀔 수 있다. 실제로 지식은 지수의 법칙에 의해 증가하기도 하지만 반대로 지수의 법칙에 의해 소멸되기도 한다. 우리가 알고 있던 지식은 더 이상 세상의 통설이 아닐 수도 있다는 말이다. 그러나 그런 사실을 모르는 사람들은 자신이 알고 있는 지식이 가장 좋고 영원하리라 믿는 경향이 있다. 조직 생활을 하면 그렇게 해도 살아남을 수 있을지 모른다. 하지만 정글에서는 다르다.

먼저 글쓰기에 대한 이야기부터 해 보자. 나는 글을 쓸 줄 아는 능력이 매우 중요하다고 생각한다. 그냥 글이 아니다. 특별히 종이에 펜으로 직접 적을 수 있어야 한다. 자신의 생각을 정리하고 자신의 의견을 숙고하는 과정에서 글을 쓰는 능력은 필수적이다. 자기 PR 시대이니 말을 잘하면 되지 않겠느냐고 생각할 수도 있다. 말하는 능력이 중요하지 않다는 것은 아니다. 하지만 말을 하기 전 자신의 생각을 정리할 수 있는 능력이 있으면 말하는 능력은 저절로 늘어난다. 말하는 능력과 글을 쓰는 능력을 비교한다면 글을 쓰는 능력을 기르는 것이 더 어렵고 시간도 더 많이 든다.

그래서일까? 사람들은 글을 쓰지 않는다. 종이에 글씨를 적어 본 기억도 아마 아득할 것이다. 현대 사회에서는 글씨를 쓸 기회조차도 주어지지 않는다. 종이에 메모를 적고 노트에 기록을 남기기보다는 스마트폰 메모장 애플리케이션을 활용하는 사람이 더 많다. 학교에서나 기업에서나 종이로 된 기록물은 점차 사라지고 있다.

어떤 사람들은 글을 많이 쓰고 있다고 항변할지도 모르겠다. 온라인에서 늘 글을 쓰고 있다고 믿기 때문이다. 현재 지구상에서 컴퓨터와 스마트폰을 사용하는 사람들이 매일 1540억 개의 이메일, 5억 개의 트위터 또 100만 개 이상의 블로그 포스팅을 하고 있다. 페이스북에서는 하루 160억 개의 단어가 사용되기도 한다. 이 엄청난 숫자는 모두 텍스트다.

하지만 이런 글쓰기는 모두 한 가지 공통점을 갖고 있다. 다른 사람들을 위한 글쓰기라는 점이다. 자신을 위해 무언가 생각을 하고 정리를 하는 글쓰기가 아니라 다른 사람들이 볼 수 있도록 쓰는 글이라는 말이다. 사회학자들은 이런 글쓰기를 '청중 효과'라고 한다. 자신을 위한 글쓰기가 아니라, 청중을 의식하고 글을 쓴다는 의미다. 내가 강조하는 글쓰기는 청중 효과를 위한 글쓰기가 아니다.

우리는 글쓰기를 배워 본 경험이 거의 없다. 산업 혁명 이후 모든 교육은 읽고 외우는 것에 주력했을 뿐 자신의 생각을 정리하고 숙고하는 과정이 없었다. 하지만 자신의 생각을 정리할 수 있다는 것, 그리고 정리된 생각을 스스로 확인할 수 있다는 것은 혼자 일하는 사람들에게는 엄청난 장점으로 작용한다.

아마존에서 일하는 임원들은 제프 베조스와 회의를 하기 전 반드시 자기 생각을 6페이지 분량으로 적어야 한다. 메모를 한다고 해서 끝이 아니다. 회의를 하기 전 메모를 수정하는 침묵의 시간에 다시 한번 생각을 정리해야 한다. 최첨단 기술을 다루는 기업에서 격에 맞지 않게 왜 종이에 메모를 하느냐고 물을 수 있겠다. 직접 종이에 글로 적어야만 자신의 생각이 정리된다는 사실을 알기 때문 아닐까.

다음으로 중요한 것은 독서다. 글을 쓰지 않는 것처럼 사람들은 책도 읽지 않는다. 나는 지하철이나 버스에 오르면 늘 책을 읽는다. 손에 가방을 들지는 않더라도 항상 책은 들고 다닌다. 책이 없으면 불안해지는 불안증은 적어도 아니다. 늘 책을 읽어야 하는 직업인데, 시간이 부족하다 보니 대중교통으로 이동할 때 한 줄이라도 더 보려고 노력하는 것이다.

그런데 신기하게도 지하철과 버스에서 책을 읽는 사람은 나 혼자다. 대부분 스마트폰으로 게임을 하거나 드라마 혹은 예능 프로그램을 본다. 아니면 잠을 청하거나 이야기를 한다. 이렇듯 책을 가까이하는 사람이 드물다는 것이 참 이상하다.

혼자 일하는 사람들에게 지식을 체득하는 일은 절대적으로 필요하다. 세상을 움직이는 트렌드, 기업들의 경쟁 상황 그리고 사람들의 성향과 움직임과 생각들. 이 모든 것은 당신이 아무리 똑똑하더라도 머릿속으로 상상할 수 있는 내용이 아니다. 지식은 스스로 찾아 나서야 한다. 지식을 가장 깊고 넓게 설명해 주는 것이 바로 책이다.

얼마 전 알파고와 이세돌 9단의 바둑 대국이 열렸다. 그즈음 가장 유행했던 단어가 바로 인공 지능이 아닌가 싶다. 하지만 인공 지능의 발달에 대해 사람들은 무지하다. 인공 지능을 개발하라는 것이 아니다. 지금 인공 지능이 만들어지고 있다면, 앞으로 10년 안에 인공 지능이 어떻게 세상을 바꿀지, 사람들은 그때 어떻게 행동할 것인지를 예측할 수 있는 지식 정도는 공부해야 한다는 말이다. 물론 이런 내용들은 최근 출간된 몇 권의 책을 보면 어렵지 않게 이해할 수 있다. 서점에서 책을 구매하고 몇 시간을 투자하면 된다. 단지 그뿐이다.

많은 사람이 책을 읽는 데 시간을 투자하지 않는다. 또 아는 것이 없으니 글을 쓰려고도 하지 않는다. 책을 읽고 글을 쓰는 것은 사실 즐거운 일이다. 읽고 써 보면 안다. 혼자 일하는 내가 즐거운 것은 아무래도 책을 가까이하기 때문 아닐까 싶다.

IT 기술을 배울 것인가, 인문학을 공부할 것인가?

경제협력개발기구(OECD)는 2013년 성인이 일자리를 구하는 데 필요한 능력을 조사해 발표했다. 여기에 나온 각 나라들의 성적 분포를 보면 흥미로운 점을 발견할 수 있다. 미국은 문해력과 테크놀로지 숙련도에서 OECD의 평균 점수에도 못 미쳤고 수리 능력에서도 낮은 점수를 받았다. 반면 아시아의 여러 국가는 높은 점수를 받았다. 이 점수 결과를 국가별 경제 발전도나 창의적 기업가와 과학자를 배출하는 것과 비교해 본다면 선뜻 이해가 가지 않을 것이다. 점수가 낮은 미국은 지난 50년간 경제 성장을 이뤄 내면서 창의적 기업가들을 배출하고 있는 반면, 점수가 높은 아시아 국가들은 큰 성공을 거두지 못하고 있기 때문이다. 도대체 우리는 앞으로 무엇을 공부해야 하는 것일까?

시간을 거꾸로 돌려 과거 인류는 무엇을 가르치고 배웠는지를 생각해 보자. 인류 역사에서 교육은 언제나 직업 훈련이었다. 사냥꾼과 농부, 전사는 각각 직업에 맞는 생존법(농사짓는 법, 싸우는 법 등)을 가르치고 배웠으며, 지배 계급의 후손들은 병법과 통치술을 배웠다. 훗날 사회에서 맡게 될 역할을 위한 교육이었던 것이다.

그러나 시간이 지나면서 생존에 필요한 기본적인 능력을 가르치고 배우는 것으로는 충분하지 않았고, 시민들도 자신이 속한 사회를 운영하는 데 적합한 훈련을 받아야 했다. 로마인들은 이것을 '자유 교육'이라 불렀다. 인간 본연의 자유를 추구하는 자유 교육, 즉 교양 교육은 도구적 관점에서 이해하는 소크라테스의 견해와 그 자체를 목적이라고 생각하는 플라톤 및 아리스토텔레스의 입장이 다르다. 하지만 이 자유 교육은 인간이 터득해야 하는 가장 중요하면서도 기본적인 교육이라고 평가되고 있다. 물론 아직까지 논란의 여지가 많은 것은 사실이다.

자유 교육에서 가장 중요한 것 중 하나가 글쓰기다. 자신의 생각을 글로 명확히 쓸 수 있는 능력은 사회생활에서 필수적이라는 말이다. 철학에서는 생각과 언어 중 어느 것이 중요한지 아직 의견이 분분하지만, 글이 자신을 표현한다는 점은 수긍할 것이다. 다음으로 중요한 것은 말하는 방법이다. 대화는 인류 역사에서 가장 오래된 교육 방식이다. 20세기 들어 대학이 연구를 하고 인쇄물이 범람하면서 시들해진 것이다. 마지막은 학습하는 방법이다. 자료와 의견을 종합하고 분석하는 능력인 학습은 자신만의 세계를 구축하는 데 필요한 지적인 능력을 키워 내는 것이다.

물론 이런 자유 교육이 중요하지 않다고 생각할 수 있다. 우리는 빅데이터, 인공 지능, 모바일 컴퓨팅이 새로운 기업을 만들어 내고 있는 시대에 살고 있기 때문이다. 알파고가 등장해 이세돌 9단과 대국을 펼치고 있는 상황에서 글쓰기 방법을 강조하는 것은 설득력이 약하다고 생각할지 모른다. 그러나 수많은 과학 기술과 공학의 아이디어를 실생활에 응용하지는 못한다. 애플과 페이스북이 여전히 기술과 인문학의 결합을 강조하고 있는 것도 이 때문이다. 물론 무작정 인문학을 예찬하는 것은 아니다.

그렇다면 리더는 어떤 능력을 가지고 있어야 할까? 리더에게는 하나의 공통된 능력이 필요하다. 정제되지 않은 정보를 평가해서 합리적이고 중대한 결정을 내리는 능력이다. 그러기 위해서는 생각과 판단이 명료해야 한다. 이는 글을 쓰는 능력과도 같다. 최근 제이슨 프라이드와 데이비드 하이네마이어 핸슨은 《리워크》에서 직원 채용시 반드시 능력 있는 작가를 포함시킬 것을 권하고 있다. 이유는 간단하다. 글을 명확하게 쓴다는 것은 생각과 판단이 명확하다는 뜻이고, 기업의 모든 활동은 글로 이루어진다는 것이다.

실패를 훌훌 털고
다시 일어서는 법

Chapter 9

포기하고 싶은 마음이 들 때는
그 일을 왜 시작했는지를 생각해 보라.
― 리 클로

내가 운영하던 회사에서 동영상 콘텐츠를 만들기 시작했을 때 나는 아주 큰 실수를 저지르고 말았다. 처음 프로토타입을 완성하고 나서 콘텐츠가 수천 개에 이를 때까지 나는 그 콘텐츠들을 처음부터 끝까지 제대로 확인한 적이 없다. 직원들에게 맡겨 두고 확인을 하지 않았던 것이다. 명백한 실패 요인이었다.

시간이 지나서 냉철하게 돌아보니 당시 내게 두 가지 생각이 존재했다. 프로토타입을 만들 때 주변 사람들에게 의견을 물었더니 대부분 나쁘다고 말하지 않았다. 대체로 긍정적인 반응이었다. 순진하게도 나는 그것을 믿고 말았다. 사실 만들고 싶은 것을 내 주관대로 만들면 되는 것이지만 그래도 내 주관적 판단만 믿고 일을 벌이고 싶지는 않았다. 스스로 만든 아이디어는 자기 자신이 판단하지 못한다는 신념 때문이었다. 그래서 다른 사람들의 의견을 구하고 그들이 괜찮다고 해서 수천 개를 만들어 낸 것이다. 하지만 이것은 명백한 실수였다. 스스로 만든 것은 스스로 판단해야 한다. 마음에 들지 않으면 다시 시작해야 한다.

또 하나는 실패를 두려워했다는 점이다. 우리는 몸에 난 상처가 두려워 보지 않으려 할 때가 있다. 실패든 상처든 인정하기 싫은 마음이 앞서는 건 당연한 일이다. 내가 만약 콘텐츠를 만드는 과정에서 제대로 살펴봤더라면 사업을 중단했을지도 모른다. 당시 나는 실패를 인정하는 것 자체를 두려워했다. 결국 시간이 흐른 뒤 더 큰 실패와 싸워야 했다.

실패는 누구에게나 아프다. 앞서 이야기했듯이 실패는 성공의 어머니라고 말하고 싶지는 않다. 실패는 실패고, 다시 일어난 사람에게만 성공이 주어지기 때문이다. 여기서 가장 어려운 문제는 실패를 인정하는 일이다. 그동안 노력해 온 모든 것, 제품의 철학 그리고 실행이 모두 틀렸다고 인정해야 하는데, 이 단계에 들어서면 이를 전면 부정하기가 결코 쉽지 않다. 주변의 시선을 감당하기도 어렵고 자존감도 무너져 내리기 때문이다.

하지만 실패했을 때 도망갈 방법은 없다. 그때야말로 정면으로 승부를 걸어야 한다. 실패를 인정하고 그와 관련한 모든 작업 결과물을 깨끗하게 정리할 수 있어야 한다. 주저하다가 때를 놓쳐 버리면 더 큰 실패를 겪어야 한다. 실패가 클수록 일어나기가 더 어렵다.

사실 지금의 내 상황도 마찬가지다. 지금은 '10분 독서'라는 브랜드와 콘텐츠를 만들고 있지만, 언젠가 이 부분에 대해 내성이 생기면서 더 이상 진보와 혁신이 이루어지지 않으면 나는 다시 실패를 겪어야 할 것이다. 한번 실패해 보았고 일어섰으니 또 넘어져도 쉽게 일어날 것이라고 생각할지 모른다. 하지만 나는 오뚝이인 적이 없다. 또 오뚝이처럼 살고 싶은 마음도 없다. 어떤 상황에서든 실패하면 아프고 다시 일어나기 힘든 것은 마찬가지다. 그래서 나는 실패를 가까이 하자고 말하고 싶다.

실리콘밸리에서 성공한 투자자들은 실패를 겪어 보지 않은 사람에게는 투자하지 않는다는 원칙을 갖고 있다고 한다. 실패를 겪은 사람이 성공할 가능성이 높고 실패를 겪은 사람 중에서 다시 일어난 사람이 극소수라는 것을 알기 때문이다. 이런 측면을 본다면 조금이나마 위안이 될 듯하다.

세상은 갈수록 더 어려워지고 새로운 선택을 한다는 것에 대한 부담은 더욱 커지고 있다. 그 무엇을 선택하더라도 안개 속이다. 당신만이 아니라 이 시대를 살아가는 사람들 대부분 그렇다.

나는 이 책 서두에서 내가 성공한 사람이 아니라고 밝혔다. 수십억 원을 가진 자산가도 아니고 수십 명의 구성원을 거느린 벤처 기업 대표도 아니다. 단지 내가 좋아하는 일이라고 믿는 일을 열심히 하고 있을 뿐이다. 온라인 서점에 올라온 댓글에 즐거워하고, 별로라는 댓글에 크게 낙담하기도 한다. 나도 사람이기 때문이다. 물론 나 역시 수많은 사람에게 신뢰를 주지 못한 경우도 많고 상처를 준 적도 있다. 어쩌면 나는 '10분 독서'라는 끝이 보이지 않는 숫자의 콘텐츠를 만들면서 인생의 긴 반성문을 쓰고 있는지도 모른다.

그래도 혼자 일하는 것이 즐겁다고 생각하는 이유가 있다. 큰돈을 버는 것도 아니고, 큰 명예를 얻는 것도 아니다. 하루하루 포기해야 하는 즐거움이 더 많기 때문에 생활이 즐겁다고 말하기도 어렵다. 어떻게 보면 하루하루 수도승처럼 살고 있기 때문이다. 그러나 나는 내가 같이 일하고 싶은 사람들과 일을 하고, 내가 읽고 싶은 책을 읽으며, 내가 만나고 싶은 회사를 찾아갈 수 있다. 그래도 자유가 있다는 말이다.

"인생 뭐 있어? 술 한잔하는 거지."

술 한잔에도 웃을 수 있는 날이 언제 올지 모르겠다. 그래서일까. 〈내부자들〉의 마지막 대사 '모히토 가서 몰디브나 한잔하지'라는 말이 오래도록 기억에 남는다. 내게 그날이 언제 올지 아직 모르기 때문이다.

아직 망설이고 있는 그대에게
마지막으로 하고 싶은 말

영화 〈말아톤〉에는 마라톤을 해 본 적이 없는 사람은 이해하기 힘든 장면이 하나 있다. 주인공이 조선일보 춘천 마라톤 풀코스에 출전하기 전이었다.

"뛰다가 비가 오면 전력 질주를 해라."

코치가 남긴 마지막 부탁이었다. 그런데 신기하게도 춘천 마라톤 장면에서 비가 내렸다. 그때부터 주인공은 전력 질주를 했고 마지막 결승선까지 그 페이스를 잃지 않았다. 여기까지는 영화를 본 사람들이 기억하고 있는 명장면이다.

이제는 현실이다. 내가 마라톤에 처음 도전한 것은 영화 〈말아톤〉을 본 후였다. 춘천 마라톤 풀코스를 뛰는 내내 〈말아톤〉의 그 장면이 떠올랐다. 영화에서는 비가 내렸지만, 10월의 춘천은 맑고 청아했다. 한참을 뛰다 보니 어느덧 30킬로미터가 훌쩍 넘어 버렸다. 그런데 갑자기 양쪽에서 물을 뿜어 대는 터널이 나타났다. 길이는 20미터 정도 되었던 것 같다. 그러니까 영화에서 "뛰다가 비가 오면 전력 질주를 해라"라고 이야기한 것은 실제 비가 내리는 것이 아니라 분수대로 만들어진 터널을 지난다는 의미였다. 아무튼 나는 영화의 한 장면처럼 분수대로 만들어진 터널 속으로 뛰어들어 멋지게 달렸다. 그리고 머리부터 발끝까지 온몸이 젖어 버렸다.

그 뒤의 상황에 대해서는 당신의 상상력이 조금 필요하다. 10월의 마지막 일요일 늦은 4시 30분 정도. 마라톤을 시작한 지 벌써 5시간이 훌쩍 넘었다. 배가 고프고 체온도 떨어지기 시작했다. 복장은 반바지에 민소매 차림. 게다가 온몸이 젖었으니 이제 체온은 회복 불가능한 상태였다. 발은 무겁고 그야말로 처절했다. 마라톤을 시작한 그곳으로 다시 돌아가야 한다는 생각뿐이었다. 결국 무거운 몸을 이끌고 돌아오기는 했다.

이듬해 다시 춘천 마라톤에 도전했다. 초반에 잘 달렸기 때문에 체력 안배를 잘하면 후반에도 지치지 않고 달릴 수 있을 것이라고 생각했다. 그리고 이번에는 분수로 만든 그 터널을 멀찌감치 돌아서 와 버렸다. 그 어리석은 행동을 반복하지 않았다.

사람들은 요즘 내게 부러움을 감추지 않는다. 혼자 그 많은 일을 어떻게 하느냐며 놀라기도 하지만 살짝 부러운 눈치다. 한마디로 그들에게는 내가 잘나가고 있는 1인 기업가인 듯하지만, 실상은 그렇지 않다. 아직은 지옥에서 막 걸어 나왔을 뿐이다.

그래도 사업을 하길 잘한 것 같으냐고 물으면, 글쎄. 만약 다시 돌아가면 어떻게 하고 싶으냐고 묻는다면, 두 번째 마라톤에서 그 터널을 지나가지 않은 것처럼 나는 사람들을 채용해서 어려운 사업을 하기보다는 혼자 일하는 방법을 택할 것 같다. 물론 당시 나는 '내가 모른다는 것을 모르고 있는 상태'일 테니 실수를 반복하지 않을 것이라고는 장담하기 어렵다.

여러 번 언급했지만, 나는 그렇게 스마트한 사람이 되지 못한다. 아마 앞으로도 그럴 것이다. 솔직히 스마트라는 것의 정의를 내릴 만큼도 똑똑하지 못하다. 그동안 그저 내가 좋아하는 일을 하면서 좌충우돌했을 뿐이다. 하지만 여기에도 모순은 있다. 이 일을 내가 과연 좋아하기는 한 것일까? 그것에 대한 확신은 아직 모른다.

광화문에 있는 한 회사 교육 담당 팀장과 저녁 약속이 있었다. 좀일찍 도착한 나는 로비에서 책을 읽고 있었다.

"이 대표는 맨날 책만 봐. 책이 그게 그렇게 좋아요?"

그날 만나기로 했던 팀장이 한 말이었다. 하고 싶은 말은 많았지만, 난 그저 "네, 그럼요"라고 말해 버렸다.

책 읽기는 늘 어렵다. 책을 읽고 리뷰를 한다는 것이 쉬운 일은 아니다. 누군가 시간과 노력을 투자해 오랜 시간 고민한 것을 내가 리뷰할 수 있다는 것 자체에 감사할 따름이다. 이것이 내가 좋아하는 일이 아닐 수도 있다. 하지만 내가 세상에 기여할 수 있는 일, 사람들의 시간을 조금이나마 줄여 줄 수 있는 일이라면 그것으로 족하다.

요즘에는 술을 아주 가끔 마신다. 나름대로 글을 쓰는 사람이니 가끔 취한 기분도 나쁘지는 않다. 하지만 요즘에는 적어도 울지는 않는다. 그냥 예전 일을 생각하면 코끝이 찡할 뿐이다. 지난 세월, 책에서나는 늪이라고 표현했지만, 그 시간이 없었다면 지금의 나도 없을 것이다. 모든 것을 혼자 해낼 수 있다는 것도 몰랐을 테고, '10분 독서'를 통해 독자들에게 책을 알리는 일도 하지 못했을 것이다. 그런 점에대해서는 감사할 따름이다.

혼자 일하는 것을 많은 사람이 누리지는 못할 것이다. 수많은 사람중 아주 적은 사람이 선택할 테고 그중에 또 아주 적은 사람들만이 생존할 것이다. 그러나 나와 같은 사람도 해냈으니 당신도 할 수 있다. 책 서두부터 어려운 이야기들을 나열하고 으름장을 놓았지만, 혼자 일하는 즐거움 대신 공포와 두려움을 줄 생각은 없었다. 그럼에도 불구하고 당신은 할 수 있다는 걸 말하고 싶었을 뿐이다.

혼자 일할 것인지 아닌지, 선택은 당신 몫이다. 그러나 냉철하게 생각해 보면 당신이 지금 조직의 구성원이더라도 혼자 일하고 있다는 사실은 인정해야 한다. 그리고 언젠가는 그 조직에서 나와 혼자 일하게 될 수도 있다. 물론 지금 당장 선택할 일은 아니니까 서두르지 않아도 된다. 하지만 언젠가 선택의 순간이 오면 그때는 혼자 넓은 정글로 나올 수 있다는 생각을 해야 한다. 우리가 정글에서 만날 수 있기를 바란다.

《공유경제는 어떻게 비즈니스가 되는가》 앨릭스 스테파니, 한스미디어, 2015

최근 '공유 경제'라는 슬로건을 내건 기업들이 우후죽순처럼 생겨나고 있다. 그렇다면 공유 경제는 누가 만든 용어일까? 누가 만든 것인지는 알 수 없으나 그 의미가 더욱 확장되고 있는 것은 분명하다. 중요한 것은 에어비앤비와 우버를 비롯한 공유 경제 기업들이 각 나라와 도시에서 금지되고 있지만, 궁극적인 승자는 공유 경제가 될 것이라는 점이다.

《권력의 종말》 모이제스 나임, 책읽는수요일, 2015

권력의 지형도가 바뀌고 있음을 강력하게 시사하는 책이다. 200여 년 전 독일이 낳은 인류 최고의 사회학자 막스 베버는 큰 조직을 갖고 있는 기업만이 성공한다는 논리를 만들어 냈다. 거대함을 추구하는 이 철학은 미국과 독일 그리고 일본에서 거대 기업들의 탄생을 이끌어 냈고, 군대와 기업 및 각 연구소들의 구조를 만드는 데 일조해 왔다. 그러나 이 철학은 현재 파괴되고 있다.

《구글의 미래》 토마스 슐츠, 비즈니스북스, 2016

구글은 창업한 지 20년이 채 되지 않았지만 인류 역사상 이렇게 강력한 영향력을 주는 회사도 없을 듯하다. 이 책은 독일 시사 잡지 《슈피겔》의 실리콘밸리 지부장인 저자가 5년 동안 구글에 드나들며 기록한 내용을 정리한 것이다. 구글이 알파고를 만든 이유, 전 세계에 거대 풍선을 띄워 무선 인터넷을 공급하겠다는 계획, 무인 자동차와 검색이 필요 없는 검색 엔진을 만들겠다는 포부 등 구글의 청사진을 공개하고 있다.

《그리드를 파괴하라》 이동우, 천의영, 세종서적, 2016

내가 쓴 책을 추천하기가 쑥스럽긴 하지만 도시건축가 천의영 교수와 작업한 데다 나름대로 의미가 깊은 책이라 목록에 올렸다. 이 책은 최근 쇼핑몰에 불고 있는 '몰링', 그리고 구글과 아마존, 페이스북, 애플이 시작한 파티션 없는 사무 공간에 대한 출발점이 어디였는지를 추적한 것이다. 도시를 그리드로 만들고 인간을 관리 통제하고자 했던 인류의 욕망과 그것을 파괴하고자 하는 인간의 자유 의지에 대한 연구의 기록물이다.

《근시사회》 폴 로버츠, 민음사, 2016

두꺼운 책은 아니지만 내용이 깊다. 그래서 10분짜리 책 리뷰 영상을 두 편으로 제작해야만 했다. 영상을 제작하면서 처음 있는 일이었다. 저자는 현대 산업 사회에서 우리가 갖고 있는 소비의 욕망이 어디에서 출발했는지, 근대 기업들이 경쟁 구도 속에서 살아남기 위해 소비자인 우리를 어떻게 현혹시키고 있는지를 설명해 준다. '나는 생각한다, 고로 존재한다'가 아니라 '나는 소비한다, 고로 존재한다'는 철학, 우리가 구매하는 물건이 우리를 말해 줄 것이라는 생각은 불과 최근에 만들어진 것임을 알 수 있는 책이다.

《로봇의 부상》 마틴 포드, 세종서적, 2016

구글이 만든 알파고 이후 인공 지능에 대한 관심이 높지만 그와 관련된 책은 그다지 많지 않다. 이 책은 인공 지능으로 인한 문제의 심각성을 제대로 부각시킨 책 중 하나다. 점원 없이 운영되는 일본의 초밥 체인점, 1991년에 이미 완성된 맥도날드의 무인 매장 시스템, 그리고 각 산업에서 로봇이 인간을 대체하면서 벌어지고 있는 혹은 조만간 벌어지게 될 일들을 나열하고 있다. 앞으로 무엇을 해야 할지 머릿속이 먹먹해진다.

《만물의 공식》 루크 도멜, 반니, 2014

알고리즘은 과연 무엇일까? 소비자를 판단하는 거대 온라인 기업들의 알고리즘, 직원들의 일거수일투족을 감시하고 평가하는 구글의 알고리즘, 영화 산업에서 흥행성을 예측하는 알고리즘……. 분명한 것은 우리는 알고리즘 세상에 살고 있다는 사실이다. 모든 것이 빅데이터로 모이고 모든 것이 수치로 평가되고 있지만, 그래도 우리는 스스로 질문을 던지고 답을 찾는 노력을 기울여야 한다.

《왜 우리는 집단에서 바보가 되었는가》 군터 뒤크, 비즈페이퍼, 2016

똑똑한 사람들이 모이는 거대 기업들의 행동이 왜 그토록 엉망일까? 왜 기업은 스스로 타락의 길을 걷고 있을까? 도대체 이 모든 것은 어디에서 기인한 것일까? 이런 의구심이 들 때 읽어 볼 만한 책이다. 기업들은 레이거노믹스 이후 자유를 부여 받으면서 효율성과 주주 가치 극대화를 천명하고 M&A를 통해 기업 사냥에 나서는 것이 당연하고도 자연스러운 일이라는 돈의 탐욕을 보여 주었다. 그렇게 기업은 오로지 '돈'과 '이익'만 생각하는 집단이 되었다. 용기 있는 리더가 아니라면 절대 열어 보지 못할 책이다.

《인간 인터넷》 마이클 린치, 사회평론, 2016

철학과 교수가 쓴 IT 서적. 칸트와 루소를 이야기하는 철학과 교수는 지식의 거대 집합체인 인터넷을 어떻게 바라보고 있을까? 오늘날 우리가 인터넷을 통해 지식을 찾고 배우는 것이 과연 제대로 된 지식 습득 방법일까? 저자는 인간이 인터넷에 연결되어 지식을 습득하는 시스템이 곧 도입될 것이라고 말한다. 그렇게 되면 우리는 단지 생각하는 것만으로도 지식을 얻을 수 있지만 그것은 제대로 된 지식이 아니라는 사실을 이 책을 통해 깨달을 수 있다.

《인류는 어떻게 진보하는가》 자크 아탈리, 책담 2016

인류는 그동안 '모더니티'라는 개념을 갖고 살아왔다. 역사적으로 개인은 자유를 꿈꾸는 모더니티를, 종교의 시대에는 이성을 찾는 모더니티를 추구해왔다. 인간의 역사는 모더니티를 찾는 과정에서 개인의 존엄과 이성 그리고 자유를 꿈꾼 것이다. 유럽 최고의 석학 자크 아탈리는 모더니티라는 개념으로 인류의 역사를 관통하면서 앞으로는 어떤 모더니티가 이 시대를 이끌어갈 것인지 설명한다. 정말 흥미진진하고 유쾌하며 진지한 책이다.

| 부록 2 비즈니스에 당장 적용할 만한 구체적인 조언이 담겨 있는 책 10 |

《구글은 어떻게 일하는가》 에릭 슈미트, 조너선 로젠버그, 김영사, 2014

구글 CEO 에릭 슈미트는 전 세계에서 가장 바쁜 사람 중 한 사람이다. 그가 이 책을 냈다는 것은 구글이 전 세계를 상대로 언론 홍보를 하고 있음을 뜻한다. 구글이 갖고 있는 '7의 규칙', 마이크로소프트를 상대로 펼친 검색 엔진 경쟁에서 어떻게 승리했는지 등 흥미로운 내용이 많다. 최근 구글 관련 책이 많이 나오는데, 구글에 대한 퍼즐 맞추기에서 빼놓을 수 없는 책이다.

《구글의 아침은 자유가 시작된다》 라즐로 복, 알에이치코리아, 2015

구글의 인사 총책임자 라즐로 복이 쓴 책. 직원 규모가 5000명일 때 구글에 참여한 그가 5만 명이 된 지금에 이르기까지 구글이 어떻게 인재를 채용하고 교육하는지, 인재를 어떻게 다루는지, 성과가 낮은 사람들을 어떻게 대하는지 등을 정리했다. 출간 당시 국내 거대 그룹 연수원들은 이 책을 분석한다고 열을 올리기도 했다. 그래도 여전히 구글은 베일에 싸여 있다.

《리워크》 제이슨 프라이드, 데이비드 하이네마이어 핸슨, 21세기북스, 2016

벤처 기업을 만들어 크게 성공한 창업자 두 사람이 쓴 책이다. 원래 이 책의 분량은 두 배였으나 내용을 축약해 출간했다. 경영서로 볼 때 두께가 얇아 깊이 있는 내용이 없을 것이라고 생각한다면 오산이다. 군더더기 없이 기업 경영에 대한 민낯과 핵심 메시지만을 이야기하고 있다. 사업 계획을 세우는 것부터 인재를 채용하는 일까지 지금까지 리더들이 알고 실행해 오던 내용과는 판이하다. 이것은 '혁신'이 아니라 판을 뒤집는 것에 가깝기 때문이다.

《볼드》 피터 디아만디스, 스티븐 코틀러, 비즈니스북스, 2016

실리콘밸리에서 가장 유명한 사업가 중 한 사람인 디아만디스가 기술과 인공 지능에 대한 미래를 진단하고 있다. 인공 지능은 그 어떤 반대에도 불구하고 조만간 세상에 그 모습을 드러낼 것이다. 그때까지 인간은 무엇을 해야 할까? 저자는 그것은 바로 크라우드 소싱이라고 말한다. 인간의 지식과 지혜를 모으는 것은 구성원을 많이 거느리고 있는 기업들이 고민해 볼 문제다. 또 사업을 시작하는 사람이라면 크라우드 소싱을 통해 무엇을 할 것인지에 대한 해답을 얻을 수 있다.

《스티브 잡스 이후의 애플》 유카리 이와타니 케인, 알마, 2016

기업에서 리더의 역할이 얼마나 중요한지를 깨닫게 해 주는 책이다. 스티브 잡스가 죽은 뒤 팀 쿡 체제에서 애플이 어떻게 변해 가고 있는지, 미래의 애플은 어떻게 될 것인지를 짐작할 수 있는 책이다. 애플은 더 크게 성장할 수도 있지만, 스티브 잡스가 없는 애플은 이미 그 독특함을 잃어버렸다고 해도 과언이 아니다. 성공한 '별종'의 대표이자 원조 격인 스티브 잡스를 다시 한번 생각해 볼 수 있는 책이다.

《와이저》 캐스 R. 선스타인, 리드 헤이스티, 위즈덤하우스, 2015

조직에서 의사 결정을 내릴 때 리더는 구성원들의 이야기를 경청할 뿐 그 어떤 말도 해서는 안 된다. 이 책은 리더가 자신의 의견을 말하는 순간, 그 파급 효과가 조직 전체에 어떤 영향을 주는지 논리적으로 설명하고 있다. 리더가 말을 하지 않더라도 조직은 이미 그 모든 해답을 알고 있다. 리더는 다만 그 해답을 도출할 수 있도록 도와주는 역할만 해야 한다.

《절대가치》 엠마뉴엘 로젠, 이타마르 시몬슨, 청림출판, 2015

스탠퍼드 대 이타마르 시몬슨 교수가 30년 동안 가르쳐 온 마케팅의 기본 원칙들을 전면 부정하는 책이다. 브랜드 가치를 버려라, 시장 조사를 하지 마라, 시장 세분화 전략을 만들지 마라 등 그가 주장하는 마케팅의 파격적인 대안 제시는 기존 마케팅 분야에 종사하는 많은 사람에게 경종을 울릴 만하다. 하지만, 이 책을 마케팅 전공서로 봐서는 안된다. 리더십을 비롯한 마케팅 그리고 경영의 원칙들이 모두 바뀌고 있다는 것, 우리는 이 현상을 인지해야만 한다.

《잭 웰치의 마지막 강의》 잭 웰치, 수지 웰치, 알프레드, 2015

1990년대 글로벌 기업의 대표적인 CEO로 등장하면서 세상을 향해 자신의 경영 철학을 관철시켰던 잭 웰치의 마지막 책이다. 그는 욕설까지 퍼부으면서 경영에 대한 모든 것을 다시 시작해야 한다고 역설한다. 그중 사업 계획서는 5장 정도로 간단히 만들어야 한다는 주장은 당장 기업들이 배워야 할 목록 중 하나일 것이다. 그러나 아직도 많은 경영자는 구태의연한 전략적 행위를 포기하지 않고 있다.

《타인의 영향력》 마이클 본드, 어크로스, 2015

인간은 주변 사람들에게 영향을 받을 수밖에 없는 존재라는 것을 심리학적으로, 사회학적으로 깨닫게 해 주는 책이다. 인문학적 색깔이 짙은 책이지만, 당장 기업에서 의사 결정을 할 때 중요하게 참고할 만한 내용이 많다. 또 내가 어떤 사람들을 가까운 사람으로 인정하고 지낼 것인지도 고민하게 한다. 저자는 사람은 어떤 공간에 존재하는지, 어떤 사람들과 어울리는지에 따라 악한 사람도 선한 사람도 될 수 있다고 말한다.

《하버드 학생들은 더 이상 인문학을 공부하지 않는다》 파리드 자카리아, 사회평론, 2015

인류가 대학을 언제 처음 만들었는지, 대학의 철학은 무엇이었는지를 추적하면서 결론적으로 지금 대학이 가야 할 길을 제시하고 있는 책이다. 부수적으로 얻을 수 있는 것은 글쓰기의 중요성이다. 저자는 글쓰기를 배우고 터득하는 것은 최첨단 시대에 가장 중요한 기술이 될 것이라고 단언한다. IT 교육이 중요하지 않다는 것이 아니라 그보다 더 중요한 배움의 가치를 찾아야 한다는 것이다.

《끝까지 해내는 힘》 나카무라 슈지, 비즈니스북스, 2015

중소기업 직원이던 나카무라 슈지가 혼자 청색 LED를 개발해 노벨 물리학상을 수상하기까지의 과정을 살펴볼 수 있는 책이다. 그는 일본 지방 대학을 나왔지만 전 세계 최고 전문들과 연구소들이 수십 년 동안 실패한 청색 LED를 개발해 낸 장본인이다. 그는 혼자 일하는 것은 외롭고 힘들지만 혼자 일할 때만 얻을 수 있는 장점도 많다고 강조한다.

《나는 왜 시간에 쫓기는가》 필립 짐바르도, 존 보이드, 프런티어, 2016

스탠퍼드 대 지하 감옥 실험으로 전 세계 심리학계에 충격을 준 필립 짐바르도 교수가 쓴 책이다. 시간에 대한 철학은 과거, 현재, 미래를 긍정적으로 바라볼 것인지 혹은 부정적으로 바라볼 것인지로 구분될 수 있으며, 인간은 저마다 시간에 대한 철학이 다르다는 이야기를 하고 있다. 우리가 시간을 어떻게 다루고 통제해야 하는지에 대한 중요한 지식이 담겨 있는 책이다.

《당신의 시대가 온다》 인터브랜드, 살림출판사, 2015

마케팅은 개인을 인지하기 시작했고 각 개인에게 맞춤형 제품과 서비스를 제공하기 시작했다. 자기중심적 사고를 갖는 것이 좋은 것만은 아니다. 하지만 우리는 이미 자기중심적 시대에 살고 있다. 기운이 없고 낙담하고 있을 때는 자기중심적으로 사고할 필요도 있다. 이 책에서 자기중심적 사고에 대한 철학적 근거를 찾을 수는 없다. 그러나 세상의 모든 책이 완벽하지는 않다.

《또라이들의 시대》 알렉사 클레이, 키라 마야 필립스, 알프레드, 2016

세상을 다르게 살아야 한다는 이야기를 하고 있는 책 중 하나다. 우리 대부분은 사회가 인정하고 있는 성공 철학, 즉 공부 잘하고 학력과 경력을 잘 쌓아둔 인재가 성공할 것이라고 생각한다. 하지만 이것은 착각일 뿐이다. 마약범, 해적, 해커 등 이미 사회에서 범죄자로 낙인찍힌 사람들이 오히려 더 창의적이고 혁신적이라고 한다면, 당신은 어떤 생각을 하게 될까?

《사고의 오류》 비난트 폰 페터스도르프, 파트릭 베르나우 외 율리시즈, 2015

우리가 갖고 있는 수많은 편향에 대해 지적하는 책이다. 이 책은 인식론으로 시작한다. 저자들은 우리가 알고 있다는 것을 아는 것, 모르고 있다는 것을 아는 것 그리고 모르고 있다는 것을 모르는 것은 모두 다르다고 지적한다. 우리는 생각을 우리 마음대로 조종할 수 있는 존재가 아니다. 많이 배우고 많이 알고 있다고 해도 그럴 수 있는 것 또한 아니다. 그래서 우리는 우리가 불완전한 존재이며 우리 생각에는 편향이 존재한다는 것을 인정해야만 한다.

《생각은 죽지 않는다》 클라이브 톰슨, 알키, 2015

한 권의 책이 세상의 모든 지식을 통찰할 수는 없다. 어떤 책이든 부족함이 있게 마련이다. 저자는 《유리감옥》이라는 책에 대한 반대 논거를 펴면서 인터넷이 등장하더라도 인간의 지혜는 줄어들지 않는다고 주장한다. 또한 인류가 최초로 책을 만들면서 인간은 더 이상 생각하지 않는 존재가 될 것이라고 했던 역사 속 학자들을 거론하면서 인간은 그렇게 나약한 존재가 아님을 역설한다.

《오리지널스》 애덤 그랜트, 한국경제신문사, 2016

천재적인 심리학자 애덤 그랜트의 책이다. 저자는 창업가들은 원래부터 위험 감수를 하지 않는 사람들이고, 창의적인 인재들은 그렇게 독특하고 대단한 사람들이 아니라고 주장한다. 우리가 익히 알던 상식과는 상당히 다른 주장이라서 더욱 흥미로운 책이다.우리가 익히 알던 상식과는 상당히 다른 주장이라서 더욱 흥미로운 책이다.

《연결하는 인간》 리드 호프먼, 벤 카스노카, 알에이치코리아, 2015

네트워킹이 현대 사회에서 얼마나 중요한지를 알게 해 주는 책이다. 저자들은 '우연으로부터 얻는 놀라운 결과'를 뜻하는 '세렌디피티'를 경험할 수 있는 모임을 만들어야 한다면서 인맥에 투자할 것을 강조한다. 기존의 전통적인 진로 체계가 무너지면서 이전 세대들이 기업에서 누린 직원 교육 과정도 사라졌다. 이제 더 이상 회사는 직원들의 의사소통 기술을 향상시켜 주거나 업무를 위한 교육 훈련 과정을 제공하지 않는다. 오히려 회사는 이제 막 입사한 신입 사원들에게조차 실무 능력을 기대하거나 몇 주 만에 업무를 파악해 빠른 일 처리를 보여 주길 바란다. 이것이 현실 아니던가.

《플래토 이펙트》 밥 설리번, 휴 톰슨, 비즈니스맵, 2015

'플래토 이펙트'는 고원 효과를 말한다. 모든 현상은 어느 정점에 이르면 더 이상 나아지지 않는 것처럼 보이는 것이 고원 효과다. 저자들은 이것은 만물의 법칙 중 하나라고 역설하면서, 개인과 조직이 고원 효과를 어떻게 극복할 것인지에 대해 설명한다. 우리는 왜 멀티태스킹을 할 수 없는지, 현대 유행병이라고 일컬어지는 완벽주의에 빠져 헤매고 있는 우리는 어떻게 행동해야 하는지를 알려준다.

《프레즌스》 에이미 커디, 알에이치코리아, 2016

성공하는 사람들은 무엇이 다를까? 이는 수많은 자기 계발서가 집중하고 있는 테마다. 저자는 우리의 자세와 심리 상태가 자신감을 이끌어 내고 성공에 이르게 하는 원동력이 된다고 주장한다. 목소리, 몸짓에 따라서도 자신감을 만들어 낼 수 있는데, 보다 큰 동작을 주기적으로 하면 자신감이 더욱 커지며, 작은 스마트폰에 열중하는 것보다는 커다란 기기를 사용하는 사람들이 더 자신감에 차 있다고 주장하는 재미있는 책이다.